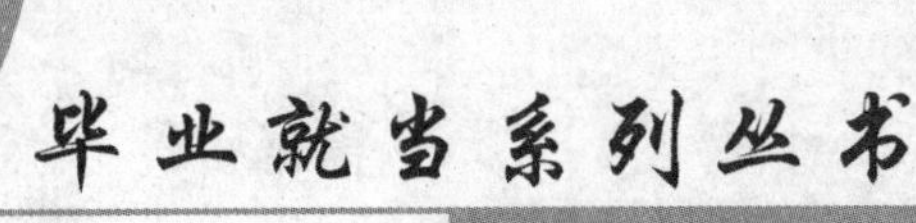

·监理员系列·

理论实际相联·快速适应职场的葵花宝典

理论+经验 → 基础+实务

以专家的高度·给您面对面的指导和帮助

毕业就当监理员

公路工程

主编　王显军

哈爾濱工業大學出版社
HARBIN INSTITUTE OF TECHNOLOGY PRESS

内容简介

本书依据最新公路施工与质量验收规范编写。首先介绍了监理员应该掌握的基础知识,然后根据实际工作需要进行详细的讲解,介绍了施工方法与技巧。本书主要介绍了路基工程、路面工程、桥涵与隧道工程、公路附属设施工程和公路工程施工管理等方面的内容。

本书可供初涉监理员岗位的人员,以及初涉公路施工领域的大学毕业生使用。

图书在版编目(CIP)数据

毕业就当监理员:公路工程/工显军主编. —哈尔滨:哈尔滨工业大学出版社,2011.5

(毕业就当系列从书·监理员系列)

ISBN 978-7-5603-3267-3

Ⅰ.①公… Ⅱ.①王… Ⅲ.①道路工程-工程施工-施工监理 Ⅳ.①U415.1

中国版本图书馆 CIP 数据核字(2011)第 063256 号

责任编辑 郝庆多
封面设计 刘长友
出版发行 哈尔滨工业大学出版社
社　　址 哈尔滨市南岗区复华四道街 10 号　邮编 150006
传　　真 0451-86414749
网　　址 http://hitpress.hit.edu.cn
印　　刷 哈尔滨市石桥印务有限公司
开　　本 787mm×1092mm　1/16　印张 15.75　字数 380 千字
版　　次 2011 年 5 月第 1 版　2011 年 5 月第 1 次印刷
书　　号 ISBN 978-7-5603-3267-3
定　　价 29.00 元

编　委　会

主　编　王显军

编　委　高　彤　高记华　张利艳　张　琦
姜丽莹　王　健　王辰星　王悦舒
周　婵　罗　铖　刘艳君　杨　杰
姚　晶　陶素娟　白雅君

前　言

近年来,随着我国国民经济的快速发展,国家及社会各界加大了对交通基础设施建设的投资力度,公路建设迈进了迅猛发展的新时期。同时,公路工程的质量也逐渐受到社会和有关部门的广泛关注和重视。质量是公路工程建设的关键,不仅关系到公路工程的使用功能,还影响着公路工程的使用年限,甚至危及人民的生命、财产和安全。因此,对公路工程建设的质量进行监督、管理是十分必要的。

虽然,高等教育机构每年向社会输送大量的毕业生,但大学毕业生就业后都不能够很好地胜任工作。究其原因,大学生对实际工程的监理缺乏经验,对实际工作没有深入的了解。因此,为了提高初涉监理岗位人员的专业知识和业务能力,我们依据现行公路工程质量检验评定标准编写了本书,旨在帮助广大初涉建筑施工领域的人员掌握公路工程质量监理的知识,提高工程质量监理水平。

在我国建筑行业飞速发展的时代,由于作者的经验和学识有限,内容难免有疏漏或未尽之处,敬请专家和读者批评指正。

编　者

2011.3

目　　录

第1章 概 述

1.1 监理员的上岗条件、职责与权限

【基 础】

◆监理员

监理员是指具有相应资格，由总监理工程师授权并在专业监理工程师指导下，从事具体监理工作的监理人员。

【实 务】

◆监理员的上岗条件

监理员必须具备下列条件之一，方可上岗。

(1)具有相关专业中专以上学历、1年以上相关专业工作经历，经过监理业务培训并经省级建设行政主管部门认可。

(2)具有相关专业技师职称、10年以上相关专业工作经历，经过监理业务培训并经省级建设行政主管部门认可。

◆监理员的职责与权限

(1)监理员在监理工程师的指导下开展现场监理工作。

(2)检查承建单位投入工程项目的软件设备、硬件设备、人力、产品设备及其使用情况、运行情况，并做好检查记录。

(3)审核或从实施现场直接获取工程量核定的有关数据并签署原始凭证。

(4)按详细设计图纸及有关标准，对承建单位的实施过程或工序进行检查和记录，对安装、调试过程及测试结果进行记录。

(5)担任现场督导工作，发现问题及时指出并向本专业监理工程师报告。

(6)做好填报工作的原始记录。

(7)做好监理日记和有关的监理记录。

1.2　监理人员的职业道德与职业准则

【基　础】

◆监理人员的职业道德标准

监理人员的职业道德标准是:守法、诚信、公正、科学。

◆监理人员的职业道德

(1)维护国家的荣誉和利益。

(2)执行有关工程建设的法律、法规、规范、标准与制度,履行监理合同规定的义务与职责。

(3)努力学习专业技术和建设监理知识,不断提高业务能力与监理水平。

(4)不以个人名义承揽监理业务。

(5)不同时在两个或两个以上监理单位注册和从事监理活动,不在政府部门和施工、材料设备的生产供应等单位兼职。

(6)不为所监理项目指定承建商、建筑构配件、设备、材料和施工方法。

(7)不收受被监理单位的任何礼金。

(8)不泄露所监理工程各方认为需要保密的事项。

(9)坚持独立自主地开展工作。

◆监理人员的职业准则

从事监理工作的监理人员应严格遵守职业准则。

(1)必须履行监理合同协议书规定的义务,完成所承诺的全部任务。

(2)按合同条件约定的职业道德办事,遵守当地政府的法律和法规。

(3)必须履行监理合同协议书规定的义务,完成所承诺的全部任务。

(4)主动积极、勤奋刻苦、虚心谨慎地工作。

(5)不允许从事与监理项目有关的设计、施工材料和设备供应等业务的中间人的贸易活动。

(6)不得泄露所监理项目的商业机密。

(7)只能从监理委托中接受酬金,不得接受与合同有关的其他非直接支付。

◆监理人员的工作纪律

(1)不得同时在两个(含两个)以上工程监理单位任职。

(2)不得以个人名义承接工程监理业务。

(3)不得在被监理工程的施工单位及建筑材料、建筑构配件和设备供应单位兼职,或者与其有其他利害关系。

(4)不得伪造、涂改、出借或者转让工程监理人员资格证书或者岗位证书。

【实　务】

◆现场监理人员的工作要求

(1)遵守公司的规章制度,按时上、下班。在施工现场,带好安全帽,佩带上岗证,按公司要求布置好现场办公室。

(2)在设计图纸会审前,认真审查施工图,找出不符合规范要求和不符合工程实际的问题,并及时向专业监理工程师报告。

(3)在监理工程师的领导下,监理员应合理安排巡视和旁站,做到“三勤”(即“勤跑现场、勤记录、勤对比”),并完全掌握现场施工情况,及时发现施工现场存在的问题。对于无法解决的问题,应及时向监理工程师汇报。对于施工单位可能违规施工的工序,应提前打“预防针”,做好工程质量的预控。

(4)现场监理人员要做好与施工单位现场负责人的协调,按照监理工作程序,及时检查确认工序质量,为工程进度争取时间。

(5)现场监理人员应认真负责现场施工安全、文明的监督检查。

(6)现场监理人员要认真做好工程数据的原始记录工作,坚持做好监理日记。

第2章　公路路基工程质量监理

2.1 路基工程材料

【基　础】

◆路基土分类

路基土分类体系如图2.1所示。

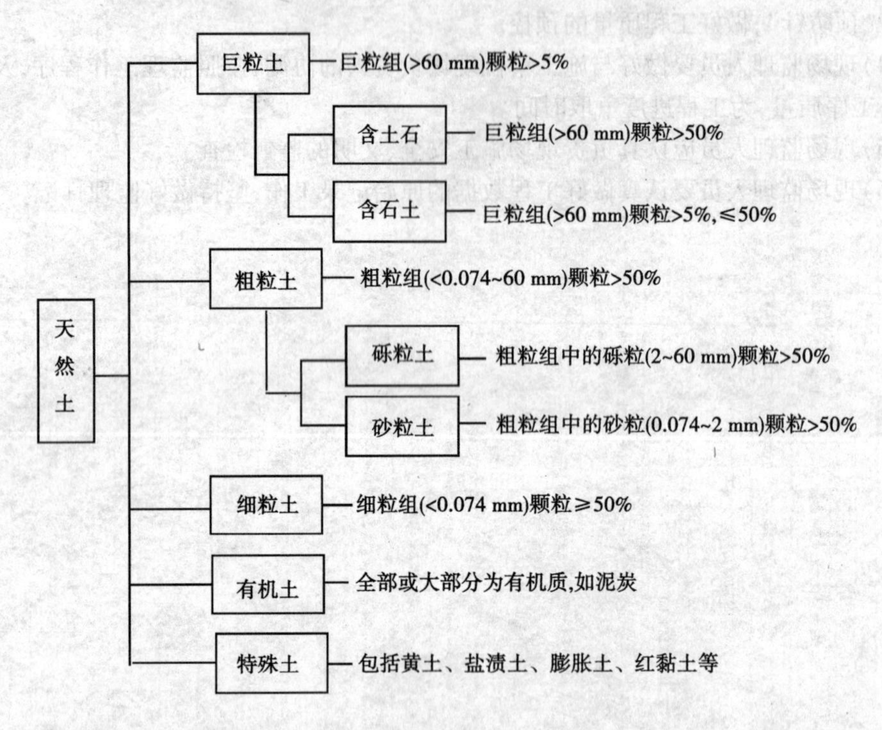

注:粗粒土与细粒土的分类以<60 mm颗粒为100%。

图2.1　路基土分类体系图

◆路基土鉴别方法

土的简易鉴别方法是用目测法代替筛分法确定土粒的组成及特征,用干强度、手捻试验、搓条试验、韧性试验、摇震反应试验等定性方法代替用液限仪测定细粒土的塑性。

(1)干强度试验。干强度试验是将一小块土捏成土团,风干后用手指扳断、捏碎及捻碎,根据用力大小进行区分。

1)很难或用力才能将其捏碎或扳断者即为干强度高。

2)稍用力即可捏碎或扳断者即为干强度中等。

3)易于捏碎及捻成粉末者即为干强度低。

(2)手捻试验。手捻试验是将稍湿或硬塑的小土块在手中揉捏,然后用拇指和食指将土捻成片状,根据手感和土片光滑度进行区分。

1)手感滑腻,无砂,捻面光滑者即为塑性高。

2)稍有滑腻感,有砂粒,捻面稍有光泽者即为塑性中等。

3)稍有黏性,砂感强,捻面粗糙者即为塑性低。

(3)搓条试验。搓条试验是把含水量略大于塑限的湿土块在手中揉捏均匀,再在手掌上搓成土条,根据土条不断裂而能达到的最小直径进行区分。

1)能搓成小于1 mm土条者即为塑性高。

2)能搓成1~3 mm土条而不断者即为塑性中等。

3)能搓成直径大于3 mm的土条即断裂者即为塑性低。

(4)韧性试验。韧性试验是把含水量略大于塑限的土块在手中揉捏均匀,然后在手掌中搓成直径为3 mm的土条,再揉成土团,根据再次搓条的可能性进行区分。

1)能揉成土团,再成条,捏而不碎者即为韧性高。

2)可再成团,捏而不易碎者即为韧性中等。

3)勉强或不能揉成团,稍捏或不捏即碎者即为韧性低。

(5)摇震反应试验。摇震反应试验是把软塑至流动的小土块,捏成土球,放在手掌上反复地摇晃,并用另一手掌击此手掌,土中自由水渗出,球面呈现出光泽;用两手指捏土球,放松后水又被吸入,光泽消失,根据上述渗水和吸水反应快慢进行区分:

1)立即渗水和吸水者即为反应快。

2)渗水和吸水中等者即为反应中等。

3)渗水吸水慢及不渗不吸者即为无反应。

◆路基填方用土基本要求

公路工程路基填方用土应当满足《公路路基施工技术规范》(JTG F10—2006)的要求。

◆路基填方用土质量监理内容

(1)应当对路基填方用土的压实度严格要求,以保证其足够的强度和稳定性。

(2)依据设计文件或者投标合同的约定,选择土料,进行最大干密度和最佳含水量试验、液塑限、配及有害物质的测定试验等。

【实　务】

◆路基填方用土质量监理验收

路基填方用土质量监理验收应符合表2.1的规定。

表2.1　路基填方用土质量监理验收

用土质量标准	允许偏差	检验频率	检验方法	检验程序	认可程序	备注
(1)不得使用腐殖土、生活垃圾土、淤泥、冻土块和盐渍土 (2)可溶性盐含量不得超过5%,烧失量不得超过5% (3)不含草、树根等,粒径不得超过10 mm	每层土的压实度合格率不小于100%	每双车道200 m每压层测4点(分左、中、右);对于多车道要按此比例增加测点	环刀法、灌砂法	监理方、承包方共同选择位置,由承包方做试验检验,并填写报表	应得到专业监理人员的书面认可后,方可进行下一层土的施工	路基修筑前,应在取土地点取样,进行击实试验,确定其最佳含水量和最大干密度

2.2　路基施工

【基　础】

◆土方路基基本要求

(1)在路基用地和取土坑范围内,应清除地表植被、杂物、积水、淤泥和表土,处理坑塘,并按规范和设计要求对基底进行压实。

(2)路基填料应符合规范和设计的规定,经认真调查、试验后合理选用。

(3)填方路基需分层填筑压实,每层表面平整,路拱合适,排水良好。

(4)施工临时排水系统应与设计排水系统结合,避免冲刷边坡,勿使路基附近积水。

(5)在设定取土区内合理取土,不得滥开滥挖。完工后应按要求对取土坑和弃土场进行修整,保持合理的几何外形。

◆石方路基基本要求

(1)石方路堑的开挖宜采用光面爆破法,并在爆破后应及时清理险石、松石,确保边坡安全、稳定。

(2)修筑填石路堤时,应进行地表清理,逐层水平填筑石块,摆放平稳,码砌边部。填筑层厚度及石块尺寸应符合设计和施工规范规定。填石空隙用石碴、石屑嵌压稳定，上、下路床填料和石料最大尺寸应符合规范规定，采用振动压路机分层碾压，压至填筑层顶面石块稳定，20 t 以上压路机振压两遍无明显标高差异，路基表面应整修平整。

◆路基填料一般规定

(1)含草皮、生活垃圾、树根、腐殖质的土严禁作为填料。

(2)泥炭、淤泥、冻土、强膨胀土、有机质土及易溶盐超过允许含量的土，不得直接用于填筑路基；确需使用时，必须采取技术措施进行处理，经检验满足设计要求后方可使用。

(3)液限大于50%、塑性指数大于26、含水量不适宜直接压实的细粒土，不得直接作为路堤填料；需要使用时，必须采取技术措施进行处理，经检验满足设计要求后方可使用。

(4)粉质土不宜直接填筑于路床，不得直接填筑于冰冻地区的路床及浸水部分的路堤。

(5)填料强度和粒径，应符合表2.2的规定。

表2.2　路基填料最小强度和最大粒径要求

填料应用部位 （路面底标高以下深度）/ m		填料最小强度（CBR）/%			填料最大粒径 /mm
		高速公路、一级公路	二级公路	三、四级公路	
路堤	上路床(0～0.30)	8	6	5	100
	下路床(0.30～0.80)	5	4	3	100
	上路堤(0.80～1.50)	4	3	3	150
	下路堤(＞1.50)	3	2	2	150
零填及挖方路基	(0～0.30)	8	6	5	100
	(0.30～0.80)	5	4	3	100

注：1. 表列强度按《公路土工试验规程》(JTG E40—2007)规定的浸水96 h 的 CBR 试验方法测定。

2. 三、四级公路铺筑沥青混凝土和水泥混凝土路面时，应采用二级公路的规定。

3. 表中上、下路堤填料最大粒径150 mm的规定不适用于填石路堤和土石路堤。

◆路基压实度标准

路基压实度应符合表2.3的规定。

表 2.3 路基压实度

填挖类型		路床顶面以下深度/ m	压实度/%		
			高速公路、一级公路	二级公路	三、四级公路
路堤	上路床	0～0.30	≥96	≥95	≥94
	下路床	0.30～0.80	≥96	≥95	≥94
	上路堤	0.80～1.50	≥94	≥94	≥93
	下路堤	>1.50	≥93	≥92	≥90
零填及挖方路基		0～0.30	≥96	≥95	≥94
		0.30～0.80	≥96	≥95	—

注:1. 表列压实度以《公路土工试验规程》(JTG E40—2007)重型击实试验法为准。

2. 三、四级公路铺筑水泥混凝土路面或沥青路面时,其压实度应当采用二级公路的规定值。

3. 路堤采用特殊填料或处于特殊气候地区时,压实度标准根据试验路在保证路基强度要求的前提下可以适当降低。

4. 特别干旱地区的压实度标准可降低2%～3%。

【实 务】

◆土方路基施工要求

(1)填方路基施工前首先要对原有路面进行清理,对于潮湿的原地面,应尽可能排水输干,对原有地面以下洞穴、坑槽必须回填夯实。原地面要按设计或监理人员的意见进行压实。

(2)压实。填方路堤一般来说应在全宽范围内分层摊铺、整平并充分地碾压。碾压压实度必须在承包人自检合格后报请监理人员进行复查验收。填方路基铺筑应充分估计运输力量和碾压设备,当天的运土最好在当天碾压完成。施工路段的最佳长度应根据试验路段的经验来确定。施工路段不宜过长,以免在未碾压前受到雨淋而增加土内水分。

(3)各施工层表面不应有积水,填土路堤应根据土质的情况和施工时气候的状况,做成2%～4%的排水横坡。

◆填石路堤施工要求

(1)承包人在施工前应进行路堤施工试验,其长度不宜小于100 m。

(2)路堤应分层填筑,分层压实,细料嵌缝,并用25 t以上的轮胎压路机或重型振动压路机碾压,使石块相互嵌挤稳定。分层松铺厚度不宜大于50 cm。石料强度不可小于15 MPa,石料最大粒径不宜超过层厚的2/3。

(3)压实度控制标准。填石路堤的紧密程度在规定深度范围内,以通过12 t以上振动压路机进行压实试验。当压实层顶面稳定,不再下沉(无轮迹)时,可以判断为密实状态,并通过铺筑试验路来确定其压实度的检测方法与标准。

(4)填石路堤的各层压实均应使用振动或重型压路机分层进行,每层铺填厚度和碾压遍数均应通过压实试验来确定。

(5)路床顶面以下80 cm范围内应填筑符合路床要求的土并分层压实,填料的最大粒径不得大于10 cm,并按照设计图纸要求铺设土工布。土工布应符合的技术标准为径向抗拉强度不小于500 N/cm,延伸率小于25%,顶破强度不小于2 500 N。

◆土石混填路基施工要求

(1)路堤应分层填筑,分层压实。分层松铺厚度以300~400 mm为宜。

(2)土石混填路基的压实工作根据石块的含量不同而定。

(3)土石混合材料中,当所含石块强度大于20 MPa时,石块的最大粒径不得超过压实层厚的2/3,超过的则应清除或打碎。当所含石块强度小于15 MPa(软质岩)或强度小于5 MPa(极软质岩)时,石块最大粒径不得超过压实层厚,超过的则应打碎。

(4)宜采用振动压路机或35~50 t轮胎压路机来进行碾压。碾压数遍直至使土达到所要求的密实度,使各石块之间松散接触状态变为紧密咬合的状态,具体的碾压遍数及压实标准需按现场试验进行确定。

(5)路床顶面以下80 cm范围内应填筑符合路床要求的土并且分层压实,填料最大粒径不得大于10 cm。

◆路基施工监理巡视

(1)路基填筑必须在监理工程师验收过的地面上进行。

(2)填方路基开始施工前宜做100~200 m的试验段以确定在所用土质条件下机具设备的合理组合及最佳碾压遍数。

(3)填方路基是公路关键的部位之一,监理人员应严格监理。应当禁止不同土料的混用,且不得采用设计或规范、规定的不适用土料作为路基填料。

(4)当使用透水性差的材料填筑时,应当使土料的含水量均匀,在接近最佳含水量时摊铺碾压,对于透水性好的填筑材料可不受含水量的限制。

(5)路基填筑松铺厚度宜控制在30 cm。若承包人使用大功能的压路机进行碾压时,可申请加大松铺的厚度,并在试验路段中验证,经监理人员同意,方可实施。

(6)路基填筑宽度应当考虑有足够的余宽,以保证路基有效的压实宽度,使之经削坡整修后能够满足设计宽度的要求,其计量支付由设计或合同文件中规定。

(7)每两段路基新、老填土的结合部和构造物台背填土的结合部,均为路基填土中的薄弱环节,填土时应在原填土的端部按1∶1的坡度分层挖出台阶。检验其密实度,达到设计要求时,方可填筑,不得把薄层新填土粘贴在原有土层上。

(8)修筑填石路基应逐层水平填筑,石块应摆放平稳。填筑层厚度及石块尺寸应符合施工规范和设计的规定。填石空隙用小石或石屑进行填满铺平,采用振动压路机分层碾压至填筑层顶面石块稳定。土石混合时,应当尽量地把土石分开填筑。

(9)摊铺的松土在未经过碾压前切忌被雨水淋湿。对未及时碾压而被雨水淋湿的土在雨后必须翻晒晾干后再重新摊铺碾压,若雨水过大,监理人员应视具体情况决定是否要对下层土重新进行检测压实度。

(10)对于厚度大于15 cm但小于30 cm的材料层,用10 t压路机压16遍,用50 t压路机压4遍。

◆土方路基施工监理验收

1.实测项目

土石方路基施工实测项目应符合表2.4的规定。

表2.4　土方路基施工实测项目

检查项目			规定值或允许偏差			检查方法和频率
			高速公路、一级公路	其他公路		
				二级公路	三、四级公路	
压实度/%	零填及挖方/m	0~0.30	—	—	94	按《公路工程质量检验评定标准 第一册 土建工程》(JTG F80/1—2004)附录B检查 密度法:每200 m每压实层测4处
		0~0.80	≥96	≥95	—	
	填方/m	0~0.80	≥96	≥95	≥94	
		0.80~1.50	≥94	≥94	≥93	
		>1.50	≥93	≥92	≥90	
弯沉/0.01 mm			不大于设计要求			按《公路工程质量检验评定标准 第一册 土建工程》(JTG F80/1—2004) 附录I检查
纵断高程/mm			+10,-15	+10,-20		水准仪:每200 m测4断面
中线偏位/mm			50	100		经纬仪:每200 m测4点,弯道加HY、YH两点
宽度/mm			符合设计要求			米尺:每200 m测4处
平整度/mm			15	20		3 m直尺:每200 m测2处×10尺
横坡/%			±0.3	±0.5		水准仪:每200 m测4个断面
边坡			符合设计要求			尺量:每200 m测4处

注:1.表列压实度以重型击实试验法为准,评定路段内的压实度平均值下置信界限不得小于规定标准,单个测定值不得小于极值(表列规定值减5个百分点)。小于表列规定值2个百分点的测点,按其数量占总检查点的百分率计算减分值。

2.采用核子仪检验压实度时应进行标定试验,确认其可靠性。

3.特殊干旱、特殊潮湿地区或过湿土路基,可按交通部颁发的路基设计、施工规范所规定的压实度标准进行评定。

4.三、四级公路铺筑沥青混凝土或水泥混凝土路面时,其路基压实度应采用二级公路标准。

2.外观鉴定

(1)路基表面平整,边线直顺,曲线圆滑。

(2)路基边坡坡面平顺、稳定,不得亏坡,曲线圆滑。

(3)取土坑、弃土堆、护坡道、碎落台的位置适当,外形整齐、美观,防止水土流失。

◆石方路基施工监理验收

1. 实测项目

石方路基实测项目见表 2.5。

表 2.5　石方路基实测项目

<table>
<tr><th colspan="2" rowspan="2">检查项目</th><th colspan="2">规定值或允许偏差</th><th rowspan="2">检查方法和频率</th></tr>
<tr><th>高速公路、一级公路</th><th>其他公路</th></tr>
<tr><td colspan="2">压实</td><td colspan="2">层厚和碾压遍数符合要求</td><td>查施工记录</td></tr>
<tr><td colspan="2">纵断高程/mm</td><td>+10，-20</td><td>+10，-30</td><td>水准仪：每 200 m 测 4 断面</td></tr>
<tr><td colspan="2">中线偏位/mm</td><td>50</td><td>100</td><td>经纬仪：每 200 m 测 4 点，弯道加 HY、YH 两点</td></tr>
<tr><td colspan="2">宽度/mm</td><td colspan="2">符合设计要求</td><td>米尺：每 200 m 测 4 处</td></tr>
<tr><td colspan="2">平整度/mm</td><td>20</td><td>30</td><td>3 m 直尺：每 200 m 测 4 断面</td></tr>
<tr><td colspan="2">横坡/%</td><td>±0.3</td><td>±0.5</td><td>水准仪：每 200 m 测 4 断面</td></tr>
<tr><td rowspan="2">边坡</td><td>坡度</td><td colspan="2" rowspan="2">符合设计要求</td><td rowspan="2">每 200 m 抽查 4 处</td></tr>
<tr><td>平顺度</td></tr>
</table>

注：土石混填路基压实度或固体体积率可根据实际可能进行检验，其他检测项目与石方路基相同。

2. 外观鉴定

(1) 上边坡不得有松石。

(2) 路基边线直顺，曲线圆滑。

2.3　软土地基处治

【基　础】

◆砂垫层施工材料要求

(1) 砂、砂石垫层的材料，宜采用级配良好、质地坚硬的粒料，颗粒的不均匀系数不宜小于 10，宜采用洁净、透水性良好的中、粗砂，含泥量不应大于 5%，并把其中植物、杂质除尽。若用作排水固结地基的砂、石材料，含泥量不宜超过 3%，渗透系数 $K \geq 5 \times 10^{-3}$ cm/s。

(2) 还可采用天然级配砂砾料，其最大粒径不应大于 5 cm，砾石强度不低于四级。(即洛杉矶法磨耗率小于 60%)

◆袋装砂井、塑料排水板施工材料要求

1. 袋装砂井

(1) 砂料采用渗水率较高的中、粗砂，粒径大于 0.5 mm 砂的含量宜占总重的 50% 以

上，含泥量不应大于3%，渗透系数不应小于5×10^{-3} cm/s。

(2)砂袋由聚丙烯或者其他适用的编织料缝合而成。要求具有良好的透水性，装砂后砂袋的渗透系数应不小于砂的渗透系数，耐水性良好，韧性好及抗压强度能保证承受砂袋自重，其物理力学指标应符合规范的要求。

2. 塑料排水板

(1)塑料排水板应具有耐腐性和足够的柔性，保证塑料排水板在地下的耐久性，并在土体固结变形时不会被折断或破裂。

(2)塑料排水板桩的塑料板材料要求参考表2.6的质量要求；打入深度必须符合设计要求，回带高度不可大于50 cm。(或按设计要求)

表2.6 SPB－1塑料排水板材料要求

项目	质量标准及允许误差	检验及认可
截面厚度	>0.35 mm	监理人员、承包人员共同取样，由监理人员试验或送指定单位试验，由总监代表批准后才能使用
截面宽度	100 ± 2 mm	
纵向通水量	>15 cm^3/s(侧压力350 MPa)	
复合体抗拉强度	>1.0 kN/10 cm(延伸率为10%时)	
滤膜透水系数	>5×10^{-6} m/s	
滤膜抗拉强度	湿态10 N/cm(延伸率为15%时)	
	干态15 N/cm(延伸率为10%时)	
滤膜隔土性	<0.074 mm	
外观	完好，无松散	

(3)当周围土体的压力在15 m深度范围内不大于250 kPa或在大于15 m范围不大于350kPa条件下，其排水能力应不低于30 cm^3/s。

3. 进场检查、验收

(1)袋应选用聚丙烯或其他适用的编织料制成，抗拉强度应当能保证承受砂袋自重。

(2)采用渗水率较高的中、粗砂，大于0.5 mm的砂的含量宜占总质量的50%以上，含泥量不应大于3%，且渗透系数不应小于5×10^{-3} cm/s。

(3)装袋前的砂应保持干燥，不宜采用潮湿填料，以免袋内填料干燥后体积减少，造成短井，装砂后砂袋的渗透系数不应小于砂的渗透系数。

(4)生产厂家和规格品牌初定了的材料均应进行验证试验，以决定能否进场，并批复进场前原材料报检单。

(5)同意进场的塑料排水板每次进场后，均应试验检验、核对出厂合格证或产品质保书，并抽样开包检查外观质量。合格后批复进场原材料的报检单。

(6)进场塑料排水板的现场堆放应适当加以覆盖，以防暴露在阳光下。

◆碎石桩施工材料要求

碎石桩应使用未风化的干净砾石或轧断符合级配的碎石。粒径面为20～50 mm，不得混有有机质及杂物，含泥量不应大于10%，渗透系数不得小于1×10^{-1} cm/s。一般可饮用水均可使用。

◆粉喷桩施工材料(设备)要求

1. 粉喷桩基检查

(1)粉喷桩机及配套机械系统的型号、生产厂家、额定指标与实际保养、功能、使用状态,动力系统及其应急系统都应可靠。

(2)符合使用条件的粉喷桩机应由国家计量鉴定部门对其水泥计算机施工控制设备和用量的电子计量系统逐机进行鉴定,并应逐机获得鉴定证书,关键设备上计量部门的签封应完整无损。

(3)取得监理人员批准的进场许可证的桩机,应在开工前沿钻杆自下而上方向标画米尺刻画线,特别是在与设计处理深度相应的刻画处要有明显标示,以便于直观检查打入深度。

(4)工序开工前检查钻头直径应满足设计桩径,并定期检查其磨耗量,使其不得大于 20 mm。

2. 进场许可证的审批

(1)合格的施工机械给予发放进场许可证,一机一证,其副本在机架上挂牌公布,随时备查,定期复查。复查不合格或者施工违规、屡教不改者应吊销许可证,或视整改情况重报批,或清退出场。

(2)进场许可证宜统一内容和规格。

(3)未取得进场许可证的桩机不得进行施工,已取得进场许可证的桩机如有违规施工,可按问题大小或对工程的影响程度考虑停工,超过 3 次停工需摘牌不得继续投入使用。

3. 原材料抽查试验

(1)首先应审查该进场批次的质保书及出厂试验报告,审查承包人试验是否合格。监理人员抽检试验 28 d 强度合格,可签认进场材料报验单,批准使用。

(2)通常情况下,因施工用量大、实验周期长,水泥在场地内存放不便,对于质量较可靠、稳定的品牌,可用 7 d 强度经推算 28 d 强度合格为依据,批准使用。

(3)批准的进场材料报验单应注明数量、批号、存放地点、拟用施工段落,并建立与完成工程量相对应的统计台账。

【实　务】

◆砂垫层施工要求

(1)将砂料运送到准备摊铺的土基上,用平地机或小型推土机摊铺、整平,摊铺后适当地洒水,分层压实,压实厚度宜为 15 ~ 20 cm,若采用砂砾石,应无粗细粒料分离现象。

(2)砂垫层宽度需宽出路基边脚 0.5 ~ 1.0 m,两侧端以片石护砌或者采用其他方式防护,以免砂料流失。

(3)砂垫层的压实度,按技术规范重型击实法,须达到相对密实度的90%以上,因此要调整控制最佳含水量(通常为8% ~12%)。道路工程砂垫层均采用碾压法施工,找平后,先用推土机排压,然后用100 kN以上压路机往复碾压,人工配合找平和修理边坡。

◆砂垫层监理巡视

1. 环刀取样法

用容积不小于200 cm^3 的环刀压入垫层中取样,测定其干密度,以不小于砂料在中密状态时的干密度数值为合格,如中砂,通常为15.5 ~16 kN/m^3。

2. 钢筋贯入测定法

检查时应先将其表面的砂刮去3 cm左右拼用贯入仪、钢筋等以贯入度大小检查砂垫层的质量。钢筋的插入深度,可以根据砂的控制干密度预先进行小型试验确定。

◆砂垫层监理验收

1. 实测项目

砂垫层实测项目应符合表2.7的规定。

表2.7　砂垫层实测项目

检查项目	规定值或允许偏差	检查方法和频率
砂垫层厚度	不小于设计要求	每200 m检查4处
砂垫层宽度		
反滤层设置	符合设计要求	
压实度/%	90	

2. 外观鉴定

砂垫层表面要求平整。

◆袋装砂井、塑料排水板施工要求

(1)砂袋入井,应用桩架吊起垂直下井,应当防止砂袋发生扭结、断裂、缩颈和砂袋磨损。沉入砂袋应用桩架把砂袋垂直吊起,当袋装砂井长度超过桩架高度时,可以采用两节套管,砂袋沉入时以人工输入,管口装设滚轮。

(2)每段施工前所需要的砂袋长度应经试验确定,另加埋入砂垫层的长度。

(3)编织袋的直径,由于聚丙烯材料有约20%的伸长率,需提前试装以确定合适的砂袋直径。

(4)砂料应用经风干后的材料,含水量需控制在1%以下,装足后用麻绳把袋口绑扎牢固。

(5)拔管时要注意垂直起吊,以防止带出或损坏砂袋。施工中如发现上述现象,应在原孔边缘重打;若连续两次将砂袋带出,则应停止施工,待查明原因后再施工。

(6)在设计深度范围内遇到硬层,通常应打到设计深度,要记好施工原始记录。

(7)每完成一根桩拔出套管,保持垂直吊起。为了避免拔管时带出砂袋,可以采用向管内注水的办法。

(8)施工中要经常检查桩尖与导管口密封的情况,避免导管内进泥过多,影响加固深度。

(9)导轨要垂直,钢套管不得弯曲,沉管时应用经纬仪或线锤控制垂直度。

(10)砂袋留出孔口长度,以保证伸入砂垫层至少 30 cm,并保持直立,不得卧倒。

(11)袋装砂井灌砂率及施工允许偏差应符合规范的要求。

◆袋装砂井、塑料排水板监理巡视

(1)每批塑板到场后生产厂需提供出厂质量检验合格单,经承包商抽样复测,达到要求的质量标准。

(2)施工现场堆放的塑料排水板盘带应加以适当覆盖,防止暴露在空气中老化。

(3)插板过程中塑料板严禁出现扭结、断裂、滤膜破碎等现象,要留足够长度,不允许塑板在桩中接长。

(4)排水板底部应有可靠的锚固措施,以避免拔出套管时将芯板带出。

(5)除在设计深度范围内遇到硬层,通常应打到设计深度。要记好施工原始记录,插入深度要考虑回带长度,回带长度超过 50 cm 时必须原位附近重新打设,保证塑料排水板处理深度满足设计的要求。

(6)塑料排水板留出孔口长度要保证伸入砂垫层不小于 50 cm,使其与砂垫层贯通;并将其保护好,以防机械、车辆进出时受损,影响排水的效果。

(7)塑料排水板搭接应用滤套内平接的方法,芯板对扣,凹凸对齐,搭接长度不宜少于 20 cm;滤套包裹,用可靠措施固定。

(8)施工中防止泥土等杂物进入套管内,一旦发现必须及时清除。

(9)塑料排水板施工允许偏差应符合规范的规定。

◆袋装砂井、塑料排水板监理验收

袋装砂井、塑料排水板应符合表 2.8 的规定。

表 2.8　袋装砂井、塑料排水板

检查项目	规定值或允许偏差	检查方法和频率
井(板)间距/mm	±150	抽查 2%
井(板)长度/mm	不小于设计要求	查施工记录
竖直度/%	1.5	
灌砂量/%	−5	
砂井直径/mm	+10,0	挖验 2%

◆碎石桩施工要求

(1)施工机械可以选用振动沉管打桩机械施工,要求导杆必须满足高度的要求,最少应富余 1 ~ 1.5 m;按设计桩径选择厚壁空心钢管;桩尖为三片活瓣,能够自由开启。

(2)每段施工前应绘制布桩图并且编号,按布桩图放线,用木桩定位。

(3)按照规范要求,开工前施工单位要先做5根试验桩,检查设备能力、沉入桩管速度、成桩直径以及碎石桩密实度情况。符合质量标准后,即可正式施工。

(4)施工时要保证套管竖直,以免成桩倾斜。

(5)碎石桩施工允许偏差应符合规范的要求。

(6)碎石桩密实度检验,通常抽查5%,要求用重Ⅱ型动力触探测试,贯入量10 cm时,击数不得小于5次。

◆碎石桩监理巡视

(1)抽样检查填料的粒径、含泥量等指标是否符合设计要求。审核碎石桩桩位布置图,复测桩位放样。

(2)认真记录成桩时间、工作电流,严格控制填料总利用量及充盈系数,作为现场施工和旁站监理的控制标准。

(3)严格控制桩身不同部位的投石量和充盈系数,确保桩身密实和均匀程度,防止出现"断桩"和"颈缩桩"等质量缺陷。桩的均匀程度和充盈系数的控制与桩管的反插次数、反插深度有较为密切的关系。即为达到设计的桩身均匀和充盈系数的要求,应严格控制其反插次数和反插深度。

反插深度应通过数次的反插完成,反插次数通常为3~6次/m,反插深度正确与否直接影响打桩的质量。

(4)检验不合格时应及时补料振密或者责令承包人补打。

◆碎石桩监理验收

碎石桩实测项目应符合表2.9的规定。

表2.9　碎石桩实测项目

检查项目	规定值或允许偏差	检验方法和频率
桩距/mm	±150	抽查2%
桩径/mm	不小于设计规定	抽查2%
桩长/mm	不小于设计规定	查施工记录
灌石(砂)量	不小于设计规定	查施工记录
竖直度/%	1.5	查施工记录

◆粉喷桩施工要求

(1)水泥应符合设计要求。

(2)应当根据成桩试验确定的技术参数进行施工。

(3)在施工过程中,应当严格控制喷粉时间、停粉时间和水泥喷入量,不得中断喷粉,确保粉喷桩长度。

(4)粉喷桩桩身上部范围内必须进行二次搅拌,确保桩身质量;发现喷粉量不足时,应整桩复打;喷粉中断时,复打重叠孔段应大于1 m。

◆粉喷桩监理巡视

(1)粉喷桩施工应根据成桩试验确定的技术参数进行;由专职施工技术人员,跟班检查并做好详细原始记录:压力、钻进速度、喷粉量、提升速度等有关参数的变化。

(2)严格控制喷粉标高与停粉标高,不得中断喷粉,确保桩体的长度;严禁在尚未喷粉的情况下进行钻杆提升作业。

(3)通过标定钻杆长度及在钻杆上标记设计处理深度,旁站检查钻杆下钻深度并进行控制。

(4)桩位、复搅长度、倾斜度、桩径等的质量控制。除复搅长度有电脑记录外,其他均应由自检人员现场跟班检查并记录,包括各桩的编号、施工时间、钻杆倾斜度、钻杆下部定位时的桩位偏差等。桩径由每工班检查钻头直径是否满足要求来进行控制。随着施工进展,应当随时复核桩位放样位置,以避免由于人为、机械移动震动等因素造成桩位发生偏移。

(5)桩身根据设计的要求在一定深度,即在地面以下1/3~1/2桩长且不小于5 m的范围内必须进行重复搅拌,使固化料与地基土拌和均匀。

(6)施工中,若发现喷粉量不足,应整桩复拌,复拌的喷粉量应不小于设计用量,复拌重叠孔段应大于1 m。

(7)施工机具设备的粉体发送器必须配置粉料计量装置,并记录水泥的瞬时喷入量与累计喷入量,严禁将无粉料喷入计量装置的粉体发送器投入使用。

(8)储灰罐容量应不小于一根桩的用灰量加50 kg。若储量不足,则不可对下一根桩开钻施工,钻头直径的磨损量不得大于1 cm。为了保证桩的完整性,应严格控制喷粉时间及停粉时间。每根桩开钻后应连续作业,严禁在尚未喷粉情况下进行钻杆提升作业。

(9)粉喷搅拌桩施工完成后,必须对地基进行静载测试及抽芯取样测试,用以检验粉喷搅拌桩施工质量,检验频率按设计及规范的要求执行。

◆粉喷桩监理验收

粉喷桩实测项目应符合表2.10的规定。

表2.10　粉喷桩实测项目

<table>
<tr><th>检查项目</th><th>规定值或允许偏差</th><th>检验方法和频率</th></tr>
<tr><td>桩距/mm</td><td>±100</td><td>抽查20%</td></tr>
<tr><td>桩径/mm</td><td rowspan="2">不小于设计规定</td><td>抽查2%</td></tr>
<tr><td>桩长/mm</td><td rowspan="3">查施工记录</td></tr>
<tr><td>竖直度/%</td><td>1.5</td></tr>
<tr><td>单桩喷粉量</td><td>符合设计要求</td></tr>
<tr><td>强度/kPa</td><td>不小于设计</td><td>抽查5%</td></tr>
</table>

2.4 土工合成材料处治层

【基 础】

◆土工合成材料处治层基本要求

(1)土工合成材料质量应符合设计要求,无老化,外观无破损,无污染。

(2)土工合成材料应紧贴下承层,按设计和施工要求铺设、张拉、固定。

(3)土工合成材料的接缝搭接、粘接强度和长度应符合设计要求,上、下层土工合成材料搭接缝应交替错开。

◆土工合成材料处治层施工材料要求

(1)土工合成材料应具有质量轻、抗拉强度较高、整体连续好、耐腐蚀和抗微生物侵蚀性好、施工方便等优点;非织型的土工纤维应当具备当量孔隙直径小、渗透性好、质地柔软、能与土很好结合的性质。

(2)应根据出厂单位提供的幅宽、厚度、质量、顶破强度、抗拉强度和渗透系数等测试数据,选用满足设计和规范要求的土工合成材料。

(3)批准进场的土工合成材料每批次进场后,均应抽样检验试验、核对产品质保书或者出厂合格证,并抽样开包检查外观质量。抽查合格后批复进场原材料报检单,该报检单应申明拟用路段。

(4)试验检测应包括原材料品质、水力特性参数、力学特性参数、耐久性、老化特性、抗化学和生物腐蚀性等。

(5)检查土工合成材料的外观品质,发现有刺破、折损、撕裂等瑕疵的,应立即要求更换或者修补,修补范围至少应超过裂口 30 cm。必要时,应当对该段原材料抽样试验。

(6)进场的土工合成材料的现场堆放须加以适当覆盖,以免暴露在阳光下加快老化。

(7)建立土工合成材料进场的数量、批次、检验批复文件的编号、现场存放地点及相应使用施工路段的原材料台账制度,以确保用于工程的原材料均为经监理人员批准的合格品,满足可追溯性的要求。

【实 务】

◆土工合成材料处治层施工要求

(1)铺设施工前,将基土表面修理平整,清除表面的浮土及杂物,露出坚硬地表。

(2)满铺土工合成材料。土工合成材料按照垂直于道路方向铺设,采用搭接法连接时，搭接长度宜为30～90 cm；采用缝接法时，接缝宽度不宜小于5 cm；采用黏结法时，黏结宽度不得小于5 cm，黏结强度应不低于土工合成材料的抗拉强度。

(3)应保证土工合成材料的整体性。采用搭结法时，按照间距1 m梅花形布置楔入锚钉，锚钉要尽可能地两道土工合成材料相搭接的部位，以增强其整体性能。

(4)现场施工发现有土工格栅断裂、损坏现象，必须在其上重新铺设一层，双层土工合成材料上、下层接缝应交替错开，错开长度不应小于0.5 m。

◆土工合成材料处治层施工监理巡视

(1)在施工过程中，应当随时检查土工合成材料的外观品质，发现有折损、刺破、撕裂等瑕疵时，应立即要求进行更换或修补，修补范围至少应超过裂口30 cm。必要时，应对该段原材料抽样试验检查，确定土工合成材料是否符合质量标准。

(2)土工合成材料应在平整的下承层上按设计要求的宽度铺设，用于土工合成材料的上、下层施工的填料均不得有刺破土工合成材料的树根、尖石等物。

(3)铺设方向应满足设计要求。

(4)铺设时，必须绷紧、拉挺，不得有扭曲、折皱或坑洼。有设计要求时，应按设计要求对铺设的土工合成材料进行张拉，结合锚固端的施工，保持土工合成材料应具有的应力。

(5)铺设时，靠路基边沿(包括路基边坡和桥头锥坡前沿)处反折包裹的锚固宽度应按设计要求处理，通常不小于2 m。

(6)不同层面的连接位置应相互错开，以增强其整体效应，最小距离不应小于50 cm。

(7)为了避免已铺好的土工合成材料长期曝晒，铺设后与填筑其上的第一层施工之间的间隔时间不应超过1周。若因故必须延长间歇时间时，土工合成材料的表面应覆盖保护，厚度不应小于20 cm，禁止一切施工车辆和施工机械行驶或停留在已铺好的土工合成材料上。

◆土工合成材料处治层施工监理验收

1.实测项目

土工合成材料处治层实测项目应符合表2.11～2.14的规定。

表2.11　加筋工程土工合成材料实测项目

检查项目	规定值或允许偏差	检验方法和频率
下承面平整度、拱度	符合设计、施工要求	每200 m检查4处
搭接宽度/mm	+50，-0	抽查2%
搭接缝错开距离/mm	符合设计要求、施工要求	
锚固长度/mm		

表 2.12　隔离工程土工合成材料处治层实测项目

检查项目	规定值或允许偏差	检验方法和频率
下承面平整度、拱度	符合设计、施工要求	每 200 m 检查 4 处
搭接宽度/mm	+50,-0	抽查 2%
搭接缝错开距离/mm	符合设计要求、施工要求	
搭接处透水点	不多于 1 个	每缝

表 2.13　过滤排水工程土工合成材料实测项目

检查项目	规定值或允许偏差	检验方法和频率
下承面平整度、拱度	符合设计要求、施工要求	每 200 m 检查 4 处
搭接宽度/mm	+50,-0	抽查 2%
搭接缝错开距离/mm	符合设计要求、施工要求	

表 2.14　防裂工程土工合成材料实测项目

检查项目	规定值或允许偏差	检验方法和频率
下承面平整度、拱度	符合设计要求、施工要求	每 200 m 检查 4 处
搭接宽度/mm	≥50(横向) ≥150(纵向)	抽查 2%
黏结力/N	≥20	

2. 外观鉴定

(1)土工合成材料不可重叠、皱折不平顺。

(2)土工合成材料固定处不可松动。

2.5　路基排水

【基　础】

◆管节预制基本要求

(1)所用水泥、砂、石、水、外加剂和掺和料的质量和规格应符合有关规范的要求,按规定的配合比施工。

(2)混凝土应符合耐久性(抗冻、抗渗、抗腐蚀)等设计要求。

(3)不得出现露筋和空洞现象。

◆管道基础及管节安装基本要求

(1)管材必须逐节检查,不得有裂缝、破损。

(2)基础混凝土强度达到 5 MPa 以上时,方可进行管节铺设。

(3)管节铺设应平顺、稳固,管底坡度不得出现反坡,管节接头处流水面高差不得大于5 mm,管内不得有泥土、砖石、砂浆等杂物。

(4)管道内的管口缝,当管径大于750 mm时,应在管内作整圈勾缝。

(5)管口内缝砂浆平整密实,不得有裂缝、空鼓现象。

(6)抹带前,管口必须洗刷干净,管口表面应平整密实,无裂缝现象,抹带后应及时覆盖养护。

(7)设计中要求防渗漏的排水管须做渗漏试验,渗漏量应符合要求。

◆检查(雨水)井砌筑基本要求

(1)井基混凝土强度达到5 MPa以上时,方可砌筑井体。

(2)砌筑砂浆配合比准确,井壁砂浆饱满,灰缝平整。圆形检查井内壁应圆顺,抹面密实光洁,踏步安装牢固。

(3)井框、井盖安装必须平稳,井口周围不得有积水。

◆土沟基本要求

(1)土沟边坡必须平整、坚实、稳定,严禁贴坡。

(2)沟底应平顺整齐,不得有松散土和其他杂物,排水畅通。

◆浆砌排水沟基本要求

(1)当地下水位较高潜水层埋藏不深时,可以采用排水沟截流地下水,降低地下水位。排水沟沟底应低于潜水层标高或地下水位,并应埋入不透水层。排水沟应沿路线走向布置,可兼排地面水,在寒冷的地区不宜用于排除地下水。

(2)排水沟采用圬工砌筑时应在沟壁与含水层接触的高度设置单排或者多排渗水孔,渗水孔的沟壁外侧需填筑反滤层,沿沟长每15 ~20 m设一道沉降缝。

(3)砌体砂浆配合比准确,砌缝内砂浆均匀饱满,勾缝密实。

(4)混凝土预制块、浆砌片(块)石的质量和规格应符合设计要求。

(5)基础混凝土中缩缝需与墙身缩缝对齐。

(6)砌体抹面应平整、直顺、压光,不得有空鼓、裂缝现象。

◆盲沟基本要求

1.平面布置

除了设置在路基边沟下或边沟旁的渗沟按路线走向布置外,用于拦截地下水的渗沟的轴线应布置成与渗流方向垂直。

2.断面尺寸

当深度H为2 m时,宽度b为0.6 ~0.8 m,管式渗沟不小于0.5%,渗沟的纵坡不宜小于1%,沟底应埋入不透水层,沟底视条件可做成水泥混凝土基础或浆砌片石。当用于拦截地下水时,渗沟一侧做反滤层汇集水流,另一侧做不透水层。

3.填充材料

(1)渗沟内填充的料石可采用碎石、卵石,使用前应经筛选和清洗,其外包反滤层选用一层砾石、一层砂,层厚不宜小于 15 cm,分层界面应清楚,严格控制施工质量。

(2)也可选用土工合成材料代替反滤层,使用土工织物包裹渗沟,起到过滤的作用。选用的土工织物单位面积质量宜为 300 ~ 500 g/m^2,其强度应符合表 2.15 要求。

表 2.15　土工织物强度基本要求

测试项目 \ 伸长率	Ⅰ级		Ⅱ级		Ⅲ级	
	<50%	≥50%	<50%	≥50%	<50%	≥50%
握持强度/MPa	≥1 400	≥900	≥1 100	≥700	≥800	≥500
撕裂强度/MPa	≥500	≥350	≥400 *	≥250	≥300	≥175
刺破强度/MPa	≥500	≥350	≥400	≥250	≥300	≥175
CBR 顶破强度/MPa	≥3 500	≥1 750	≥2 750	≥1 350	≥1 000	≥950

注:1. 表中 * 指对机织单丝织物,采用 250 N。
　　2. 表列数值指卷材沿强度最弱方向测试的最低平均值。

(3)排水层应采用石质坚硬的较大粒料填筑,以保证排水孔的隙度。

4. **设计技巧**

(1)渗沟的出水口应设端墙,端墙的下部留出与渗沟排水通道大小一致的排水孔。其高程应高出与之相接的排水沟 0.2 m。出口处的排水沟应加固,以防止冲刷。

(2)为了便于维修,每隔 40 ~ 50 m 或在平面转折点,坡度变化点设置检查井。检查井通常为圆形,内径不宜小于 1.0 m,井底为混凝土基础,渗沟底高出井底 30 cm,井口应高出附近地面并设有井盖。

◆排水泵站基本要求

(1)地基应具有足够的承载能力,不应扰动基底土壤。

(2)井壁混凝土应密实,混凝土强度达到合格标准后方可进行下沉。

(3)沉井下沉过程中,应随时注意正位,发现偏位及倾斜时须及时纠正。

(4)沉井封底应密实不漏水。

(5)水泵、管及管件应安装牢固,位置正确。

【实　务】

◆管节预制监理验收

1. **实测项目**

管节预制实测项目应符合表 2.16 的规定。

表 2.16　管节预制实测项目

<table>
<tr><th>检查项目</th><th>规定值或允许偏差</th><th>检验方法和频率</th></tr>
<tr><td>混凝土强度/MPa</td><td>在合格标准内</td><td>按混凝土抗压强度评定检查</td></tr>
<tr><td>内径/mm</td><td>不小于设计要求</td><td rowspan="2">尺量 2 个断面</td></tr>
<tr><td>壁厚/mm</td><td>不小于设计壁厚 -3</td></tr>
<tr><td>顺制度</td><td>矢度不大于 0.2% 管节长</td><td>沿管节拉线量,取最大矢高</td></tr>
<tr><td>长度/mm</td><td>+5, -0</td><td>尺量</td></tr>
</table>

2. 外观鉴定

(1)蜂窝、麻面面积不得超过该面面积的 1%,深度超过 10 mm 的必须处理。

(2)混凝土表面平整。

◆管道基础及管节安装监理验收

1. 实测项目

管道基础及管节安装实测项目应符合表 2.17 的规定。

表 2.17　管道基础及管节安装实测项目

<table>
<tr><th colspan="2">检查项目</th><th>规定值或允许偏差</th><th>检查方法和频率</th></tr>
<tr><td colspan="2">混凝土抗压强度或砂浆强度/MPa</td><td>在合格标准内</td><td>按 JTG F80/1—2004 附录 D、F 检查</td></tr>
<tr><td colspan="2">管轴线偏位/mm</td><td>15</td><td>经纬仪或拉线:每两井间测 3 处</td></tr>
<tr><td colspan="2">管内底高程/mm</td><td>±10</td><td>水准仪:每两井间测 2 处</td></tr>
<tr><td colspan="2">基础厚度/mm</td><td>不小于设计</td><td>尺量:每两井间测 3 处</td></tr>
<tr><td rowspan="2">管座</td><td>肩宽/mm</td><td>+10, -5</td><td rowspan="2">尺量、挂边线:每两井间测 2 处</td></tr>
<tr><td>肩高/mm</td><td>±10</td></tr>
<tr><td rowspan="2">抹带</td><td>宽度</td><td>不小于设计</td><td rowspan="2">尺量:按 10% 抽查</td></tr>
<tr><td>厚度</td><td>不小于设计</td></tr>
</table>

2. 外观鉴定

(1)管道基础混凝土表面平整密实,侧面蜂窝不得超过该表面面积的 1%,深度不超过 10 mm。

(2)管节铺设直顺,管口缝带圈平整密实,无开裂、脱皮现象。

(3)抹带接口表面应密实光洁,不得有间断和裂缝、空鼓。

◆检查(雨水)井砌筑监理验收

1. 实测项目

检查(雨水)井砌筑实测项目应符合表 2.18 的规定。

表 2.18 检查(雨水)井砌筑实测项目

检查项目	规定值或允许偏差		检查方法和频率
砂浆强度/MPa	在合格标准内		按 JTG F80/1—2001 附录 F 检查
轴线偏位/mm	50		经纬仪:每个检查井检查
圆井直径或方井长、宽/mm	±20		尺量:每个检查井检查
井底高程/mm	±15		水准仪:每个检查井检查
井盖与相邻路面高差/mm	雨水井	+0,-4	水准仪、水平尺:每个检查井检查
	检查井	+4,-0	

2. 外观鉴定

(1)井内砂浆抹面无裂缝。

(2)井内平整圆滑,色泽均匀。

◆土沟监理验收

1. 实测项目

土沟实测项目应符合表 2.19 的规定。

表 2.19 土沟实测项目

检查项目	规定值或允许偏差	检查方法和频率
沟底高程/mm	+0,-30	水准仪:每 200 m 测 4 处
断面尺寸/mm	不小于设计	尺量:每 200 m 测 2 处
边坡坡度	不陡于设计	尺量:每 200 m 测 2 处
边棱直顺度/mm	50	尺量:20 m 拉线,每 200 m 测 2 处

2. 外观鉴定

沟底无明显凹凸不平或者阻水现象。

◆浆砌排水沟监理验收

1. 实测项目

浆砌排水沟实测项目应符合表 2.19 的规定。

表 2.19 浆砌排水沟实测项目

检查项目	规定值或允许偏差	检查方法和频率
砂浆强度/MPa	在合格标准内	按水泥混凝土抗压强度评定检查
轴线偏位/mm	50	经纬仪或尺量:每 200 m 测 5 处
沟底高程/mm	±15	水准仪:每 200 m 测 5 点
墙面直顺度/mm 或坡度	30 或符合设计要求	20 m 拉线、坡度尺:每 200 m 测 2 处

续表 2.19

检查项目	规定值或允许偏差	检查方法和频率
断面尺寸/mm	±30	尺量:每 200 m 测 2 处
铺砌厚度/mm	不小于设计	
基础垫层宽、厚/mm	不小于设计	

2. 外观鉴定

(1)砌体内侧及沟底应平顺。

(2)沟底不得有杂物。

◆盲沟监理验收

1. 实测项目

盲沟实测项目应符合表 2.20 的规定。

表 2.20　盲沟实测项目

检查项目	规定值或允许偏差	检查方法和频率
沟底高程/mm	±15	水准仪:每 10 ~20 m 测 1 处
断面尺寸/mm	不小于设计	尺量:每 20 m 测 1 处

2. 外观鉴定

(1)反滤层应层次分明。

(2)进、出水口应排水通畅。

◆排水泵站监理验收

1. 实测项目

排水泵站(沉井)实测项目应符合表 2.21 的规定。

表 2.21　排水泵站(沉井)实测项目

检查项目	规定值或允许偏差	检查方法和频率
混凝土强度/MPa	在合格标准内	按水泥混凝土抗压强度评定检查
轴线平面偏位/mm	1%井深	经纬仪:纵、横向各 2 处
垂直度/mm	1%井深	用垂线检查:纵、横向各 1 处
底板高程/mm	±50	水准仪:测 4 处

2. 外观鉴定

泵站轮廓线条清晰,表面平整。

2.6 路基防护与支挡

【基 础】

◆路基防护的基本要求

1. 植物防护

(1)人工种草。施工前应当清理整平坡面,铺设土工网格,要求平顺,相接处不重叠,用插钉固定在坡面上。撒草种后,定期浇水,保持土体潮湿,草籽生根发芽形成植被层,达到护坡、固坡目的。对新种草籽、灌木和草皮的边坡,要经常浇水。

(2)铺草皮。草皮可分成块状和带状两种,厚度通常为6~10 cm,草皮尺寸应不小于20 cm×40 cm。铺设前应整平坡面,由坡脚向上铺设,草皮应与坡面密贴,用2 cm×20 cm竹钉固定在坡面上。

(3)抹面和捶面。抹面和捶面适用于不宜风化尚不严重的岩石坡面或草木生长的较陡坡面,施工前应将坡面杂质、风化松动岩体清除干净。抹面材料可以选用水泥砂浆,分两层进行。第一层打底,第二层抹成光面。捶面材料可以选用三合土,厚10~15 cm,经拍(捶)打密实与坡面紧贴,较大面积的抹面、捶面应每隔5~10 m设置伸缩缝,缝宽1~2 cm,缝内填沥青麻丝。

(4)喷浆、喷射混凝土。喷浆、喷射混凝土用于易风化的岩石坡面或高而陡的边坡以及需大面积防治的坡面等,黏土坡面不宜采用。施工前对坡面较大裂缝、凹坑等应用水泥砂浆嵌补,岩体表面冲洗干净。灌浆锚杆孔应冲洗干净,铁丝网与锚杆连接应牢固,并与坡面保持设计间距,喷层分2~3次进行,层厚均匀,喷层后应养护7~10 d。

2. 冲刷防护

(1)砌石护坡。干砌片石用于周期性浸水路堤,浆砌片石用于经常浸水或受河道主流冲刷、波浪作用的地段。砌石应当铺设在密实不易发生沉降的坡面上。干砌片石要交错嵌紧不松动。浆砌要求坐浆砌筑、砂浆饱满,每隔10~15 m应当设置缝宽为2~3 cm的伸缩缝。用沥青麻丝填塞,坡面每隔2~3 m交错设置泄水孔。

(2)混凝土板护坡。施工采用预制混凝土板和现浇混凝土板两种。

1)预制混凝土板通常制成方块板拼铺,边长1 m以内,厚度大于6 cm,板底应铺10 cm砂垫层。

2)现浇混凝土板应做好分块,且每隔10~15 m设置缝宽为2 cm的伸缩缝,填沥青麻丝。

(3)导流构筑物。丁坝的设置应经设计和稳定计算且考虑对河、岸的影响,注重施工质量;顺坝用于河床断面窄小、地质条件不宜修筑丁坝的地段,受力比丁坝小。要注意坝根部与相接地层和其他防护设施的嵌接,也可与格坝联系使用以加固坝体和河岸。

◆砌体挡土墙基本要求

(1)石料或混凝土预制块的质量和规格应符合有关规范和设计要求。

(2)砂浆所用的水泥、砂、水的质量应符合有关规范的要求,按规定的配合比施工。

(3)地基承载力必须满足设计要求。

(4)砌筑应分层错缝。浆砌时坐浆挤紧,嵌填饱满密实,不得有空洞;干砌时不得松动、叠砌和浮塞。

(5)沉降缝、泄水孔、反滤层的设置位置、质量和数量应符合设计要求。

◆砌体挡土墙施工材料要求

1. 石料

(1)石质应密实、坚硬、坚固与耐久,色泽均匀,无风化及水流的侵蚀。

(2)用于挡墙的石料,其抗压强度不可低于 25 MPa。

(3)石料不得带有泥土、油渍或者其他有害物质。

(4)块石应大致方正,上下面大致平行,厚度 20 ~30 cm,长度为厚度的 1.5 ~3.0 倍,宽度为厚度的 1.0 ~1.5 倍,石料的尖锐边角应凿去。

2. 砂浆

(1)砂浆所用水泥、砂和水应符合质量标准。砂宜采用中粗砂,砌筑块石时,最大粒径不宜大于 2.5 mm。

(2)砂浆的配合比应通过试验决定,使其抗压强度达到相应的需求。

(3)砂浆抗压强度的试验,每 250 m^3 的砌体至少应取一组试件用作抗压试验。

(4)经拌和的砂浆应具有良好的和易性,且砂浆应随拌随用,通常应在 3 h 内使用完毕,气温超过 30 ℃时,应在 2 h 内使用完毕。

◆悬臂式和扶臂式挡土墙基本要求

(1)混凝土所用的水泥、砂、石、水和外掺剂的质量和规格应符合有关规范的要求,按规定的配合比施工。

(2)地基强度必须满足设计要求。

(3)不得出现露筋和空洞现象。

(4)沉降缝、泄水孔的设置位置、质量和数量应符合设计要求。

◆锚杆、锚碇板和加筋挡土墙基本要求

(1)混凝土所用的水泥、砂、石、水和外掺剂的质量和规格必须符合有关规范的要求,按规定的配合比施工。

(2)地基强度应符合设计要求。

(3)锚杆、拉杆或筋带的质量和规格,必须满足设计和有关规范的要求,根数不得少于设计数量。

(4)筋带需理顺,放平拉直,筋带与面板、筋带与筋带连接牢固。

(5)混凝土不得出现露筋和空洞现象。

◆锚杆、锚碇板和加筋挡土墙施工材料要求

1. 填料

(1)加筋土的填料选用除应符合设计及规范要求,还需易于压实,具有良好的水稳定性与筋带之间具有足够的摩擦力。

(2)填料不得含有有机料、冻块及垃圾。填料粒径不宜大于填料压实厚度的2/3,且最大粒径不宜大于150 mm。

(3)当建设和设计单位需核定加筋体填料与筋带的似摩擦系数是否与设计相符时,似摩擦系数可以在现场做拉拔试验。

2. 筋带

(1)进厂材料应有出厂质量证明书和出厂试验报告,进厂后应取样进行技术指标的测定,其质量应符合国家现行标准《公路路基施工技术规范》(JTG F10—2006)的规定。

(2)要求筋带有足够的抗拉强度,不易脆断,延伸率低,同时具有防腐蚀、抗老化性能。

(3)表面压纹清晰,色泽均匀,无损伤、开裂、穿孔等缺陷,断面一致。带宽不小于18 mm,带厚不小于0.8 mm,其允许误差为±0.1 mm,允许宽误差为±1 mm。在25 ℃时断裂拉应力不宜小于220 MPa,断裂伸长率不宜大于10%,偏斜度不宜大于20 mm/m。

3. 墙面预制混凝土面

(1)墙面预制混凝土块所用砂、水泥、石料等材料的质量规格,应符合国家现行标准《公路桥涵施工技术规范》(JTJ 041—2000)的有关规定。

(2)混凝土墙面预制混凝土块应表面平整,外形轮廓清晰,外光内实,线条直顺,企口分明,不得有露筋、翘曲、啃边、掉角,蜂窝,麻面面积之和不可超过面板面积的1%。

4. 面板填缝材料

(1)沉降缝用沥青木板、沥青麻絮、沥青甘蔗板等填塞。

(2)面板间的水平接缝处的混凝土局部承压强度不能满足要求时,可以采用低强度砂浆砌筑或用沥青软木板衬垫。

5. 水

宜采用饮用水。若采用其他水源,其水质应符合国家现行标准《混凝土用水标准》(JGJ 63—2006)的规定。

◆墙背填土基本要求

(1)墙背填土应采用透水性材料或设计规定的填料,严禁采用膨胀土、高液限黏土、腐殖土、盐渍土、淤泥和冻土块等不良填料。填料中不应含有机物、冰块、草皮、树根等杂物或生活垃圾。

(2)墙背填土必须和挖方路基、填方路基有效搭接,纵向接缝必须设台阶。

(3)必须分层填筑压实,每层表面平整,路拱合适。

(4)墙身强度达到设计强度75%以上时方可开始填土。

◆抗滑桩基本要求

(1)混凝土所用的水泥、砂、石、水和外掺剂的质量和规格,必须符合设计和有关规范的要求,按规定的配合比施工。

(2)施工中应核对滑动面位置,如图纸与实际位置有出入,应变更抗滑桩的深度。

(3)做好桩区地面截、排水及防渗,孔口地面上应加筑适当高度的围埂。

◆挖方边坡锚喷防护基本要求

(1)锚杆、钢筋和土工格栅的强度、数量、质量和规格,必须符合设计和有关规范的要求。

(2)混凝土及砂浆所用的水泥、砂、石、水和外掺剂,必须符合有关规范的要求,按规定的配合比施工。

(3)边坡坡度、坡面应符合设计要求。岩面应无风化、无浮石,喷射前应用水冲洗干净。

(4)钢筋应清除污锈,钢筋网与锚杆或其他锚固装置连接牢固,喷射时钢筋不得晃动。

(5)锚杆插入锚孔深度不得小于设计长度的95%,孔内砂浆应密实、饱满。

(6)喷射前应做好排水设施,对漏水的空洞、缝隙应采用堵水等措施,确保支护质量。

(7)钢筋、土工格栅或锚杆不得外露,混凝土不得开裂脱落。

◆锥、护坡基本要求

(1)石料的质量和规格应符合有关规定。砂浆所用的水泥、砂、水的质量应符合有关规范的要求,按规定的配合比施工。

(2)锥、护坡基础埋置深度及地基承载力应符合设计要求。

(3)砌体应咬扣紧密,嵌缝饱满密实。

(4)锥、护坡填土密实度应达到设计要求,对坡面刷坡整平后方可铺砌。

◆砌石工程基本要求

(1)石料的质量和规格及砂浆所用材料的质量和规格应符合设计要求,按规定的配合比施工。

(2)砌块应错缝砌筑、相互咬紧,浆砌时砌块应坐浆挤紧,嵌缝后砂浆饱满,无空洞现象,干砌时不松动、无叠砌和浮塞。

◆砌石工程施工材料要求

1.石料

(1)石质要均匀,不易风化,无裂纹。

(2)石料强度,试件规格以及换算应符合设计要求,石料强度测定应按《公路工程岩石试验规程》(JTG E41—2005)的相关规定执行。

2. 水泥

(1)水泥进场应有产品合格证及出厂检验报告,进场后应对强度、安定性以及其他必要的性能指标进行取样复试,其质量必须符合设计的要求。

(2)当对水泥质量有怀疑或者水泥出厂超过3个月时,在使用前必须进行复试,且按复试结果使用,不同品种的水泥不可混合使用。

◆导流工程基本要求

(1)所用材料的质量和规格应符合有关规定。

(2)导流堤(坝)的基础埋置深度及地基承载力应符合设计要求。

◆石笼防护基本要求

(1)所用材料的质量和规格应符合有关规定。

(2)铁丝笼的网眼尺寸应符合设计要求。

(3)石笼的坐码或平铺应符合设计要求。

【实　务】

◆砌体挡土墙施工要求

(1)石料或预制块在使用前必须浇水湿润,表面若有泥土、水锈应清除干净。

(2)所有的石块均须坐在新拌的砂浆上,砂浆缝必须饱满,石块不可直接连接。竖缝较宽时,可在砂浆中塞以小石块,但不可在底座或石块的下面用高于砂浆层的小石块支垫。用细石混凝土填塞竖缝时,需捣实。

(3)砌体较长应分层分段砌筑。两相邻工作段的高差应不宜大于1~2 m,分段位置应设在沉降缝或伸缩缝处。砌体分层,砌筑时,每层需大致找平。

(4)石块应长短相间,交错排列,上下层石块的竖缝不可重合。

(5)勾缝工作不得在石料以及砂浆受冻的情况下进行,勾缝前需认真清理缝槽并用水冲洗、湿润,采用勾缝工具进行勾缝。

(6)勾缝砂浆强度不应低于砌体的砂浆强度。除了设计图纸规定外,勾缝砂浆的强度通常应比砌体砂浆高一级。

(7)不论是凸缝、凹缝还是平缝,勾缝砂浆均应嵌入砌缝内2 cm深。若缝槽深度不足或砌体外露面未留缝槽时,均可先开槽后再勾缝。

(8)当勾缝工作完成和砂浆初凝后,砌体表面应刷洗干净,并用浸湿的草袋、草帘、麻袋等加以覆盖并养护至少7 d。在养护期间要经常洒水,使砌体始终保持全湿的状态,且尽量避免碰撞或震动。

◆砌体挡土墙施工监理巡视

(1)检查砌筑是否平整,块石竖缝是否重合。

(2)检查沉降缝、泄水孔是否符合设计要求。

(3)控制勾缝是否先勾槽,进行勾缝刮平,从而做到勾缝美观。

◆砌体挡土墙施工监理验收

1. 实测项目

(1)砌体挡土墙实测项目应符合表 2.22 的规定。

表 2.22　砌体挡土墙实测项目

检查项目		规定值或允许偏差	检查方法和频率
砂浆强度/MPa		在合格标准内	按水泥砂浆强度评定检查
平面位置/mm		50	经纬仪:每 20 m 检查墙顶外边线 3 点
顶面高程/mm		±20	水准仪:每 20 m 检查 1 点
竖直度或坡度/%		0.5	吊垂线:每 20 m 量 2 个断面
断面尺寸/mm		不小于设计	尺量:每 20 m 量 2 个断面
底面高程/mm		±50	水准仪:每 20 m 检查 1 点
表面平整度/mm	块石	20	2 m 直尺:每 20 m 检查 3 处,每处检查竖直和墙长两个方向
	片石	30	
	混凝土块、料石	10	

(2)干砌挡土墙实测项目应符合表 2.23 的规定。

表 2.23　干砌挡土墙实测项目

检查项目	规定值或允许偏差	检查方法和频率
平面位置/mm	50	经纬仪:每 20 m 检查 3 点
顶面高程/mm	±30	水准仪:每 20 mm 测 3 点
竖直度或坡度/%	0.5	尺量:每 20 m 吊垂线检查 3 点
断面尺寸/mm	不小于设计	尺量:每 20 m 检查 2 处
底面高程/mm	±50	水准仪:每 20 m 测 1 点
表面平整度/mm	50	2 m 直尺:每 20 m 检查 3 处,每处检查竖直和墙长两个方向

2. 外观鉴定

(1)砌体表面平整,砌缝完好、无开裂现象,勾缝平顺、无脱落现象。

(2)泄水孔坡度向外,无堵塞现象。

(3)沉降缝整齐垂直,上下贯通。

◆悬臂式和扶臂式挡土墙施工监理巡视

1. 钢筋工程

(1)钢筋需按类型、钢号直径分别挂牌堆放,宜架空地面 30 cm 以上,并妥善遮盖,以免锈蚀和污染。

(2)冷拉钢筋的机械性能须符合规范要求,钢筋顺直、无局部弯折、表面不应有油污和裂皮。

(3)弯曲某种型号的第一根钢筋时,需按设计尺寸、技术标准进行核实,确认无误后,以此为样板,进行成批加工。钢筋需平直,无局部弯折,弯曲的钢筋和成盘的钢筋均应调直。冷拉调直时,Ⅰ级钢筋冷拉率不宜大于2%,Ⅱ级、Ⅲ级钢筋不宜大于1%。

(4)钢筋的接头通常采取焊接,螺纹钢筋可以采用挤压套管接头,纵向焊接应采用闪光对焊,当无条件时,也可以采用电弧焊。

2. 模板工程

(1)制作木模板时,事先应熟悉图纸核对各部尺寸,其类型应尽量统一,以便重复使用,但始终须保持表面平整、形状正确,并有足够的强度和刚度。

(2)安装模板时,需考虑浇筑混凝土的工作特点与钢筋安装绑扎及混凝土浇筑方法相适应,在必要的地方可设置活板或天窗,以便于混凝土的灌筑、振捣及模板内杂物的清扫。

(3)墙模施工时,为了保证墙体混凝土的厚度,通常情况均加撑头或内撑,为了便于拆模和混凝土表面平整光洁,需在模板上涂刷隔离剂,施工中搭设的脚手架与模板不应发生联系。当墙模较高时,可以用对拉螺栓固定或者与斜撑结合使用,但斜撑与模板挡水平交角不宜大于45°。

(4)挡墙的模板,需待墙体混凝土抗压强度达到2.5 MPa以上时方可拆除,以免造成混凝土表面及棱角因拆模损坏。

3. 混凝土工程

(1)所用的砂石、水泥、水以及添加剂的质量规格需符合有关规范的要求,并按规定的配合比施工。

(2)宜在墙模侧面设置不小于30 cm高的门或者洞作浇筑口,以便装溜槽浇筑,门或洞的上下间距不得超过2.0 m,采用输送泵时可以另做考虑。扶壁的浇筑与墙身同步进行,分层浇筑振捣。为了防止混凝土发生离析,从高处向模板内卸混凝土时,自由倾落高度不宜超过2.0 m,若超过2.0 m,应使用分节导管或串筒。

(3)浇筑混凝土时,通常采用振捣器振实,振捣时间应适当,通常的标准是达到混凝土不再下沉、无显著气泡上升、顶面平坦一致、且开始浮现灰浆为止。当发现表面浮现水层,应立即设法排除,并检查发生的原因,或调整混凝土配合比。

(4)混凝土运输须与浇筑进度相适应,做到相互配合不致因脱节而影响进度和质量,若发现有离析、泌水或坍落度损失过大时,必须进行二次搅拌或者调整外加剂掺量及其掺加方法等。

(5)立壁顶面混凝土应严格控制高程,并进行二次抹面,以防止松顶。

(6)不得有露筋和空洞现象的发生。

◆悬臂式和扶臂式挡土墙施工监理验收

1. 实测项目

悬臂式和扶臂式挡土墙实测项目应符合表2.24的规定。

表2.24　悬臂式和扶臂式挡土墙实测项目

检查项目	规定值或允许偏差	检查方法和频率
混凝土强度/MPa	在合格标准内	按水泥混凝土抗压强度评定检查
平面位置/mm	30	经纬仪:每20 m检查3点
顶面高程/mm	±20	水准仪:每20 mm检查1点
竖直度或坡度/%	0.3	吊垂线:每20 m检查2点
断面尺寸/mm	不小于设计	尺量:每20 m检查2个断面,抽查扶臂2个
底面高程/mm	±30	水准仪:每20 m检查1点
表面平整度/mm	5	2 m直尺:每20 m检查2处,每处检查竖直和墙长两个方向

2. 外观鉴定

(1)混凝土施工缝平顺。

(2)蜂窝、麻面面积不得超过该面面积的0.5%。

(3)混凝土表面不可出现非受力裂缝。裂缝宽度超过设计规定或设计未规定时超过0.15 mm必须处理。

(4)泄水孔坡度向外,无堵塞现象。

(5)沉降缝整齐垂直,上下贯通。

◆锚杆、锚碇板和加筋挡土墙施工要求

1. 筋带

(1)筋带可以采用钢带(或钢筋带)、聚丙烯土工带、钢筋混凝土带等。

(2)对筋带除了应满足设计要求外,筋带或者拉筋要顺直,连接牢固,并有抗腐蚀工艺处理,表面压纹清晰,色泽均匀,无开裂、损伤、穿孔等缺陷,断面一致。

2. 面板预制

(1)预制面板混凝土应控制为外光内实、线条顺直、企口分明,且尺寸应符合设计要求。

(2)预制墙面板采用专用钢模板,模板要求有足够的刚度及强度,几何尺寸误差应控制在0~2 mm之间,组装拆模方便,并具有一模多用的特点,预制时要求混凝土配合比准确、无裂纹、振捣密实、墙板内侧要粗糙、墙板外侧要平整,养护28 d,其强度应达到设计要求。

3. 面板安装

(1)在清洁的条形基础顶面上,准确的划出面板外缘线,并且进行水平测量。曲线部位应加密控制点。

(2)安装时用砂浆调平,同层相邻面板水平误差不得大于10 mm,轴线偏差每20延米不得大于10 mm。同时用主线控制内倾度,内倾度通常在1/200~1/100范围内。作为预留填料压实时面板外倾出现的水平位移,具体数值应综合面板高度、压实机械和填料性质而定。为了防止相邻面板错位,宜用夹木螺栓或斜撑固定。

(3)按要求的坡度挂线、垂直度安装,安装缝宽宜小于10 mm。

(4)安装时应防止角隅碰坏和插销孔破裂以及插销变形。

4. 填料的摊铺、碾压

(1)填料应根据筋带竖直间距进行分层等厚摊铺和压实。在卸料时,机具与面板的距离不应小于1.5 m。摊铺机具作业时,距面板不应小于1.5 m,距离面板1.5 m的范围内,应用人工摊铺。填筑时,距面板1.5 m的范围内先不填筑,摊土机应平行面板按作业幅宽由远及近的顺次作业,填筑的进度应为近墙面处快于远墙面处。

(2)碾压前应进行压实试验。用以确定填料分层摊铺厚度、碾压数。每层虚铺土不宜大于250 mm,压实度应符合设计的规定,并应大于95%(重型击实)。

(3)距加筋土面墙1 m范围内,采用小型压实机械压实,或人工夯实,距加筋土面墙1 m范围外,填料采用大、中型振动压实机械压实。填料压实度应符合表2.25的规定。

表2.25 加筋土工程填料压实度

填土范围	路槽地面以下深度/cm	压实度/%	
		三、四级公路	高速一、二级公路
距面板1.0 m以外	0~80	>93	>95
	80以下	>90	>90
距面板1.0 m范围以内	全部增高	≥90	90

◆锚杆、锚碇板和加筋挡土墙施工监理巡视

(1)铺设拉筋时务必拉紧。填土时,距离墙板1 m处可用12~15 t的压路机进行碾压;装运填土时,重型自卸汽车要经常在距离墙板2~4 m内操作,机械的压力和振动对墙板向外推移的影响较大;如果拉筋未拉紧,墙板向外移势必偏大。在施工中,如果检查发现墙板超出设计位置,则应当责令立即返工。

(2)严格控制填料的分层摊铺,分层压实,碾压程序要符合工艺规定,既要保证墙体稳定,又要达到填料的压实标准。

(3)加筋挡墙的模板一定要采用钢模板,尺寸要精准,这样预制成的面板拼装时纵、横缝才能符合标准,使面板间的接缝受力均匀,拼出的挡墙使用寿命长且美观。

(4)加筋挡墙的成败关键在于筋带的强度与耐久性,因此一定要严把质量关,加强进货质量检验,择优选用。施工过程中,要精心组织施工,加强施工现场的指导,严格把守工序质量,才能使这种安全、实用、经济、美观的工程设计得以完美地实现。

◆锚杆、锚碇板和加筋挡土墙施工监理验收

1. 实测项目

锚杆、锚碇板和加筋挡土墙施工实测项目应符合表2.26~2.30的规定。

表2.26　筋带实测项目

检查项目	规定值或允许偏差	检查方法和频率
筋带长度	不小于设计	尺量:每20 m检查5根(束)
筋带与面板连接	符合设计要求	目测:每20 m检查5处
筋带与筋带连接		
筋带铺设		

表2.27　锚杆、拉杆实测项目

检查项目	规定值或允许偏差	检查方法和频率
锚杆、拉杆长度	符合设计要求	尺量:每20 m检查5根
锚杆、拉杆间距/mm	±20	
锚杆、拉杆与面板连接	符合设计要求	目测:每20 m检查5处
锚杆、拉杆防护	符合设计要求	目测:每20 m检查10处
锚杆抗拔力	抗拔力平均值≥设计值,最小抗拔力≥0.9设计值	拔力试验:锚杆数1%,且不少于3根

表2.28　面板预制实测项目

检查项目	规定值或允许偏差	检查方法和频率
混凝土强度/MPa	在合格标准内	按水泥混凝土抗压强度评定检查
边长/mm	±5或0.5%边长	尺量:长宽各量1次,每批抽查10%
两对角线差/mm	10或0.7%最大对角线长	尺量:每批抽查10%
厚度/mm	+5,-3	尺量:检查2处,每批抽查10%
表面平整度/mm	4或0.3%边长	2 m直尺:长、宽方向各测1次,每批抽查10%
预埋件位置/mm	5	尺量:检查每件,每批抽查10%

表2.29　锚杆、锚碇板和加筋土挡土墙总体实测项目

检查项目		规定值或允许偏差	检查方法和频率
墙顶和肋柱平面位置/mm	路堤式	+50,-100	经纬仪:每20 m检查3处
	路肩式	±50	
墙顶和柱顶高程/mm	路堤式	±50	水准仪:每20 m测3点
	路肩式	±30	
肋柱间距/mm		±15	尺量:每柱间
墙面倾斜度/mm		+0.5%H且不大于+50,-1%H且不小于-100	吊垂线或坡度板:每20 m测2处
面板缝宽/mm		10	尺量:每20 m至少检查5条
墙面平整度/mm		15	2 m直尺:每20 m测3处,每处检查竖直和墙长两个方向

注:1.平面位置和倾斜度"+"指向外,"-"指向内。

2.H为墙高。

表 2.30 面板安装实测项目

检查项目	规定值或允许偏差	检查方法和频率
每层面板顶高程/mm	±10	水准仪:每 20 m 抽查 3 组板
轴线偏位/mm	10	挂线、尺量:每 20 m 量 3 处
面板竖直度或坡度	+0, -0.5%	吊垂线或坡度板:每 20 m 检查 3 处
相邻面板错台/mm	5	尺量:每 20 m 检面板交界处抽查 3 处

2. 外观鉴定

(1)预制面板表面平整光洁,线条顺直美观,不得有破损、翘曲、掉角、啃边等现象。

(2)蜂窝、麻面面积不得超过该面面积的 0.5%。

(3)混凝土表面不可出现非受力裂缝。裂缝宽度超过设计规定或设计未规定时超过 0.15 mm 必须进行处理。

(4)墙面直顺,线形顺适,板缝均匀,伸缩缝贯通垂直。

(5)露在面板外的锚头应封闭密实、牢固,整齐美观。

◆墙背填土施工要求

1. 填筑

(1)涵洞、管道缺口填筑应在两侧对称均匀地回填。

(2)填料前应对台背基底清理,对与路基连接的填料、台阶、松铺厚度的刻度线进行检查。

(3)当涵顶填土的厚度小于 50 ~ 100 cm 时,不得通过重型车辆或者施工机械;靠近构造物 100 cm 范围内不可有较大的振动施工,以免对构造物产生破坏。

(4)回填较高的桥台、通道,尤其是轻型桥台要根据构造物的进度进行,填筑一半或者不到一半时,需安装构造物的梁板,以免台背的侧压力使背墙产生位移。

2. 碾压

(1)用于填筑的材料应在最佳含水量 ±1% 状态下分层压实。每层松铺厚度不宜超过 20 cm,密实度应达到 95% 以上。与路基连接处要挖好台阶,台阶高度不宜超过 50 cm,且必须密实,不得松软。

(2)碾压结束后,应对压实度进行检测。

◆墙背填土施工监理巡视

(1)填料是否达到了要求。

(2)施工中的摊铺是否均匀,压实是否到位,厚度是否得到严格控制,人工夯实是否彻底。

◆墙背填土施工监理验收

1. 实测项目

除距面板 1 m 范围以内压实度实测项目见表 2.31 外,其他部分填土和其他类型挡土墙填土的压实度要求均与路基相同。

表2.31　墙背填土实测项目

检查项目	规定值或允许偏差	检查方法和频率
距面板1 m范围以内压实度/%	90	按路基、路间压实度评定检查，每100 m每压实层测1处，并不得少于1处

2. 外观鉴定

(1)填土表面应平整，边线直顺。

(2)边坡坡面平顺稳定，不得亏坡，曲线圆滑。

◆抗滑桩监理验收

1. 实测项目

抗滑桩实测项目应符合表2.32的规定。

表2.32　抗滑桩实测项目

检查项目		规定值或允许偏差	检查方法和频率
混凝土强度/MPa		在合格标准内	按水泥混凝土抗压强度评定检查
桩长/m		不小于设计	测绳量：每桩测量
孔径或断面尺寸/mm		不小于设计	探孔器：每桩测量
桩位/mm		100	经纬仪：每桩测量
竖直度/mm	钻孔桩	1%桩长，且不大于500	测壁仪或吊垂线：每桩检查
	挖孔桩	0.5%桩长，且不大于200	吊垂线：每桩检查
钢筋骨架底面高程/mm		±50	水准仪：测每桩骨架顶面高程后反算

2. 外观鉴定

无破损检测桩的质量不应有缺陷。

◆挖方边坡锚喷防护施工要求

(1)喷射施工前，应当清除挖面的浮石和坡脚的岩渣、堆积物，并用高压水冲洗受喷面。对遇水易潮解、泥化的岩层，则应用风清扫岩面。对坡面凹凸起伏较大的地方，则应进行坡面修整。

(2)喷射混凝土防护与喷浆防护的厚度应符合图纸规定。当受喷坡面不甚平整时，喷射混凝土中的钢筋网宜在喷射一层混凝土后铺设，坡面与钢筋的间隙宜为3 cm。

(3)在喷浆防护过程中，砂浆内可以采用高强度聚合物土工格栅挂网，并且通过锚杆固定在边坡上。

(4)在施工过程中，将锚杆孔清除干净后，即可注浆放置锚杆，并在孔内砂浆充分凝固后才能挂网，挂网后在喷射混凝土时应分层施工。

(5)喷浆和喷射混凝土前应先试喷，确定合适的配比及施工方法，经监理人员认可后,方可进行大面积施工。

(6)在喷浆及喷射混凝土施工过程中,应严格按图纸的规定或者监理人员指示设置泄水孔和反滤层。

◆挖方边坡锚喷防护施工监理巡视

(1)应采用坚硬耐久的集料,骨料最大的粒径不宜超过 15 mm。

(2)速凝剂及其他外加剂的掺量需通过试验确定。

(3)防护的表面应平顺,无脱落现象,锚杆杆体应埋入防护层内。

(4)所设置的伸缩缝整齐垂直,上下贯通。

(5)泄水孔坡度向外,无堵塞的现象。

◆挖方边坡锚喷防护施工监理验收

1. 实测项目

挖方边坡锚喷防护实测项目应符合表 2.33 的规定。

表 2.33 挖方边坡锚喷防护实测项目

检查项目	规定值或允许偏差	检查方法和频率
混凝土强度/MPa	在合格标准内	按喷射混凝土抗压强度评定检查
砂浆强度/MPa		按水泥砂浆强度评定检查
锚孔深度/mm	不小于设计	尺量:抽查 10%
锚杆(索)间距/mm	±100	
锚杆拔力/kN	拔力平均值≥设计值,最小拔力≥0.99 设计值	拔力试验:锚杆数 1%,且不少于 3 根
喷层厚度/mm	平均厚≥设计厚;60% 检查点的厚度≥设计厚;最小厚度≥0.5 设计厚,且不小于设计规定	尺量(凿孔)或雷达断面仪:每 10 m 检查 1 个断面,每 3 m 检查 1 点
锚索张拉应力/MPa	符合设计要求	油压表:每索由读数反算
张拉伸长率/%	符合设计规定;设计未规定时采用 ±6	尺量:每索
断丝、滑丝数	每束 1 根,且每断面不超过钢丝总数的 1%	目测:逐根(束)检查

注:实际工程中未涉及的项目不参与评定。

2. 外观鉴定

混凝土表面密实,不得有突变;与原表面结合紧密,不应起鼓。

◆锥、护坡监理验收

1. 实测项目

锥、护坡实测项目应符合表 2.34 的规定。

表2.34　锥、护坡实测项目

检查项目	规定值或允许偏差	检查方法和频率
砂浆强度/MPa	在合格标准内	按水泥砂浆强度评定检查
顶面高程/mm	±50	水准仪:每50 m检查3点,不足50 m时至少2点
表面平整度/mm	30	2 m直尺:锥坡检查3处,护坡每50 m检查3处
坡度	不陡于设计	坡度尺量:每50 m量3处
厚度/mm	不小于设计	尺量:每100 m检查3处
地面高程/mm	±50	水准仪:每50 m检查3点

2.外观鉴定

(1)表面平整,无垂直通缝。

(2)勾缝平顺,无脱落现象。

◆墙体砌筑施工要求

(1)分段砌筑时,各段水平砌缝需一致,相邻砌筑高差不应超过1.2 m。缝板安装时,应位置准确、牢固,缝板材料应符合设计的规定。

(2)当相邻挡土墙体设计高差较大时,应先砌筑高墙段。挡土墙每天连续砌筑高度不应超过1.2 m,砌筑中墙体不得移位变形。

(3)预埋管、预埋件及砌筑预留口应位置准确。

(4)砌石底面应卧浆铺砌,立缝填浆捣实,不得有空缝和贯通立缝。砌筑中断时,应将砌好的石层空隙用砂浆填满。再砌筑时石层表面应清扫干净,洒水湿润,工作缝应留斜茬。

◆墙体块石砌筑施工要求

(1)每层块石应高度一致,每砌高0.7~1.2 m,则应找平一次。

(2)砌筑块石,错缝应按规定排列,同一层中用一层丁石一层顺石或者用一丁一顺石。灰缝宽度宜为20~30 mm。

(3)砌筑填心石与灰缝应彼此错开,垂直灰缝不得大于40 mm,水平缝不得大于30 mm。

◆墙体片石砌筑施工要求

(1)砌筑外露面应选择有平面的石块,使砌体表面整齐,不可使用小石块镶垫。

(2)砌体中的石块应相互错叠、大小搭配、咬接牢固,较大的石块应宽面朝下,石块之间需用砂浆填灌密实,不得干砌。

(3)较大的空隙灌缝后,应用挤浆法填缝,挤浆时,可以用小锤将小石块轻轻敲入较大空隙中。

◆砌石工程施工监理巡视

(1)浆砌片石框格护坡表面整齐,勾缝平顺,线条直顺,无脱落现象。草坪与骨架顶面齐平。

(2)泄水孔排水通畅,无淤塞以及流泥浆现象。

(3)基底必须是由承包人填报隐蔽工程验收单,待监理工程师验收签认后才有效。

(4)干砌片石必须镶嵌密实,任何一处都不得有活动石料。

(5)浆砌片石必须砂浆饱满,表面平整,各处几何尺寸均须符合设计的要求。砌体外观需达到直线段顺直,曲线段圆滑。

◆砌石工程施工监理验收

1. 实测项目

(1)砌石工程实测项目应符合表2.35的规定。

表2.35 砌石工程实测项目

检查项目	规定值或允许偏差	检查方法和频率
顶面高程/mm	±30	水准仪:每20 m测3点
断面尺寸/mm	±100	尺量:每20 m或自然段,长、宽各3处
厚度/mm	±50	尺量:每20 m检查3处
表面平整度/mm	50	2 m直尺:每20 m检查5处×3尺

(2)浆砌砌体实测项目应符合表2.36的规定。

表2.36 浆砌砌体实测项目

检查项目		规定值或允许偏差	检查方法和频率
砂浆强度/MPa		在合格标准内	按水泥砂浆强度评定检查
顶面高程/mm	料、块石	±15	水准仪:每20 m检查3点
	片石	±20	
竖直度或坡度	料、块石	0.3%	吊垂线:每20 m检查3点
	片石	0.5%	
断面尺寸/mm	料石	±20	尺量:每20 m检查2处
	块石	±30	
	片石	±50	
表面平整度/mm	料石	10	2 m直尺:每20 m检查5处×3尺
	块石	20	
	片石	30	

2. 外观鉴定

(1)砌体边缘直顺,外露表面平整。

(2)勾缝平顺,缝宽均匀,无脱落现象。

◆导流工程监理验收

1. 实测项目

导流工程实测项目应符合表2.37的规定。

表2.37　导流工程实测项目

检查项目		规定值或允许偏差	检查方法和频率
砂浆强度/MPa		在合格标准内	按水泥砂浆强度评定检查
平面位置/mm		30	经纬仪:按设计图控制坐标检查
长度/mm		不小于设计长度-100	尺量:每个检查
断面尺寸/mm		不小于设计	尺量:检查5处
高程/mm	基底	不大于设计	水准仪:检查5点
	顶面	±30	

2. 外观鉴定

表面规整,线条直顺,曲线圆滑。

◆石笼防护监理验收

1. 实测项目

石笼防护实测项目应符合表2.38的规定。

表2.38　石笼防护实测项目

检查项目	规定值或允许偏差	检查方法和频率
平面位置/mm	符合设计要求	经纬仪:按设计图控制坐标检查
长度/mm	不小于设计长度-300	尺量:每个(段)检查
宽度/mm	不小于设计宽度-200	尺量:每个(段)量5处
高度/mm	不小于设计	水准仪或尺量:每个(段)检查5处
底面高程/mm	不高于设计	水准仪:每个(段)检查5点

2. 外观鉴定

表面整齐,线条直顺,曲线圆滑。

第3章　公路路面基层质量监理

3.1　路面基层材料

【基　础】

◆水泥基本要求

(1)普通硅酸盐水泥、矿渣硅酸盐水泥、火山灰质硅酸盐水泥均可用于稳定土,但应选用初凝时间大于3 h与终凝时间大于6 h的水泥。尽量采用较低强度等级的水泥,快硬水泥、早强水泥与已受潮变质的水泥不得使用。其检测频率为同一批号产品至少抽检一次,有疑问时,应按专业监理人员指令抽检。

(2)水泥进场时,必须要有质量证明书与进场许可证,并对其品种、强度等级、包装(或散装仓号)、出厂日期、数量等检查无误后,方可验收,结硬变质或质量不符合要求的均不得使用。

(3)水泥如果受潮或存放时间超过三个月,应重新取样检验,并按其复验结果的报告结论控制使用。

(4)水泥的安定性必须通过沸煮法试验合格,否则严禁使用。

(5)水泥含有其他化合物的含量及其他指标应符合表3.1的规定。

表3.1　水泥含有其他化合物的含量及其他指标

水泥品种	氧化镁含量/%	三氧化硫含量/%	细度/%	凝结时间		安定性
				初凝	终凝	
	不超过	不超过	不超过	不早于/min	不迟于/h	沸煮法(蒸压)
硅酸盐、普通硅酸盐	6	3.5	10	45	6.5/10	必须合格
矿渣硅酸盐	6	4	10	45	10	必须合格
或火山灰质、粉煤灰硅酸盐	6	3.5	10	45	10	必须合格

注:1. 细度为通过0.08 mm方孔筛的筛余百分率。

2. 氧化镁、三氧化硫含量为占水泥熟料的质量百分率。

3. 水泥经蒸压定性后试验合格,则熟料中氧化镁的含量允许放宽到6%。

◆水泥检验依据

(1)《水泥胶砂强度检验方法(ISO法)》(GB/T 17671—1999)。

(2)《水泥化学分析方法》(GB/T 176—2008)。

(3)《水泥取样方法》(GB/T 12573—2008)。

(4)《膨胀水泥膨胀率试验方法》(JC/T 313—2009)。

(5)《水泥水化热试验方法(直接法)》(GB/T 12959—2008)。

(6)《水泥标准稠度用水量、凝结时间、安定性检验方法》(GB/T 1346—2001)。

(7)《水泥压蒸安定性试验方法》(GB/T 750—1992)。

(8)《水泥细度检验方法筛析法》(GB 1345—2005)。

(9)《水泥胶砂流动度测定方法》(GB/T 2419—2005)。

◆水泥取样规定

通用水泥出厂前要求按同品种、同强度等级进行编号,每一编号取一单位。水泥出厂编号注意根据水泥厂年生产能力进行编号,具体规定如下:

(1)120 万 t 以上,且不超过 1 200 t 为一编号。

(2)60 万 t 以上至 120 万 t,且不超过 1 000 t 为一编号。

(3)30 万 t 以上至 60 万 t,且不超过 600 t 为一编号。

(4)10 万 t 以上至 30 万 t,且不超过 400 t 为一编号。

(5)10 万 t 以下,且不超过 200 t 为一编号。

(6)对于膨胀铁铝酸盐水泥,应以 100 t 为一编号。另外,日产量不足 100 t 时,应以不超过日产量为一个编号,每一编号为一取样单位,其他水泥按标准要求。

工地取样,应在一批到货中取样,由监理单位和施工单位共同取样,取样方法应具有代表性,可连续取样,可从 20 个以上不同部位取等量样品,总量至少 12 kg。

◆石灰选用

(1)用在道路基层三碴混合料的石灰,可以采用建筑块灰、碎石灰或电石渣等。

(2)用在高等级道路工程,如高速公路、一级公路工程中的石灰必须采用易于消解的三级以上生石灰。

(3)一般公路也可采用电石渣或钢厂生石灰下脚,但不得采用各种化工厂的石灰类下脚,还需防止微量有毒物质的混入。

(4)用于软土地基处理的石灰桩,必须采用未消解的生石灰块。

(5)用在石灰稳定土时(与中液限黏性土拌和),采用磨细的袋装生石灰其钙镁含量要求不低于 70%,其掺量不低于 6%,但也不宜高于 18%。因为剂量超过一定范围,过多的石灰在土的空隙中自由存在,将导致石灰土的强度下降。

◆土基本要求

凡能被经济地粉碎的土,均可用来作稳定土。用水泥稳定的土做底基层时,对于一般公路(如城市道路),颗粒最大粒径不应超过 50 mm,同时土的均匀系数应大于 5,细粒土的液限不应超过 40,塑性指数不应超过 17。在实际工作中,宜选用均匀系数大于 10、塑性指数小于 12 的土。塑性指数大于 17 的土,宜采用石灰稳定或用水泥和石灰综合稳定。

◆卵石和碎石类别

按卵石、碎石的技术要求分类，可以分为Ⅰ类、Ⅱ类、Ⅲ类三个等级。

◆卵石和石用途

Ⅰ类宜用于强度等级大于 C60 的混凝土；Ⅱ类宜用于强度等级 C30 ~ C60 及抗冻、抗渗或其他要求的混凝土；Ⅲ类宜用于强度等级小于 C30 混凝土。

◆卵石和碎石技术要求

(1)卵石和碎石的颗粒级配应符合表 3.2 的规定。

(2)卵石和碎石的含泥量和泥块含量应符合表 3.3 的规定。

(3)卵石和碎石的针片状颗粒含量应符合表 3.4 的规定。

(4)卵石和碎石中不应混有草根、树叶、树枝、塑料、煤块和炉渣等杂物，其有害物质含量应符合表 3.5 的规定。

(5)采用硫酸钠溶液法进行试验，卵石和碎石经 5 次循环后，其质量损失应符合表 3.6的规定。

(6)强度。

1)岩石抗压强度。在水饱和状态下，其抗压强度火成岩应不小于 80 MPa，变质岩应不小于 50 MPa，水成岩应不小于 30 MPa。

2)压碎指标。压碎指标值应小于表 3.7 的规定。

表 3.2　颗粒级配

公称粒径/mm（累计筛余/%；方筛孔/mm）		2.36	4.75	9.50	16.0	19.0	26.5	31.5	37.5	53.0	63.0	75.0	90
连续粒级	5 ~ 10	95 ~ 100	80 ~ 100	0 ~ 15	0								
	5 ~ 16	95 ~ 100	85 ~ 100	30 ~ 60	0 ~ 10	0							
	520	95 ~ 100	90 ~ 100	40 ~ 80	—	0 ~ 10	0						
	5 ~ 25	95 ~ 100	90 ~ 100	—	30 ~ 70	—	0 ~ 5	0					
	5 ~ 31.5	95 ~ 100	90 ~ 100	70 ~ 90	—	15 ~ 45	—	0 ~ 5	0				
	5 ~ 40	—	95 ~ 100	70 ~ 90	—	30 ~ 5	—	—	0 ~ 5	0			
单粒料级	10 ~ 20		95 ~ 100	85 ~ 100		0 ~ 15	0						
	16 ~ 31.5		95 ~ 100		85 ~ 100			0 ~ 10	0				
	20 ~ 40			95 ~ 100		80 ~ 100			0 ~ 10	0			
	31.5 ~ 63				95 ~ 100			75 ~ 100	45 ~ 75		0 ~ 10	0	
	40 ~ 80					95 ~ 100			70 ~ 100		30 ~ 60	0 ~ 10	0

表3.3　含泥量和泥块含量

项目	指标		
	Ⅰ类	Ⅱ类	Ⅲ类
含泥量(质量分数)/%，<	0.5	1.0	1.5
泥块含量(质量分数)/%，<	0	0.5	0.7

表3.4　针片状颗粒含量

项目	指标		
	Ⅰ类	Ⅱ类	Ⅲ类
针片状颗粒(质量分数)/%	5	15	25

表3.5　有害物质含量

项目	指标		
	Ⅰ类	Ⅱ类	Ⅲ类
有机物	合格	合格	合格
硫化物及硫酸盐(按 SO_3 的质量分数)/%，<	5	1.0	1.0

表3.6　坚固性指标

项目	指标		
	Ⅰ类	Ⅱ类	Ⅲ类
质量损失/%，<	5	8	12

表3.7　压碎指标

项目	指标		
	Ⅰ类	Ⅱ类	Ⅲ类
碎石压碎指标/%，<	10	20	30
卵石压碎指标/%，<	12	16	16

◆卵石和碎石取样规定

1. 取样方法

(1)在料堆上取样时，取样部位应均匀分布。取样前，先将取样部位表层铲除，然后从不同部位抽取大致等量的石子15份(在料堆的顶部、中部和底部均匀分布的15个不同部位取得)组成一组样品。

(2)从带式输送机上取样时，应用接料器在带式输送机机尾的出料处定时抽取大致等量的石子8份，组成一组样品。

(3)从火车、汽车、货船上取样时，从不同部位和深度抽取大致等量的石子16份，组成一组样品。

2. 取样数量

单项试验的最少取样数量应符合表3.8的规定。做几项试验时，如确实能保证试样经一项试验后不致影响另一项试验的结果，可用同一试样进行几项不同的试验。

表3.8 单项试验的最少取样数量

试验项目	不同最大粒径/mm下的最少取样量/kg							
	9.5	16.0	19.0	26.5	31.5	37.5	63.0	75.0
颗粒级配	9.5	16.0	19.0	25.0	31.5	37.5	63.0	80.0
含泥量	8.0	8.0	24.0	24.0	40.0	40.0	80.0	80.0
泥块含量	8.0	8.0	24.0	24.0	40.0	40.0	80.0	80.0
针片状颗粒含量	1.2	4.0	8.0	12.0	20.0	40.0	40.0	40.0
有机物含量 硫酸盐和硫化物含量 坚固性	按试验要求的粒级和数量取样							
岩石抗压强度	随机选取完整石块锯切或钻取成试验用样品							
压碎指标值	按试验要求的粒级和数量取样							
表观密度	8.0	8.0	8.0	8.0	12.0	16.0	24.0	24.0
堆积密度与空隙率	40.0	40.0	40.0	40.0	80.0	80.0	120.0	120.0
碱集料反应	20.0	20.0	20.0	20.0	20.0	20.0	20.0	20.0

◆粉煤灰基本要求

(1)用于道路上的粉煤灰的材质要求。

1)稳定性好，粒径以偏粗为宜。

2)化学成分：二氧化硅(SiO_2)+三氧化铝(Al_2O_3)的总量应>70%。

3)900 ℃时的烧失量应≤10%。

4)与石灰混合时能起水硬作用。

5)用25%熟石灰与75%粉煤灰(质量比)混合加水成形，在65 ℃快速饱水抗压强度应>1.2 MPa。

(2)用于混凝土工程时，尚应符合国家现行标准《粉煤灰混凝土应用技术规范》(GBJ 146—1990)的规定。粉煤灰的质量指标见表3.9、表3.10。

表3.9 拌制混凝土和砂浆用粉煤灰技术要求

项 目		技术要求		
		Ⅰ级	Ⅱ级	Ⅲ级
细度(45 m方孔筛筛余)/%，≤	F类粉煤灰	12.0	25.0	45.0
	C类粉煤灰			

续表 3.9

项　目		技术要求		
		Ⅰ级	Ⅱ级	Ⅲ级
需水量比/%，≤	F 类粉煤灰	95	105	115
	C 类粉煤灰			
烧失量/%，≤	F 类粉煤灰	5.0	8.0	15.0
	C 类粉煤灰			
含水量/%，≤	F 类粉煤灰	1.0		
	C 类粉煤灰			
三氧化硫/%，≤	F 类粉煤灰	3.0		
	C 类粉煤灰			
游离氧化钙/%，≤	F 类粉煤灰	1.0		
	C 类粉煤灰	4.0		
安定性 雷氏夹沸煮后增加距离/mm，≤	C 类粉煤灰	5.0		

表 3.10　水泥活性混合材料用粉煤灰技术要求

项　目		技术要求
烧失量/%，≤	F 类粉煤灰	8.0
	C 类粉煤灰	
含水量/%，≤	F 类粉煤灰	1.0
	C 类粉煤灰	
三氧化硫/%，≤	F 类粉煤灰	3.5
	C 类粉煤灰	
游离氧化钙/%，≤	F 类粉煤灰	1.0
	C 类粉煤灰	4.0
安定性 雷氏夹沸煮后增加距离/mm，≤	C 类粉煤灰	5.0
强度活性指数/%，≥	F 类粉煤灰	70.0
	C 类粉煤灰	

◆水泥稳定土基本要求

(1)适宜用水泥稳定土垫层的土的颗粒组成范围，见表 3.11。

表 3.11　垫层的土的颗粒组成范围

筛孔尺寸/mm	50	5	0.5	0.074	0.002
通过百分率(含量)/%	100	5～100	15～100	0～50	0～30

(2)不同等级类别公路,水泥稳定土的7 d浸水抗压强度标准应符合表3.12的规定。

表3.12 水泥稳定土的强度标准

公路等级 用的层位	三、四等	二等	一等	高速公路
基层	1.5~2.0	2.0~2.5	2.5~3.0	3.0~4.0
垫层	>1.0	>1.3	>1.5	>1.5

(3)水泥稳定土的塑性指数<4~6,承载比≥240。

(4)施工时,工地实际采用水泥剂量,应比室内试验确定的剂量多0.5%~1.0%。

(5)从拌和水泥稳定土的均匀性考虑,水泥的最小剂量百分率应符合表3.13的规定。

表3.13 水泥最小剂量百分率

拌和方法 土类	路拌法/%	集中(厂)拌和法/%
中粒土和粗粒土	3	2
细粒土	5	3

◆石灰稳定土基本要求

(1)做垫层用的各类土中的石灰剂量配制有以下几种。

1)砂性土:8%、10%、11%、12%、14%。

2)粉性土和黏性土:5%、7%、8%、9%、11%。

(2)做基层用的各类土中的石灰剂量配制有以下几种。

1)砂砾土和碎石土:3%、4%、5%、6%、7%。

2)砂性土:10%、12%、13%、14%、16%。

3)粉性土和黏性土:6%、8%、10%、12%、14%。

(3)工地实际采用石灰剂量,根据其含钙量不低于70%的情况,应比室内试验确定的剂量多0.5%~1%。

(4)石灰稳定碎石和石灰稳定砂砾,仅对石灰土进行配比设计。对碎石和砂砾,只要求它具有较好的级配,石灰土与碎石或砂砾的质量比宜为1:4。

(5)房屋灰土地基的配合比(体积比)除特殊设计外,一般取2:8或3:7。

(6)港工灰土类底层的原材料质量和灰土配合比必须符合设计要求和规范规定。

◆级配砾石基本要求

级配砾石集料,通常考察最大粒径、颗粒组成、液限、塑性指数、压碎值和承载比等项,具体要求见表3.15。

表 3.15　级配砾石的质量指标

检查项目	基层	底基层	检查项目	基层	底基层
塑性指数	—	<9	浸水 4 d 的承载比/%	≥160	≥60①
液限/%	—	<28	最大粒径/mm	≤37.5	≤53
细长及扁平颗粒含量/%	—	<20			

注:①底基层浸水 4 d 的承载比:在中等交通道路上不小于 60,在轻交通道路上不小于 40。

◆级配碎石基本要求

级配碎石质量标准级配碎石集料的质量要求有液限、塑性指数、压碎值、颗粒组成、最大粒径、针片状含量及黏土块、植物含量等方面,其质量标准见表 3.16、表 3.17。

表 3.16　级配碎石的质量标准

项目	高等级公路		一般公路	
	基层	底基层	基层	底基层
塑性指数	<6 或 9		<6 或 9	
液限/%	<28		<28	
针片状含量/%	<20		<20	
黏土块、植物等	不得含有		不得含有	
最大粒径/mm	≤31.5	≤37.5	≤37.5	≤53

表 3.17　级配型集料的压碎值标准

公路等级	层位	压碎值/%
高速公路和一级公路	基层	≤26
	底基层	≤30
二级公路	基层	≤30
	底基层	≤35
二级以下公路	基层	≤35
	底基层	≤40

【实　务】

◆水泥质量监理要点

(1)凡氧化镁、三氧化硫,初凝时间、安定性中任何一项不符合表 3.1 中的标准时,均为废品。

(2)凡细度、终凝时间中任何一项不符合表 3.1 中的标准时或混合材料掺量超过最大限量和强度低于商品强度等级的指标时为不合格品。

(3)水泥包装标志中水泥品种、强度等级、生产单位名称和出厂编号不全的也属于不合格品。

(4)当用户需要时,水泥厂应在水泥发出之日起 7 d 内寄发除 28 d 强度以外的各项试验结果。28 d 水泥中抽取试样,双方共同签封后保存 3 个月,在 3 个月内由买方对水泥质量有疑问时,则买卖双方应将签封的试样送省级或省级以上国家认可的水泥质量监督检验机构进行仲裁检验。

◆石灰质量监理要点

(1)生石灰(含钢厂生石灰下脚)必须在使用前两星期加水充分消解,石灰充分消解是指石灰经消解后保留在 2.5 mm 筛孔上的颗粒不得超过 40%。

(2)电石渣应沥干到含水量≤4% 方可使用。

(3)经消解后的石灰按消解先后分别存放,先消解的石灰先用。

(4)进入拌和机的熟石灰,不得含有未消解颗粒。

(5)使用熟石灰之前,应通过分析试验,其活性氢化钙含量(质量分数,%)不应低于 40%。当活性氧化钙的含量为 30% ~40% 时,应适当增加石灰用量,当活性氧化钙含量低于 30% 时,就不宜采用。

◆石灰质量检测频率

每批到达现场的石灰(每批不超过 500 t)随即取样 3 个。

◆石灰质量控制标准

石灰质量控制标准见表 3.18。

表 3.18　石灰质量控制标准

指标＼类别＼项目	钙质生石灰			镁质生石灰			钙质消石灰			镁质消石灰		
	等级											
	Ⅰ	Ⅱ	Ⅲ	Ⅰ	Ⅱ	Ⅲ	Ⅰ	Ⅱ	Ⅲ	Ⅰ	Ⅱ	Ⅲ
有效钙加氧化镁含量/%,≥	85	80	70	80	75	65	65	60	55	60	55	50
未消化残渣含量(5 mm 圆孔筛的筛余%),≤	7	11	17	10	14	20						
含水率/%							4	4	4	4	4	4
细度　0.71 mm 方孔筛余/%,≤							0	1	1	0	1	1
细度　0.125 mm 方孔筛的累计筛余/%,≤							13	20	—	13	20	—
钙镁石灰的分类界限氧化镁含量	≤5			>5			≤4			>4		

◆水泥稳定土用土质量指标

水泥稳定土用土质量指标见表 3.19。

表3.19　水泥稳定土用土质量指标

项目	一般公路		高等级公路	
	基层	底基层	基层	底基层
液限	—	<40(强粒土)	<28	<40(强粒土)
塑性指数	—	<17(强粒土)	<9	<17(强粒土)
均匀系数	>10	>5	>10	>5
有机质含量(质量分数)	≤2%		≤2%	
硫酸盐含量(质量分数)	≤0.25%		≤0.25%	
压碎值	≤35%		≤30%	
最大粒径/mm	≤37.5	≤53	31.5	≤37.5

◆卵石和碎石质量监理要点

(1)检验(含复检)后,各项性能指标都符合相应类别规定时,可判为该产品合格。

(2)在卵石和碎石技术要求中,若有一项性能指标不符合要求时,则应从同一批产品中加倍取样,对不符合要求项目进行复检。复检后,该项指标符合要求时,可判该类产品合格,仍然不符合标准要求时,则该批产品判为不合格。

◆粉煤灰质量监理要点

(1)必须获取供料单位关于粉煤灰化学成分测试报告及与其他材料混合料的强度试验报告,出厂合格证。(内容:厂名和批号,合格证编号及日期,粉煤灰的级别及数量)

(2)应严格控制混凝土中的粉煤灰掺量,并抽检相关试块强度,确保强度指标符合设计要求。

(3)粉煤灰混凝土的设计强度等级不得低于基准混凝土的设计强度等级。粉煤灰混凝土的标准强度、设计强度和弹性模量,与基准混凝土一样按有关规程、规定取值。

(4)粉煤灰混凝土的收缩、抗渗等性能指标可采用相同强度等级基准混凝土的性能指标。

(5)用于地上工程的粉煤灰混凝土,其强度等级龄期定为28 d,用于地下大体积混凝土工程的粉煤灰混凝土,其强度等级龄期一般为60 d。

(6)粉煤灰混凝土的浇筑和成形与普通混凝土相同,用粉煤灰混凝土抹面时,必须进行二次压光。

(7)粉煤灰砂浆宜采用机械搅拌,保证拌和物均匀。砂浆各组分的计量允许误差(按质量计)为:水泥±2%,粉煤灰、石灰膏和细集料±5%,总搅拌时间≥2 min。

(8)粉煤灰散装运输时,必须采取措施,防止污染环境。

(9)干粉煤灰应储存在有顶盖的料仓中,湿粉煤灰可堆放在带有围墙的场地上。

(10)袋装粉煤灰的包装袋上应清楚表明“粉煤灰”、厂名等级、批号及包装日期。

◆水泥稳定土压实度质量标准

水泥稳定土压实度质量标准见表3.20。

表3.20　水泥稳定土压实度质量标准

项目检查	合格质量标准		检验方法	检测频率
	高等级道路	中、低等级道路		
水泥稳定土压实度	97%	93%	灌砂法	每200 m检测一次，随机抽样8个（双车道）

◆级配砾石质量监理要点

（1）粗细砾石集料和砂各占一定比例的混合料，当其颗粒组成符合密实级配要求时，称为级配砾石。砂和砂石材料，不得含有草根、垃圾等有机杂物。

（2）级配砾石用作基层时，砾石的最大粒径不应超过40 mm（方孔筛）；用作底基层时，砾石的最大粒径不应超过50 mm。（方孔筛）

（3）砾石颗粒中细长及扁平颗粒含量不应超过20%，形状不合格的颗粒含量过多时，应掺入部分合乎规格的集料。

（4）当级配砾石试件的干压实密度（在最佳含水量下制试件）与工地规定达到的干压实密度相同，浸水4 d的承载比值应不小于100%。

◆级配碎石质量监理要点

（1）用于垫层的级配碎石，其最大粒径不应超过50 mm方孔筛，用于基层时的最大粒径不应超过40 mm。（方孔筛）

（2）未经筛分的碎石，可以是轧制的坚硬岩石、圆卵石或矿渣。矿渣应是已崩解成自然稳定的粒料。碎石中的扁平、长条颗粒的总含量不宜超过20%，同时不得有黏土块、植物等有害物质。

（3）石屑或其他细集料可以采用一般碎石场的细筛余料或沥青表面处治和贯入式用的石料细筛余料。天然砂砾的颗粒尺寸比较合适，必要时应筛除其中超尺寸的颗粒，天然砂砾或粗砂应有较好的级配。

（4）级配碎石或级配碎砾石作为集料使用其压碎值，应满足下列规定：重交通道路（高速、一级公路）≤26%；中等交通道路（二级公路）≤30%；轻交通道路（三、四级公路）≤35%。

（5）用作排水固结地基的材料，除应符合上述要求外，含泥量不得超过3%，碎石或卵石最大粒径不宜大于50 mm。

（6）港口、建筑工程中的碎石或砂石底层地基，其规格和质量要求必须符合设计要求和规范规定。

3.2　水泥稳定土基层和底基层

【基　础】

◆水泥土基层和底基层基本要求

(1)土质应符合设计要求,土块应经粉碎。

(2)水泥用量应按设计要求控制准确。

(3)路拌深度应达到层底。

(4)混合料应处于最佳含水量状况下,用重型压路机碾压至要求的压实度。从加水拌和到碾压终了的时间不应超过 3 ~4 h,并应短于水泥的终凝时间。

(5)碾压检查合格后应立即覆盖或洒水养生,养生期应符合规范要求。

◆水泥稳定粒料基层和底基层基本要求

(1)粒料应符合设计和施工规范要求,并应根据当地料源选择质坚干净的粒料;矿渣应分解稳定,未分解渣块应予剔除。

(2)水泥用量和矿料级配应按设计控制准确。

(3)路拌深度应达到层底。

(4)摊铺时应注意消除离析现象。

(5)混合料应处于最佳含水量状况下,用重型压路机碾压至要求的压实度。从加水拌和到碾压终了的时间不应超过 3 ~4 h,并应短于水泥的终凝时间。

(6)碾压检查合格后应立即覆盖或洒水养生,养生期应符合规范要求。

◆水泥稳定粒料基层和底基层施工材料要求

1. 水泥稳定土

(1)二级和三级以下公路。

1)用作底基层时,颗粒最大粒径不得超过 53 m(方孔筛)。土的均匀系数需大于 5,细粒土的液限不得超过 40,塑性指数不应超过 17。在实际施工监理中,通常采用均匀系数大于 10,塑性指数小于 12 的土。塑性指数大于 17 的土,宜采用石灰稳定,或者用水泥和石灰综合稳定。

2)用作基层时,土的最大粒径不得超过 37.5 mm。(集料中不适宜含有塑性指数的土)

(2)高速公路和一级公路。

1)用作底基层时,颗粒的最大粒径不得超过 37.5 mm。土的均匀系数应大于 5。细粒土的液限不得超过 40%,塑性指数不得超过 17。在实际施工监理中,宜选用塑性指数小于 12,均匀系数大于 10 的土。

2)水泥稳定土用作基层时,单个颗粒的最大粒径不应超过31.5 mm,对所有的碎石或者砾石,应预先筛分成3~4个不同粒级,然后再配合。

2.水泥稳定砂

在水泥稳定粒径较均匀砂时,宜在砂中添加少部分塑性指数小于10的石灰土或黏性土,也可添加部分粉煤灰。加入比例可以按使混合料的标准干密度接近最大值确定,通常约为20%~40%。

3.压碎值

(1)二级及二级以下的公路。

1)作为基层:不大于35%。

2)作为底基层:不大于40%。

(2)高速公路及公路。

1)作为基层:不大于30%。

2)作为底基层:不大于30%。

4.水泥和水

普通硅酸盐水泥、火山灰硅酸盐水泥和矿渣硅酸盐水泥都可用于稳定土,但应选用初凝时间3 h以上及终凝时间较长(宜在6 h以上)的水泥。不应使用快硬水泥、早强水泥及受潮变质的水泥。宜采用强度等级为32.5级或者42.5级的水泥,凡人或者牲畜的饮用水均可以用于水泥稳定土的施工。

【实 务】

◆水泥土基层和底基层施工监理验收

1.实测项目

水泥土基层和底基层实测项目应符合表3.21的规定。

表3.21 水泥土基层和底基层实测项目

检查项目		规定值或允许偏差				检查方法和频率
		基层		底基层		
		高速公路、一级公路	其他公路	高速公路、一级公路	其他公路	
压实度/%	代表值	—	95	95	93	按路基、路面压实度评定检查,每200 m每车道两处
	极值	—	91	91	89	
平整度/mm		—	12	12	15	3 m直尺:每200 m测2处×10尺
纵断高程/mm		—	+5,-15	+5,-15	+5,-20	水准仪:每200 m测4个断面
宽度/mm		符合设计要求				尺量:每200 m测4个断面
厚度/mm	代表值	—	-10	-10	-12	按路面结构层厚度评定检查,每200 m每车道1点
	合格值	—	-20	-25	-30	

续表 3.21

检查项目	规定值或允许偏差				检查方法和频率
	基层		底基层		
	高速公路、一级公路	其他公路	高速公路、一级公路	其他公路	
坡度/%	—	±0.5	±0.3	±0.5	水准仪:每200 m测4个断面
强度/MPa	符合设计要求				按半刚性基层和底基层材料强度评定检查

2. 外观鉴定

(1)表面平整、无坑洼。

(2)施工接茬平整、稳定。

◆水泥稳定粒料基层和底基层路拌法施工要求

(1)检查各种入场材料,不合格的不能入场。

(2)在拌和过程中,监理人员应随时检查拌和深度,重点是检查拌和层底部是否有“素土”夹层。混合料拌和应均匀、色泽一致。对混合料的含水量进行测定,决定是否对混合料洒水或者翻拌晾晒。

(3)在摊铺土的过程中,检查承包人摊铺的均匀性、平整度、厚度是否符合路拱规定的要求,并要求有专人负责拣除土块、超尺寸颗粒以及其他杂物。

(4)视土的含水量情况,决定是否要进行洒水闷料。

(5)人工摊铺的土层整平后,应用6~8 t的两轮压路机碾压1~2遍,使其表面平整,并有一定的压实度。

(6)水泥稳定土整型后,检查路拱和坡度,接缝是否顺适平整。在整型的过程中应无明显的粗细集料离析现象。

(7)监督承包人按试验段的压实方案进行碾压密实,碾压后应无明显的轮迹,无“弹松”、起皮现象。

◆水泥稳定粒料基层和底基层厂拌法施工要求

(1)根据调试好的参数进行稳定土的拌和。拌好的稳定土要进行石灰(水泥)剂量、含水量、7 d无侧限抗压强度和均匀度等项目检测,来确定拌和机的各项参数是否合理。

(2)摊铺机早摊铺混合料时,若因故中断时间超过2 h,则要求设置横向接缝。一台摊铺机摊铺宽度不够时,应采用两台摊铺机一前一后相隔约5~10 m同步向前摊铺,以避免纵向接缝。在无法避免纵向接缝的情况下,纵缝必须垂直相接,严禁承包人采用斜接。

(3)水泥稳定级配碎石(或砾石)基层分两层用摊铺机铺筑时,当下层不采用重型振动压路机碾压时,宜立即摊铺上层,否则下层顶面撒少量水泥或者水泥浆。

◆水泥稳定粒料基层和底基层施工监理巡视

(1)下承层表面需平整、坚实。在监理抽检合格的基础上,即可进行水泥稳定土基层和底基层的施工。

(2)水泥稳定粒料材料应符合前述有关要求,即可允许入场。

(3)混合料的拌和不管是路拌法施工还是厂拌法施工,都必须控制水泥剂量符合设计要求,拌和一定要均匀,保证水泥稳定土强度的均匀性。

(4)对于混合料的摊铺应严格控制,摊铺后不应有离析和粗集料窝等不良现象,必要时要及时处理。宽度、厚度、摊铺后的平整度,应达到施工规范的规定与设计文件的要求。

(5)严格控制水泥稳定土从拌和到碾压成型的时间,严禁在水泥终凝后,再进行碾压。

(6)碾压结束后,应始终保持表面潮湿,严禁忽干忽湿,影响强度的增长,避免收缩裂缝的产生。

◆水泥稳定粒料基层和底基层施工监理验收

1. 实测项目

水泥稳定粒料基层和底基层实测项目应符合表3.22的规定。

表3.22　水泥稳定粒料基层和底基层实测项目

检查项目		规定值或允许偏差				检查方法和频率
		基层		底基层		
		高速公路、一级公路	其他公路	高速公路、一级公路	其他公路	
压实度/%	代表值	98	97	96	95	按路基、路面压实度评定检查,每200 m每车道2处
	极值	94	93	92	91	
平整度/mm		8	12	12	15	3 m直尺:每200 m测2处×10尺
纵断高程/mm		+5,-10	+5,-15	+5,-15	+5,-20	水准仪:每200 m测4个断面
宽度/mm		符合设计要求				尺量:每200 m测4个断面
厚度/mm	代表值	-8	-10	-10	-12	按路面结构层厚度评定检查,每200 m每车道1点
	合格值	-15	-20	-25	-30	
横坡/%		±0.3	±0.5	±0.3	±0.5	水准仪:每200 m测4个断面
强度/MPa		符合设计要求				按半刚性基层和底基层、材料强度评定检查

2. 外观鉴定

(1)表面平整密实,无坑洼、无明显离析。

(2)施工接茬平整、稳定。

3.3　石灰稳定土基层和底基层

【基　础】

◆石灰土基层和底基层基本要求

(1)土质应符合设计要求,土块应经粉碎。

(2)石灰质量应符合设计要求,块灰需经充分消解才能使用。

(3)石灰和土的用量应按设计要求控制准确,未消解的生石灰块必须剔除。

(4)路拌深度应达到层底。

(5)混合料应处于最佳含水量状况下,用重型压路机碾压至要求的压实度。

(6)保湿养生,养生期应符合规范要求。

◆石灰土基层和底基层施工材料要求

1. 土

(1)稍具黏性的土壤(即塑性指数大于4)砂性土、黏性土、粉砂土均可使用;以塑性指数10~20的黏性土为宜;用石灰稳定无塑性指数的级配碎石、级配砂砾、未筛分碎石时,应添加15%左右的黏性土;使用塑性指数偏大的黏性土时,需要进行粉碎,粉碎后土块的最大尺寸不得大于15 mm。

(2)硫酸盐含量超过0.8%,土的有机含量超过10%时不宜用石灰稳定。

(3)使用特殊类型的土壤如级配砾石、杂填土、砂石等应经试验决定。碎石或者砾石的压碎值应符合以下的要求:用于城市快速路以及主干道基层不应大于30%;用于次干路基层不应大于35%。

2. 石灰

石灰宜用新灰,对于储存较久或经过雨期的消解石灰,应经过试验,根据活性氧化物的含量,决定使用办法。生石灰的技术指标见表3.23。

3. 水

凡饮用水(含牲畜饮用水)均可用于石灰土施工。

表3.23　生石灰的技术指标

项目＼级别＼材料	钙质生石灰			镁质生石灰		
	一级	二级	三级	一级	二级	三级
灰渣/%,≤	7	11	17	10	14	20
活性氧化物/%,>	85	80	70	80	75	65
氧化镁含量/%	≤5			>5		

4. 掺和料

利用级配砂石、砾石等材料时,其最大粒径不适宜超过 0.6 倍分层厚度,且不大于 100 mm,掺入量根据试验确定。

◆石灰稳定粒料(碎石、砂砾或矿渣等)基层和底基层基本要求

(1)粒料应符合设计和施工规范要求,矿渣应分解稳定后才能使用。

(2)石灰质量应符合设计要求,块灰经充分消解后才能使用。

(3)石灰的用量应按设计要求控制准确,未消解生石灰块必须剔除。

(4)路拌深度应达到层底。

(5)混合料应处于最佳含水量状况下,用重型压路机碾压至要求的压实度。

(6)保湿养生,养生期应符合规范要求。

【实　务】

◆石灰土基层和底基层路拌法施工要求

(1)将石灰粉料、土料运到作业面,按配合比采用方格法进行布料。

(2)将过筛的石灰粉料和土先翻拌 1~2 遍,检测并调整含水量,然后再采用路拌机翻拌 2~3 遍。

(3)摊铺前,人工按虚铺厚度用白灰撒出高程点,用平地机、推土机进行摊铺作业,必要时可用装载机配合。卸料堆放时宜按照梅花桩形布置,以便于摊铺作用。

(4)整型。先用推土机粗平 1~2 遍,粗平后宜用推土机在路基全宽范围内进行排压 1~2 遍,以暴露潜在的不平整,其后用人工通过拉线法用白灰再次撒出高程点(预留松铺厚度),根据大面的平整情况,对局部高程相差不大时(通常指 ±30 mm 以内时),再用平地机整型,以达到更佳效果,可以采用人工再次拉线用白灰撒出高程点,平地机进行精平 1~2 次,并及时检测高程、平整度、横坡度。对局部出现粗细集料集中的现象,应人工及时处理;对于局部高程稍低的灰土面严禁直接采取薄层找补,应先用人工或者机械耕松 100 mm 左右后再进行找补。

(5)碾压。石灰土摊铺长度约 50 m 时适宜进行试碾压,在最佳含水量为 -1% ~ +2% 时进行碾压,试压后应及时进行高程复核。压路机的碾压速度头两遍以 1.5 ~ 1.7 km/h为最佳,后面的碾压过程则宜采用 2 ~2.5 km/h。

(6)接缝处理。工作间断或者分段施工时,应在石灰土接茬处预留 300 ~500 mm 不予压实,与新铺石灰土衔接,碾压时应洒水湿润;避免纵向接茬缝,如需纵向接茬时,茬缝宜设在路中线附近;接茬应做成梯级形,梯级宽为 500 mm 左右。

◆石灰土基层和底基层厂拌法施工要求

(1)石灰土拌和。原材料进场检验合格后,要按照生产配合比生产石灰土,当原材料发生变化时,必须重新调试灰土配比。

(2)石灰土运输。采用有覆盖装置的车辆进行运输,按照需求量、运距及生产能力合理配置车辆的数量,运输车按既定的路线进出现场,禁止在作业面上急转弯、急刹车、掉头、超速行驶。

(3)摊铺、整型、碾压以及接缝处理方法大体与路拌法施工相同。

◆石灰土基层和底基层施工监理巡视

(1)石灰土基层和底基层施工不宜选择在冬季。

(2)石灰在使用前应进行检验,若低于要求应适当增加石灰的用量。施工中应对混合料的石灰含量严加控制,消解后的石灰含水量需均匀,以保证灰堆内消石灰干松容重的一致性。根据要求的强度标准,通过试验选取最适宜稳定的土,确定必需的或者最佳的石灰剂量。

(3)路拌法施工应控制好石灰与土的分层松铺厚度,并在铺灰后切茬检查,以保证混合料有足够的石灰含量,且宜在碾压工作开始之前检测混合料的石灰剂量,若发现问题,立即补足用灰量。

(4)混合料应拌和均匀、土块破碎合乎要求,拌和深度达到拌和层底部,无夹灰层与夹土层现象,且水分合适和均匀。

(5)厂拌法施工,应配料准确,土块过筛后最大尺寸不适宜大于15 mm,集料的最大粒径和级配符合要求,并应尽量避免纵向接缝,若必须分两幅施工,纵缝也需垂直相接,平整密实。

(6)在碾压过程中,如有松散、"弹簧"、起皮现象,应及时进行处理,使其达到质量要求。

◆石灰土基层和底基层施工监理验收

石灰土基层和底基层施工监理验收请参考"水泥土基层和底基层施工监理验收"的相关内容。

◆石灰稳定粒料(碎石、砂砾或矿渣等)基层和底基层施工要求

1.路拌法施工要求

(1)在摊铺土的过程中,检查承包人摊铺的均匀性,表面力求平整,具有符合要求的路拱,厚度应严格按试验段的松铺厚度摊铺,并应经常挖坑量测。对于土块超尺寸颗粒以及其他杂物,要有专人负责拣出施工现场。

(2)整平和轻压。在人工摊铺的集料层(包含粉碎的老路面)上,整平后用6~8 t三轮压路机碾压1~2遍,使其表面平整,且有一定密实度。

(3)按预定的距离以及标记的地点卸置石灰,卸放石灰并均匀地摊开,表面应没有空白位置,量测石灰松铺厚度,根据石灰的含水量及松密度,计算复核石灰用量是否能达到要求。

(4)检查承包人整型后路拱和坡度是否符合要求。接缝处应整平,使接缝顺适平整,对于粗细集料"窝"应指令承包人及时用人工清除。

(5)监督承包人按试验段的压实方案进行碾压密实。碾压后需没有明显的轮迹,无松散、“弹簧”、起皮等现象。终平后,应使纵向顺适,路拱和超高需符合要求,若有不符合要求的地方,监理人员必须指令承包人将高出部分刮除且扫出路外。对于局部低洼之处,严禁贴补,留待铺筑沥青面层时处理。

(6)对于二级以下公路的小工程可采用人工沿路拌和法施工。

2. 厂拌法施工要求

厂拌法施工要求参照“水泥稳定粒料基层和底基层”相关内容。

◆石灰稳定粒料(碎石、砂砾或矿渣等)基层和底基层施工监理巡视

(1)采集原材料时不应分层,不应将不合格的集料采集起来,应当在预定的深度范围内采集集料,对于塑性指数小于15的黏性土,机械拌和时,可视土质和机械性能确定土是否要过筛。人工拌和时,需筛除15 mm以上的土块。

(2)监理人员必须对进场材料按频率进行抽检,严把材料关。符合上述要求的材料才可使用,石灰在使用前7~10 d充分消解,并过1.0 cm筛,筛除超尺寸颗粒,并应尽快使用,石灰的质量必须在Ⅲ级以上。

(3)石灰土摊铺应当天摊铺当天碾压完,最迟不得超过3 d,对于封闭交通路段可提前一天摊铺集料,提高效率。在雨季施工期,应尽量做到当天铺当天拌和,当天碾压完成,监理人员应控制摊铺的松铺厚度、宽度和平整度。

(4)路拌法石灰土施工监理应控制含水量、石灰剂量。对塑性指数大的黏性土,可采用二次布灰法。路拌法要拌和到颜色均匀一致。监理人员应随时检查拌和深度,严禁底部留有“素土”夹层。

(5)采用厂拌法时,监理人员要检查土块颗粒的粉碎是否符合要求,配料是否准确,并适时地抽查含水量和石灰剂量,拌和料外观颜色应均匀一致。

(6)石灰稳定土碾压时,含水量宜掌握在最佳含水量为+1%~2%的范围之内;对低塑性指数的砂土,宜采取初稳压和终压两个阶段碾压,应严格检查是否有起皮松散的情况,如有此情况应责令承包人洒水碾压到规定的压实度要求。

◆石灰稳定粒料(碎石、砂砾或矿渣等)基层和底基层施工监理验收

1. 实测项目

石灰稳定粒料基层和底基层实测项目应符合表3.24的规定。

表3.24 石灰稳定粒料基层和底基层实测项目

检查项目		规定值或允许偏差				检查方法和频率
		基层		底基层		
		高速公路、一级公路	其他公路	高速公路、一级公路	其他公路	
压实度/%	代表值	—	97	96	95	按路基、路面压实度评定检查,每200 m每车道2处
	极值	—	93	92	91	

续表3.24

检查项目		规定值或允许偏差				检查方法和频率
		基层		底基层		
		高速公路、一级公路	其他公路	高速公路、一级公路	其他公路	
平整度/mm		—	12	12	15	3 m直尺:每200 m测2处×10尺
纵断高程/mm		—	+5,-15	+5,-15	+5,-20	水准仪:每200 m测4个断面
宽度/mm		符合设计要求				尺量:每200 m测4个断面
厚度/mm	代表值	—	-10	-10	-12	按路面结构层厚度评定检查,每200 m每车道1点
	合格值	—	-20	-25	-30	
横坡/%		—	±0.5	±0.3	±0.5	水准仪:每200 m测4个断面
强度/MPa		符合设计要求				按半刚性基层和底基层、材料强度评定检查

2. 外观鉴定

(1)表面平整密实、无坑洼。

(2)施工接茬平整、稳定。

3.4　石灰工业废渣稳定土基层和底基层

【基　础】

◆石灰、粉煤灰土基层和底基层基本要求

(1)土质应符合设计要求,土块应经粉碎。

(2)石灰和粉煤灰质量应符合设计要求,石灰需经充分消解才能使用。

(3)混合料配合比应准确,不得含有灰团和生石灰块。

(4)碾压时应先用轻型压路机稳压,后用重型压路机碾压至要求的压实度。

(5)保湿养生,养生期应符合规范要求。

◆石灰、粉煤灰土基层和底基层施工材料要求

1. 土

塑性指数为12~20的黏性土,易于粉碎便于碾压成型。含有硫酸盐0.8%的土类不宜选用,有机质含量超过10%的土不宜选用。塑性指数偏大的黏性土,应加强粉碎,粉碎后的土块的最大尺寸应不大于15 mm。

2. 粉煤灰

通常采用大堆存放的方法,粉煤灰含水量大,可以提前堆存沥水,降低含水量。使用

时，含水量在20%～25%为宜，在干燥和多风季节，粉煤灰材料含水量小（或过干）时向其表面喷水或覆盖以免遇风扬尘。

3. 石灰

（1）石灰应在施工前备齐或不影响使用的情况下陆续准备，备灰通常选择在临近水源、地势较高而宽敞的场地堆放。

（2）生石灰在施工前，通常多采用水消解的方法。在场外集中堆放时可采用花管射水法，或小堆洒水粉化，不管采取哪种方法都要在开工前7～10 d消解完毕。消解石灰要严格控制用水量保持一定的湿度，但不得扬尘，不能过湿成团。经消解的石灰应为粉状，不可有残留的生石灰块。每吨生石灰通常用水量约为600～800 kg左右。

（3）消解石灰宜过孔径10 mm的筛，磨细的生石灰可以直接使用，需尽量缩短石灰的存放时间，若存放时间较长应采取覆盖封存措施，妥善保管。

4. 水

凡饮用水（含牲畜饮用水）均可使用，若遇可疑水源时应经化验合格后方可使用。

◆石灰、粉煤灰稳定粒料（碎石、砂砾或矿渣等）基层和底基层基本要求

（1）粒料应符合设计和施工规范要求，并应根据当地料源选择质坚干净的粒料。矿渣应分解稳定，未分解渣块应予剔除。

（2）石灰和粉煤灰质量应符合设计要求，石灰须经充分消解才能使用。

（3）混合料配合比应准确，不得含有灰团和生石灰块。

（4）摊铺时应注意消除离析现象。

（5）碾压时应先用轻型压路机稳压，后用重型压路机碾压至要求的压实度。

（6）保湿养生，养生期应符合规范要求。

◆石灰、粉煤灰稳定粒料（碎石、砂砾或矿渣等）基层和底基层施工材料要求

1. 石灰

采用经磨细的生石灰粉或消石灰，消石灰应过筛去掉大于5 mm灰块，石灰等级在Ⅲ级以上，含水量不得超过4%。石灰的其他技术指标应符合国家现行标准《公路路面基层施工技术规范》（JTJ 034—2000）的规定。

2. 粉煤灰

二灰混合料应配比准确，不得含有生石灰块和灰团。可采用二级以上的粉煤灰，粉煤灰中SiO_2、Al_2O_3和Fe_2O_3总的含量应大于70%，烧失量不超过20%；粉煤灰的比表面积宜大于2 500 cm^2/g，或通过0.3 mm筛孔总量不少于90%，通过0.075 mm筛孔总量不少于70%；使用湿粉煤灰时含水量不宜超过35%。

3. 砂砾

压碎值应小于30%（底基层小于35%），最大粒径不得大于37.5 mm。级配砂砾中集料的颗粒组成范围需符合国家现行标准《公路路面基层施工技术规范》（JTJ 034—2000）的规定。

4. 水

凡饮用水(含牲畜饮用水)均可使用。

【实 务】

◆石灰、粉煤灰土基层和底基层场地预拌法施工要求

(1)选择平坦、坚实的场地。

(2)检查各项材料是否符合要求,并应先通过试验和计算确定各种材料以及混合料的松铺系数。

(3)用层铺法摊铺材料。首先把运到场地的土用推土机在预定的宽度内摊铺,经压路机排压1遍,平地机整平。对于塑性指数偏大的黏性土,若难于粉碎,可先用拖拉机带铧犁和重耙或用稳定土拌和机拌和把土块打碎,使土颗粒最大尺寸接近于15 mm或者小于15 mm。在摊平的土上运卸粉煤灰,同样经排压、整平,然后在粉煤灰层上打格运卸石灰,人工将石灰铺匀。

(4)拌和自场地边缘向场地的另一侧进行拌和,每幅拌和需重叠30 cm以上宽度,专用稳定土拌和机拌和深度直到稳定层底。第一遍拌和时,速度约为7 m/min,第二遍以后拌和速度为15 m/min。拌和三遍以上,拌和均匀为止,混合料应色泽一致,没有灰团、灰条及花面。拌和过程中应及时检测混合料的含水量,用洒水车洒水调整。

(5)场地预拌堆存的混合料应及时使用,不适宜堆存过久,要做到先拌先用。

(6)用装载机将混合料装入自卸汽车,运至施工地段按试验段确定的虚铺厚度(机械松铺系数为1.2~1.3),然后用推土机摊铺。

(7)整型。用平地机或者压路机快速碾压1遍,此时留虚高2 cm,再一次量高给平地机找细平留1 cm虚高。找平阶段出现局部低洼时,可用平地机镐齿或者齿耙将表面豁松用新拌混合料找补平整。在找平整形过程中,力争只刮不垫,严禁在底基层低洼处贴补。

(8)碾压。

1)当混合料处于最佳含水量的+1%时开始碾压,用振动压路机和轮胎压路机进行组合碾压,振动压路机在前而轮胎压路机在后,由路边的一侧向路中压实。碾压时后轮重叠轮宽通常压2~3遍,轮胎压路机紧跟碾压应重叠一个轮胎宽碾压3~4遍。头两遍碾压的速度采用一档,以后用二档速度碾压至规定的压实度。

2)底基层路边两侧需要多碾压两遍,但严禁压路机在已完成的或者正在碾压的路段上调头或急刹车,以保证石灰粉煤灰层不被破坏。

(9)每天收工时,在二灰土碾压的末端压成一斜坡状,第二天开始摊铺新混合料之前,将末端斜坡挖除并挖成横向与路中心线垂直向下的断面。当挖除时,人工配合用直尺反复量测让末端符合平整度要求,并测量其高程,符合设计高程然后继续加工。

◆石灰、粉煤灰土基层和底基层路拌法施工要求

(1)粉煤灰运到路上,应按事先通过试验段确定的粉煤灰松铺系数,用推土机摊平在

预定的宽度上，且摊铺均匀，表面力求平整，具有规定的横坡。

(2)设计厚度为 15 cm 时，机铺厚度为 17～19 cm(视材料的含水量而定)，此时机铺系数在 1.2～1.4 之间。

(3)用人工按桩号挂线量高，每个断面量 5～7 点，撒上石灰作为找平的标志，平地机依此控制高程进行刮平，刮平后每 40 m 检查一个断面，当用尺量不够要求厚度时则应立即补足。

(4)检查各种材料摊铺厚度、宽度等是否符合要求。

(5)若使用生石灰粉先用拖拉机带铧犁翻拌一遍，把生石灰粉翻扣于粉煤灰内，拖拉机(或轻碾)排压，用洒水车将水均匀地喷洒在混合料上，调整含水量后静闷 8～12 h，使生石灰粉得到充分消解。若使用专用稳定土拌和机自路边向路中拌和，每幅拌和宽度为 2.2 m，幅与幅之间拌和要重叠 30 cm 以上，以免产生漏拌的现象，拌和深度直到路基面，操作人员要严格按所定标尺拌和，防止拌和过深而过多地破坏路基表面，拌和时破坏路基面小于 1 cm 最为适宜。

(6)拌和过程中和拌和结束要检查混合料的含水量，并每隔 40 m 按拌和段全宽挖坑检查拌和的质量，是否有夹层，严禁在底基层和路基面之间残留夹层，为了防止局部出现夹层最后用多铧犁再翻拌一遍，以杜绝夹层的出现。

◆石灰、粉煤灰土基层和底基层厂拌法施工要求

(1)石灰粉煤灰土混合料可在中心站用多种机械进行集中拌和。对于快速路和主干路需采用专用稳定土集中厂拌机械拌制混合料。

(2)土块材料应先过筛以满足土颗粒不大于 15 mm 的技术规范要求。可以采用在场地上运卸、摊铺土料，含水量小而土块硬时，加水闷料排压后用专用稳定土拌和机拌和或者用拖拉机带铧犁、重耙打碎土块。土进入料斗前，通过振动筛将不合格颗粒筛除，合格的土料同石灰材料、粉煤灰进入拌和机拌和。

(3)混合料的运输、摊铺碾压可以参考本节“石灰、粉煤灰稳定粒料(碎石、砂砾或矿渣等)基层和底基层”的相关内容。

◆石灰、粉煤灰土基层和底基层施工监理巡视

(1)施工前，应对路槽进行复验，路基质量必须符合验收标准的要求。

(2)应用 12 t 以上的压路机碾压。当用 12～15 t 三轮压路机碾压时，每层的压实厚度不应超过 15 cm；当用 18～20 t 三轮压路机和振动压路机碾压时，每层的压实厚度不应超过 20 cm，若大于 20 cm 时则应分层施工，在下层压实后再摊铺上层，当采用振动压路机压与三轮压路机配合碾压时，每层的压实厚度可根据试验适当增加。压实厚度超过上述规定时应分层铺筑，每层的最小压实厚度为 10 cm，下层宜稍厚，宜采用先轻型、后重型压路机碾压。

(3)铺筑层时，应先摊铺粉煤灰，中间用熟石灰，上层用土。拌和工具可采用灰土搅拌机或者由拖拉机多爬犁和旋转犁牵引。松铺系数通常为 1.4～1.6，要做到随摊铺随平整随碾压，堆放时间不应超过 2 d。

(4)在石灰粉煤灰土底基层施工时,严禁用薄层贴补的方法进行找平工作。

(5)石灰粉煤灰底基层宜在春末和夏季组织施工。施工期的日最低气温应在5℃以上,并在第一次重冰冻(-5~-3℃)到来之前一个月到一个半月内完成。稳定土层宜经历半月以上温暖和热的气候养生。多雨地区,要避免在雨季进行二灰土结构层的施工。

(6)施工完毕,应及时检查石灰土的平整度、压实度、宽度、厚度、中线高程及纵横坡度,并对外观做出评定。

(7)施工后,监理人员要督促施工单位派专人尽心养护。压实成型且经检验合格的二垫层,必须在潮湿的状态下养生,夏季应每天洒水养生,但要禁止用水管直接冲水,以免发生缩裂和松散的现象。其余季节视需要而定。表面发白时,要及时洒水养护,养护期不得少于7 d,且严禁开放交通。

◆石灰、粉煤灰土基层和底基层施工监理验收

石灰、粉煤灰土基层和底基层施工监理验收请参考《水泥土基层和底基层施工监理验收》的相关内容。

◆石灰、粉煤灰稳定粒料(碎石、砂砾或矿渣等)基层和底基层摊铺施工要求

(1)当采用摊铺机作业时,摊铺作业应一次整幅完成,当路面较宽较大时,可同时用两台以上的摊铺机成梯队联合作业。靠内侧摊铺机凸前行驶,前后距离宜为5~15 m。摊铺机应搭接50~100 mm的摊铺宽度。

(2)摊铺时,混合料的含水量应大于最佳含水量的1%~2%,以补偿摊铺以及碾压过程中的水分损失。

(3)用摊铺机摊铺混合料时,每天的工作缝要做成横向接缝,先将摊铺机附近未经过压实的混合料铲除,再把已碾压密实且高程等符合要求的末端挖成一横向、与路中心线垂直向下的断面,然后再摊铺新的混合料。

(4)采用推土机与平地机配合作业时,推土机将混合料均匀摊开且用履带板对全幅排压1遍或采用压路机稳压1遍。平地机随后应进行刮平作业,每刮完1遍,恢复1次,直至刮平到规定虚铺高程和设计横坡。

(5)稳压过后,测量人员要检测此时高程,且在边桩上做标记,随后根据稳压后的混合料虚铺厚度,挂线打白灰点指示平地机进行刮平作业。

(6)平地机按规定的坡度和路拱初步整平后,施工人员需对表面有集料离析现象的位置进行翻起,搅拌处理后,用压路机碾压1~2遍,以暴露潜在的不平整现象。

◆石灰、粉煤灰稳定粒料(碎石、砂砾或矿渣等)基层和底基层碾压施工要求

(1)应当在混合料含水量合适的情况下进行碾压,碾压分为初压、复压、终压三个阶段。

(2)初压、复压、终压都采用钢轮振动压路机进行,压路机吨位应在12 t以上。

(3)压实后表面应平整、无轮迹或者隆起、裂纹搓板以及起皮松散等现象,压实度达到规定要求。在碾压过程中,混合料的表面层应保持湿润。集料含水量控制在最佳含水量的1%~2%之内。

(4)碾压作业中应注意以下几点。

1)正常路段作业时由路边缘向路中心排压,超高段由内侧向外侧进行碾压。

2)每道碾压带应与上一道碾压带重叠 100 ~ 300 mm,并确保均匀压实全幅,作业期间若出现“弹簧”松散、起皮等现象,应及时进行处理,待处理后方可进行压实。

◆石灰、粉煤灰稳定粒料(碎石、砂砾或矿渣等)基层和底基层施工监理巡视

(1)拌和时,将石灰、粉煤灰、碎石(砂砾)按质量比放入拌和机中,加水拌和。在略大于最佳含水量的 1% 以上拌和均匀,拌和好的混合料中不可含有石灰团粒和粉煤灰。

(2)配料要准确,拌和要均匀,要严格控制混合料的拌和数量及施工现场铺筑能力相配合,拌和好的混合料要及时用自卸汽车运至铺筑地段。

(3)混合料堆放时间不宜超过 24 h,应当及时使用。

(4)二灰碎石(砂砾)混合料采用两台稳定土摊铺机(或者沥青混凝土摊铺机)进行摊铺。摊铺机应一前一后相隔 5 ~ 10 m 进行梯队摊铺,前一台摊铺机一侧传感器搭在并沿着基准线,另一侧依着要求的横坡度进行自动摊铺,后一台摊铺机利用小滑橇据第一幅松铺面走滑橇,另一侧传感器沿基准线控制高程进行施工。

(5)摊铺机就位启动,摊铺速度 2 ~ 4 m/min,施工中摊铺机前方应有 2 辆以上的运料车处于等待卸料状态,做到均匀、连续不间断地摊铺混合料。

(6)摊铺机就位时,松铺系数约为 1.2 ~ 1.3。要根据试铺段的实际情况,确定该工程的松铺系数,以便于控制高程在允许偏差以内。操作者在开始摊铺后应立即用水准仪测量实铺高程,再根据初铺后混合料的实际高程偏差进行调整,摊铺工作应逐渐进入正常施工。

(7)设置专人对混合料在摊铺过程中石料集中离析现象进行局部点补工作,混合料表面应均匀一致。

◆石灰、粉煤灰稳定粒料(碎石、砂砾或矿渣等)基层和底基层施工监理验收

石灰、粉煤灰稳定粒料(碎石、砂砾或矿渣等)基层和底基层施工监理验收请参照《水泥稳定粒料基层和底基层施工监理验收》的相关内容。

3.5　级配碎(砾)石基层和底基层

【基　础】

◆级配碎(砾)石基层和底基层基本要求

(1)应选用质地坚韧、无杂质的碎石、砂砾、石屑或砂,级配应符合要求。

(2)配料必须准确,塑性指数必须符合规定。

(3)混合料应拌和均匀,无明显离析现象。

(4)碾压应遵循先轻、后重的原则,洒水碾压至要求的密实度。

◆级配碎(砾)石基层和底基层施工材料要求

1. 碎石

(1)轧制碎石的材料可为各种类型的坚硬岩石、圆石或者矿渣。圆石的粒径应为碎石最大粒径的3倍以上;矿渣应为已崩解稳定的,其干密度和质量应较为均匀,干密度不小于960 kg/m^3。

(2)碎石中的针片状颗粒总含量不应超过20%,碎石中不应有植物、黏土块等有害物质。

2. 石屑

石屑或其他细集料可使用一般碎石场的细筛余料,也可利用轧制沥青表面处治和贯入式用生产石料时的细筛余料或者专门轧制的细碎石集料,也可使用天然砂砾或者粗砂代替石屑。天然砂砾的颗粒尺寸应该合适,必要时需筛除其中的超尺寸颗粒。天然砂砾或者粗砂应有较好的级配。

3. 级配碎石基层

级配碎石基层的强度主要是由碎石颗粒间的密实、填充作用形成,对碎石颗粒的强度要求很高,碎石的压碎值应符合以下要求。

(1)高速公路和一级公路基层,不大于26%,高速公路和一级公路底基层、二级公路底基层,不大于30%。

(2)二级公路底基层及二级以下公路基层,不大于35%。

(3)二级以下公路底基层,不大于40%,石屑和其他细集料可用碎石场的筛余细料、专门轧制的细碎石集料、天然砂砾等。在塑性指数偏大的情况下,塑性指数与0.5 mm以下细土含量的乘积应符合以下规定。

(1)在潮湿多雨地区,乘积不应大于100。

(2)在年降雨量小于600 mm的中干和干旱地区,地下水位对土基没有影响时,乘积不应大于120。

4. 级配砾石基层

(1)级配砾石用作基层时,砾石的最大粒径不能超过37.5 mm,用作底基层时,砾石的最大粒径不能超过53 mm。

(2)砾石颗粒中细长以及扁平颗粒含量不应超过20%。

(3)级配砾石基层的颗粒组成和塑性指数需满足规定。同时级配曲线应为圆滑曲线,砾石的压碎值要求同级配碎石基层。

【实　务】

◆级配碎(砾)石基层和底基层摊铺施工要求

(1)摊铺前要事先通过试验段确定集料的松铺系数,并确定松铺厚度。人工摊铺时,其松铺系数约为1.40~1.50,平地机摊铺混合料时,松铺系数宜为1.25~1.35,且检查松铺层厚度是否符合设计的要求。

(2)卸料后应及时用推土机将混合料均匀摊铺,表面应力求平整。

(3)用摊铺机作业时,当路宽大于8 m时则宜采用双机作业,两台摊铺机组成摊铺作业梯队,其前后间距约为10~15 m。摊铺机内、外侧用铝合金导梁控制高程。摊铺机起步后,测量、质检人员应当立即检测高程、横坡及厚度,并应及时进行调试。在施工过程中,摊铺机不得随意变速、停机,保持摊铺的连续性及匀速性。

(4)用平地机将拌和均匀的混合料按规定的路拱进行整平及整型,在整型的过程中,应注意消除粗、细集料的离析现象。

(5)用压路机在已初平的路段上快速碾压一遍,以暴露潜在的不平整,且采用平地机进行精平。

◆级配碎(砾)石基层和底基层拌和及整型施工要求

(1)平地机的作业长度通常为300~500 m;通常需拌和5~6遍,在拌和的过程中,用洒水车洒足所需的水分。

(2)在使用级配符合规定的一种天然砂砾时,可视摊铺后混合料的具体情况(是否有粗细颗粒离析现象),用平地机进行补充拌和。

(3)用稳定土拌和机拌和两遍以上,拌和深度需直到级配碎砾石层底。在进行最后一遍拌和之前,必要时,需要先用多铧犁紧贴底面翻拌一遍。

◆级配碎(砾)石基层和底基层碾压施工要求

(1)整型后,当混合料的含水量等于或者略大于最佳含水量时,立即用12 t以上三轮压路机、振动压路机或者轮胎压路机进行碾压。碾压的顺序及速度应符合施工规范的要求,路面的两侧,应多压2~3遍。

(2)凡含土的级配碎石砾石基层,都要进行滚浆碾压,直到压到碎石砾石层中无多余细土泛到表面为止,滚到表面的浆(或者事后变干的薄土层)清除干净。

(3)碾压过程都需随碾压随洒水,使其保持最佳的含水量。

(4)两作业段的衔接处,应搭接拌和。第一段拌和后,留5~8 m不进行碾压,第二段施工时,把前段留下未压部分,重新拌和,并与第二段一起碾压。

(5)严禁压路机在已完成的或者正在碾压的路段上调头和急刹车。

◆级配碎(砾)石基层和底基层接缝施工要求

(1)每天的工作缝做成横向接缝。下次施工前应先将未经压实的混合料铲除,再把已碾压密实且高程符合要求的末端挖成一横向(与路面垂直)向下的断面,然后再摊铺新的混合料。

(2)为消除纵向接缝,采用两台摊铺机双机联合摊铺作业,两台摊铺机应前后相距 10 ~ 15 m 同时行进。

◆级配碎(砾)石基层和底基层施工监理巡视

(1)监理人员应根据进场原材料的数量、批次等按规定的频率进行抽检,以评定原材料的质量是否符合要求。

(2)级配碎(砾)石施工时应注意检查以下内容。

1)颗粒级配应符合规定。

2)配料需准确。

3)塑性指数需符合规定。

4)混合料需拌和均匀,无粗细颗粒离析现象。

5)在最佳含水量时进行碾压,直到达到按重型击实试验法确定的要求压实度:基层为 98%;底基层为 96%。

6)用重型振动压路机和轮胎压路机碾压时,每层压实厚度要控制在 20 cm 左右。

◆级配碎(砾)石基层和底基层施工监理验收

1. 实测项目

级配碎(砾)石基层和底基层实测项目应符合表 3.25 的规定。

表 3.25　级配碎(砾)石基层和底基层实测项目

检查项目		规定值或允许偏差				检查方法和频率
		基层		底基层		
		高速公路、一级公路	其他公路	高速公路、一级公路	其他公路	
压实度/%	代表值	98	98	96	6	按路基、路面压实度评定检查,每 200 m 每车道 2 处
	极值	94	94	92	92	
弯沉值/0.01 mm		符合设计要求				按路基、柔性基层、沥青路面弯沉值评定检查
平整度/mm		8	12	12	15	3 m 直尺:每 200 m 测 2 处 ×10 尺
纵断高程/mm		+5,-10	+5,-15	+5,-15	+5,-20	水准仪:每 200 m 测 4 个断面
宽度/mm		符合设计要求				尺量:每 200 m 测 4 个断面

续表 3.25

检查项目		规定值或允许偏差				检查方法和频率
		基层		底基层		
		高速公路、一级公路	其他公路	高速公路、一级公路	其他公路	
厚度/mm	代表值	-8	-10	-10	-12	按路面结构层厚度评定检查,每200 m每车道1点
	合格值	-15	-20	-25	-30	
横坡/%		±0.3	±0.5	±0.3	±0.5	水准仪:每200 m测4个断面

2. 外观鉴定

表面平整密实,边线整齐,无松散。

3.6 填隙碎石(矿渣)基层和底基层

【基　础】

◆填隙碎石(矿渣)基层和底基层基本要求

(1)粗粒料应为质坚、无杂质的轧制石料或分解稳定的轧制矿渣,填缝料为5 mm以下的轧制细料或粗砂。

(2)应用振动压路机碾压,使填缝料填满粗粒料空隙。

◆填隙碎石(矿渣)基层和底基层施工材料要求

(1)当填隙碎石用作基层时,碎石的最大粒径不得超过53 mm;用作底基层时,碎石的最大粒径不得超过63 mm。

(2)粗碎石宜采用石灰岩或者漂石轧制,漂石的粒径应是粗碎石最大粒径的3倍以上,也可用稳定的矿渣轧制,矿渣的干密度和重量应较为均匀,且其干密度不小于960 kg/m^3,材料中的长条、扁平和软弱颗粒的含量不应超过15%。

(3)粗碎石的压碎值在用作基层时不得大于26%;在用作底基层时不得大于30%。若抗压碎能力不能满足上述条件时,则填隙碎石基层的整体强度就难以得到保证。

【实　务】

◆填隙碎石(矿渣)基层和底基层摊铺施工要求

(1)先用推土机将粗碎石均匀的摊铺,再用平地机或者其他合适的机具辅以人工将初平后的粗碎石料进行精平,表面应力求平整,并有规定的路拱,要同时摊铺路肩用料。

(2)监理人员应重点检查松铺材料层的厚度是否符合设计的要求,必要时,责令承包人进行减料或者补料工作。

◆填隙碎石(矿渣)基层和底基层碾压施工要求

1. 干法施工

(1)初压。用 6 ~ 8 t 两轮压路机碾压 3 ~ 4 遍,使粗碎石稳定就位,在直线和不设超高的平曲线上,碾压要从两侧路肩开始,逐渐错轮向路中心进行;在设超高的平曲线段上,碾压应从内侧路肩开始,逐渐错轮向外侧路肩进行,错轮时,每次重叠 1/3 轮宽。在第一遍碾压后,监理人员需要再次找平。初压结束时,表面需平整,并具有规定的路拱和纵坡。

(2)撒铺填隙料。用石屑撒布机或者类似的设备将干填隙料均匀的撒铺在已压稳的粗碎石层上,松铺厚度约为 25 ~ 30 mm。必要时,用人工或者机械扫匀,主要控制好撒铺填隙料的厚度及均匀性。

(3)碾压。用振动压路机慢速碾压,碾压速度宜控制在 2.0 km/h 以内,把全部填隙料振入粗碎石的孔隙中,路面两侧应多压 2 ~ 3 遍。

(4)二次撒铺填隙料。按撒铺填隙料的要求予以控制。

(5)最终碾压。用振动压路机进行碾压,在碾压的过程中,对局部填隙料不足之处,需人工进行找补,局部多余的填隙料应扫除。

(6)碾压结束。

1)碾压结束后,监理人员要检查表面是否能见粗碎石。若填隙碎石层上为薄沥青面层,则要求粗碎石的棱角外露 3 ~ 5 mm,填隙料不应在粗碎石的表面局部自成一层。

2)若设计厚度超过一层铺筑厚度,需在上面再铺一层时,承包人应将已压成的填隙碎石层表面的填隙料扫除一些,使表面粗碎石外露约为 5 ~ 10 mm,再在上摊铺第二层的粗碎石。

2. 湿法施工

(1)施工过程监理。"初压→撒铺填隙料→碾压→二次撒铺填隙料→最终碾压"的施工过程按照干法施工质量进行监理。

(2)碾压结束。

1)粗碎石层表面孔隙全部填满后,要立即用洒水车洒水,直到饱和,但应注意避免多余的水浸泡下承层,监理人员要随时检查洒水量。

2)用 12 ~ 15 t 压路机跟在洒水车后进行碾压。在碾压的过程中,将湿填隙料继续人工扫入所出现的孔隙中。必要时,再添加新的填隙料。洒水和碾压要一直进行到填隙料和水形成粉砂浆为止,粉砂浆应填塞全部的孔隙,并在压路机轮前形成微波纹状。

3)碾压完成的路段需让水分蒸发一段时间。结构层变干后,表面多余的细料及细料覆盖层都应扫除干净。

4)当需分层铺筑时,要求与程序同干法施工中相应的内容。

◆填隙碎石(矿渣)基层和底基层施工监理巡视

(1)填隙碎石(砾石)基层材料必须经过监理试验合格后,才可进入施工现场。

(2)对丁粗碎石摊铺的均匀性和松铺厚度,监理人员需严格控制。必要时,可要求进行人工或者机械扫匀。

(3)粗碎石经初压后,必须达到稳定就位、表面平整、路拱及纵坡符合设计要求。

(4)粗碎石间的孔隙,必须全部被填隙料填满。对于未填满的孔隙、局部多余的填隙料,应进行有效的处理。

(5)填隙料不得在粗碎石表面局部自成一层,必须能见到粗碎石。

(6)在干法施工碾压过程中,不应有任何的蠕动现象。

(7)在湿法施工质量监理中,应控制洒水,经碾压达到填隙料和水形成粉砂浆,且应有足够数量的填隙料填满所有的孔隙,在压路机轮前形成微纹状。

◆填隙碎石(矿渣)基层和底基层施工监理验收

1. 实测项目

填隙碎石(矿渣)基层和底基层实测项目应符合表 3.26 的规定。

表 3.26 填隙碎石(矿渣)基层和底基层实测项目

检查项目		规定值或允许偏差				检查方法和频率
		基层		底基层		
		高速公路、一级公路	其他公路	高速公路、一级公路	其他公路	
固体体积率/%	代表值	—	85	85	83	灌砂法:每 200 m 每车道 2 处
	极值	—	82	82	80	
平整度/mm		—	12	12	15	3 m 直尺:每 200 m 测 2 处×10 尺
纵断高程/mm		—	+5,-15	+5,-15	+5,-20	水准仪:每 200 m 测 4 个断面
宽度/mm		符合设计要求				尺量:每 200 m 测 4 个断面
厚度/mm	代表值	—	-10	-10	-12	按路面结构层厚度评定检查,每 200 m 每车道 1 点
	合格值	—	-20	-25	-30	
横坡/%		—	±0.5	±0.3	±0.5	水准仪:每 200 m 测 4 个断面
弯沉值/0.01 mm		符合设计要求				按路基、柔性基层、沥青路面弯沉值评定检查

2. 外观鉴定

表面平整密实,边线整齐,无松散现象。

第 4 章　沥青路面工程质量监理

4.1　沥青路面材料

【基　础】

◆沥青材料及沥青混合料质量监理内容

沥青材料及沥青混合料质量监理内容见表 4.1。

表 4.1　沥青材料及沥青混合料质量监理内容

材料品种	监理内容
石油沥青	针入度、延度、软化点、含蜡量、薄膜加热试验(或蒸发损失试验)
煤沥青	黏度
乳化沥青	黏度、沥青含量
改性沥青	针入度、软化点、低温延度、弹性恢复、显微镜观察、胶孔含量测定
精集料	外观(石料品种、扁平细长颗粒、含泥量等)、颗粒组成、压碎值、磨光值、洛杉矶磨耗值、含水量、松方单位重
细集料	颗粒组成、含水量、松方单位重
矿粉	外观、小于 0.075 mm 含量、含水量

◆中、轻交通道路石油沥青质量标准

中、轻交通道路石油沥青质量标准见表 4.2。

表 4.2　中、轻交通道路石油沥青质量标准

试验项目 \ 标号	A－200	A－180	A－140	A－100 甲	A－100 乙	A－60 甲	A－60 乙
针入度(25 ℃,100 g,5 s,0.1 mm)	200 ~ 300	160 ~ 200	120 ~ 160	90 ~ 120	8 ~ 120	50 ~ 80	40 ~ 80
延度/cm,(25 ℃,5 cm/min),≥	—	100	100	90	60	70	40
软化点/℃(环球法)	30 ~ 40	35 ~ 45	38 ~ 48	42 ~ 52	42 ~ 52	45 ~ 55	45 ~ 55
溶解度/%,(三氯乙烯),≥	99.0	99.0	99.0	99.0	99.0	99.0	99.0

续表 4.2

试验项目 \ 标号		A－200	A－180	A－140	A－100 甲	A－100 乙	A－60 甲	A－60 乙
蒸发损失试验 163 ℃,5 h	质量损失/%,≥	1	1	1	1	1	1	1
	针入度比/%,≥	50	60	60	65	65	70	70
闪点/℃,(COC),≥		180	200	230	230	230	230	230

注:当 25 ℃延度达不到 100 cm 时,如 15 ℃延度≥100 cm,也认为是合格的。

◆重交通道路石油沥青质量标准

重交通道路石油沥青质量标准见表 4.3。

表 4.3 重交通道路石油沥青质量标准

试验项目 \ 标号		AH－130	AH－110	AH－90	AH－70	AH－50
针入度(25 ℃,100g,5s),(0.1 mm)		120～140	100～120	80～100	60～80	40～60
延度/ cm,(25 ℃,5 cm/min),≥		100	100	100	100	100
软化点/℃,(环球法)		40～50	41～51	42～52	44～54	45～55
闪点/℃,(COC),≥		230				
含腊量/%,(蒸馏法),≤		3				
密度(15 ℃),($g \cdot cm^{-3}$)		实测项目				
薄膜加热试验 163 ℃,5 h	质量损失/%,≥	1.3	1.2	1.0	0.8	0.6
	针入度比/%,≥	45	48	50	55	58
	延度/ cm,(25 ℃),≥	75	75	75	50	45
	延度/cm,(15 ℃)	实测项目				
溶解度/%,(三氯乙烯),≥		99.0				

注:1. 有条件时,应测定沥青 60 ℃温度的动力黏度/Pa·s 及 135 ℃温度的运动黏度/($mm^2 \cdot s^{-1}$),并在检验报告中注明。

2. 对高速公路、一级公路和城市快速路、主干路的沥青路面,如有需要,用户可对薄膜加热试验后的 15 ℃延度、黏度等指标向供方提出要求。

◆沥青混凝土混合料技术标准

沥青混凝土混合料技术标准见表 4.4。

表 4.4 沥青混凝土混合料技术标准

项目 \ 交通性质	≥500 辆/日的道路			<500 辆/日的道路			人行道、人行广场、自行车道
沥青混凝土混合料类型	粗粒式	中粒式	细粒式 砂粒式	粗粒式	中粒式	细粒式 砂粒式	
击实次数	两面各 75			两面各 50			两面各 35

续表4.4

项目＼交通性质		≥500辆/日的道路			<500辆/日的道路			人行道、人行广场、自行车道
稳定度/N		≥4 500	≥5 000	≥6 000	≥4 000	≥4 500	≥5 000	≥2 000
流值/0.01 mm		20～40			20～45			20～50
空隙率/%	Ⅰ	3或2～6			3或2～6			3或25
	Ⅱ	6～10			6～10			—
饱和度/%	Ⅰ	75～86			75～85			75～90
	Ⅱ	60～75			60～75			—
残留稳定度/%	Ⅰ	>75			>75			>75
	Ⅱ	>70			>70			—

注：在拌和厂或现场产品检验时，如材料比重测定困难，可采用饱水率代替空隙率。

◆沥青碎石混合料的矿料级配及沥青用量

沥青碎石混合料的矿料级配及沥青用量见表4.5。

表4.5　沥青碎石混合料的矿料级配及沥青用量

类型		矿料级配通过下列筛孔/mm，质量百分率/%											沥青用量/%
		35	30	25	20	15	10	5	2.5	0.6	0.3	0.074	
粗粒式	LS－35	95～100				40～60	25～45	10～30	5～20	0～10	0～6	0～4	4.0～5.0
	LS－30		95～100										
中粒式	LS－25			95～100			35～55	15～35	5～25	0～11	0～7	0～5	4.5～5.5
	LS－20				95～100								
细粒式	LS－15					95～100		20～40	10～30	3～14	1～10	0～6	5.0～6.0
	LS－10						95～100						

注：采用煤沥青时，沥青用量应增加20%。

◆沥青混凝土混合料的矿料级配及沥青用量

沥青混凝土混合料的矿料级配及沥青用量见表4.6。

表4.6　沥青混凝土混合料的矿料级配及沥青用量

类型		矿料级配通过下列筛孔/mm，重量百分率/%													沥青用量/%
		35	30	25	20	15	10	5	2.5	1.2	0.6	0.3	0.15	0.074	
粗粒式	LH－35	95～100		75～95	—	55～75	40～60	25～45	15～35	—	5～18	4～14	3～8	2～5	4.0～5.5
	LH－30		95～100	75～95	—	55～75	40～60	25～45	15～35	—	5～18	4～14	3～8	2～5	4.0～5.0

续表 4.6

类型			矿料级配通过下列筛孔/mm,重量百分率/%													沥青用量/%
			35	30	25	20	15	10	5	2.5	1.2	0.6	0.3	0.15	0.074	
中粒式	LH－25	Ⅰ			95～100	—	—	70～80	50～65	35～50	25～40	18～30	13～21	8～15	4～9	5.0～6.5
		Ⅱ			95～100	—	—	50～70	30～50	20～35	13～25	9～18	6～13	4～8	3～7	4.5～6.0
	LH－20	Ⅰ				95～100	—	70～80	50～65	35～50	25～40	18～30	13～21	8～15	4～9	5.0～6.5
		Ⅱ				95～100	—	50～70	30～50	20～35	13～25	9～18	6～13	4～8	3～7	4.5～6.0
细粒式	LH－25	Ⅰ-1					95～100	—	70～80	55～65	40～50	30～40	21～28	12～20	6～10	6.0～7.5
		Ⅰ-2					95～100	—	55～70	40～55	30～40	20～30	16～21	10～15	5～9	5.5～7.0
		Ⅱ					95～100	—	35～55	25～40	18～30	12～20	8～16	5～10	4～8	5.0～6.5
	LH－10	Ⅰ-1						95～100	70～80	55～65	40～50	30～40	21～28	12～20	6～10	6.0～8.0
		Ⅰ-2						95～100	55～70	40～55	30～40	20～30	16～21	10～15	5～9	5.5～7.5
		Ⅱ						95～100	35～55	25～40	18～30	12～20	8～16	5～10	4～8	5.0～7.0
砂粒式	LH－5	Ⅰ							95～100	65～85	45～65	30～52	17～37	11～28	8～12	7.0～9.0

注:1. 表中沥青用量系指沥青占矿料重量的百分数。

2. 采用煤沥青时,沥青用量应增加20%。

【实　务】

◆道路用液体石油沥青质量监理要求

道路用液体石油沥青质量监理要求见表4.7。

表4.7　道路用液体石油沥青质量监理要求

试验项目		快凝		中凝						慢凝					
		AL(R)-1	AL(R)-2	AL(M)-1	AL(M)-2	AL(M)-3	AL(M)-4	AL(M)-5	AL(M)-6	AL(S)-1	AL(S)-2	AL(S)-3	AL(S)-4	AL(S)-5	AL(S)-6
黏度/s	$C_{25.5}$	<20	—	<20	—	—	—	—	—	<20	—	—	—	—	—
	$C_{60.5}$	—	5～15	—	5～15	16～25	26～40	41～100	101～200	—	5～15	16～25	26～40	41～100	101～200

续表 4.7

试验项目		快凝		中凝						慢凝					
		AL(R)-1	AL(R)-2	AL(M)-1	AL(M)-2	AL(M)-3	AL(M)-4	AL(M)-5	AL(M)-6	AL(S)-1	AL(S)-2	AL(S)-3	AL(S)-4	AL(S)-5	AL(S)-6
蒸馏体积/%	225 ℃前	>20	>15	<10	<7	<3	<2	0	0	—	—	—	—	—	—
	315 ℃前	>35	>30	<35	<25	<17	<14	<8	<5	—	—	—	—	—	—
	360 ℃前	>45	>35	<50	<35	<30	<25	<20	<15	<40	<35	<25	<20	<15	<5
蒸馏后残留物	针入度(25 ℃,100 g,5 s),(0.1 mm)	60~100	60~200	100~300	100~300	100~300	100~300	100~300	100~300	—	—	—	—	—	—
	延度/cm,(25 ℃)5 cm/min	>60	>60	>60	>60	>60	>60	>60	>60	—	—	—	—	—	—
	浮漂度/s,(50 ℃)	—	—	—	—	—	—	—	—	<20	>20	>30	>40	>45	>50
闪点/℃,(TCC 法)		>30	>30	>65	>65	>65	>65	>65	>65	>70	>70	>100	>100	>120	>120
含水量/%,≤		0.2		0.2						2.0					

注:黏度使用道路沥青黏度计测定,C 脚标第 1 个数字代表测试温度/℃,第 2 个数字代表黏度计孔径/mm。

◆沥青混合料粗集料质量监理要求

沥青混合料粗集料质量监理要求见表 4.8。

表 4.8　沥青路用粗级料(碎石)质量要求

检查项目 \ 用途	快速公路、主干路及重交通沥青混合料	一般道路及普通沥青混合料	抗滑层用粗集料	备注
石料压碎值/%	石灰石≤28,其他≤25	≤30	≤25	
洛杉矶磨耗损失/%	≤30	≤40	≤30	
对沥青粘附性,剥落度/%(剥落)	≤10	≤30	加活化剂达到≤10	
细长扁平颗粒含量/%	≤15	≤20	≤15	(1)碎石应清洁、干燥、无风化、无杂质 (2)碎石颗粒应具有足够的强度和耐磨性 (3)碎石与沥青材料应有良好的黏结力
泥土含量/%	≤1	≤1	≤1	
软石含量/%	≤5	≤5	≤5	
视密度/(t·m^{-3})	≥2.50	≥2.45	≥2.50	
吸收率/%	≤3.0	≤3.0	≤3.0	
石料磨光值	—	—	抗滑层要求	
安定性/%	≤12	—	≤12	
道路磨耗损失/s	—	—	≤14	
石料冲击值/%	—	—	≤28	

注:含泥量用比重计法测定≤0.002 颗粒含量。

◆沥青混合料细集料质量监理要求

沥青混合料细集料质量见表 4.9。

表4.9 沥青混合料细集料质量

检验项目＼用途		快速路、主干路及重交通沥青混合料、抗滑层	一般道路及普通沥青混合料	备注
泥土含量/%	砂	≤3	≤3	(1)宜用洁净、干燥、坚硬、无风化、无杂质的黄砂或轧碎的石灰石 (2)石屑粒径宜小于8 mm,应有适当的级配 (3)石屑的压碎值,磨耗损失剥落度要求同粗集料 (4)含泥量指≤0.002 mm颗粒,比重计法测定
	0~5 mm石屑	≤1	≤1	
塑性(<0.4 mm部分)		无	无	
视密度/(t·m^{-3})		≥2.50	2.45	
安定性(>0.3 mm部分)		≤12	—	

◆沥青路用矿粉质量监理要求

沥青路用矿粉质量要求见表4.10。

表4.10 沥青路用矿粉质量要求

检验项目＼用途		快速路、主干路及重交通沥青混合料、抗滑层	一般道路及普通沥青混合料	备注
亲水系数		<0.9	<0.9	(1)矿粉应为石灰石、且不应含泥土、杂质和团粒,小于0.074 m部分的重量比宜大于80%;亲水系数应小于1.00;含水量应小于1% (2)拌制普通混合料时允许掺量不超过矿粉总量50%,且不超过矿料总量3%
粒度范围/%	<0.6 mm	100	100	
	<0.15 mm	100	90~100	
	<0.075 mm	85~100	20~100	
水汾/%		≤0.5	≤0.5	
外观		无团粒状	无团粒状	
视密度/(t·m^{-3})		≥2.60	≥2.50	

注:在拌和厂或现场产品检验时,如材料比重测定困难,可采用饱水率代替空隙率。

◆沥青材料及沥青混合料质量检测频率

沥青材料及沥青混合料质量检测频率见表4.11。

表4.11 沥青材料及沥青混合料质量检测频率

材料	项目	检测频率	备注
沥青材料	材料质量	每批货检验1次	在监理人员见证下,由施工单位取样做试验,并填报验单,且应得到试验监理人员的认可

续表4.11

材料	项目	检测频率	备注
沥青混合料原材料	石料等级	顶面层石料每年每个料场检测两次	在施工过程中发现有疑问时增加检测
	粗集料含水量、含泥量、针片状	每500 t检查1次	平时若发现质量有问题时增加抽检
	细集料级配	每100 m^3 检测1次	平时发现有疑问时增加检测
	细集料含泥量	每100 m^3 检测1次	
	矿粉	每500 t检测1次	
沥青混合料	工地配合比	在沥青摊铺之前和原材料改变时	以认可的工地配合比为标准,重点检测其集料的级配
	厂拌	每日两次,油石比每10 min测定温度1次	
	摊铺	每车道,每300 m检测其厚度和压实度1次	

4.2　沥青路面面层

【基　础】

◆沥青混凝土面层和沥青碎(砾)石面层基本要求

(1)沥青混合料的矿料质量及矿料级配应符合设计要求和施工规范的规定。

(2)严格控制各种矿料和沥青用量及各种材料和沥青混合料的加热温度,沥青材料及混合料的各项指标应符合设计和施工规范要求。沥青混合料的生产,每日应做抽提试验、马歇尔稳定度试验。矿料级配、沥青含量、马歇尔稳定度等结果的合格率应不小于90%。

(3)拌和后的沥青混合料应均匀一致,无花白、无粗细料分离和结团成块现象。

(4)基层必须碾压密实,表面干燥、清洁、无浮土,其平整度和路拱度应符合要求。

(5)摊铺时应严格控制摊铺厚度和平整度,避免离析,注意控制摊铺和碾压温度,碾压至要求的密实度。

◆沥青贯入式面层(或上拌下贯式面层)基本要求

(1)沥青材料的各项指标应符合设计要求和施工规范的规定。

(2)各种材料的规格和用量应符合设计要求和施工规范的规定,上拌沥青混凝土混合料每日应做抽提试验和马歇尔稳定度试验。

(3)碎石层必须平整坚实,嵌挤稳定,沥青贯入应深透,浇洒应均匀,不得污染其他构筑物。

(4)嵌缝料必须趁热撒铺,扫料均匀,不应有重叠现象。

(5)上层采用拌和料时,混合料应均匀一致,无花白和粗细分离现象,摊铺平整,接茬平顺,及时碾压密实。

◆沥青表面处治面层基本要求

(1)在新建或旧路的表层进行表面处治时,应将表面的泥砂及一切杂物清除干净,底层必须坚实、稳定、平整,保持干燥后才可施工。

(2)沥青材料的各项指标和石料的质量、规格、用量应符合设计要求和施工规范的规定。

(3)沥青浇洒应均匀,无露白,不得污染其他构筑物。

(4)嵌缝料必须趁热撒铺,扫布均匀,不得有重叠现象,压实平整。

◆改性沥青混凝土路面基本要求

(1)铺筑改性沥青混合料前,需检查下承层的质量,下承层应表面清洁、平整、无松散部位,并按规定喷洒粘层油或透层油,路缘石与沥青混合料接触面刷有黏结油。

(2)在旧沥青路面或者水泥混凝土路面上加铺改性沥青面层时,应修补破损的路面、填补坑洞、封填裂缝或者失效的水泥路面接缝;松动的水泥混凝土板应清除或者进行稳定的处理;表面应整平,摊铺前要清扫干净,喷洒粘层油。

(3)夜间施工时,必须要有充足良好的照明条件。

(4)施工前应对各种施工机具做全面检查,经调试证明处于性能良好状态,机械设备数量要足够,施工能力应配套,关键设备宜有备用设备或应急方案。

(5)改性沥青混合料的正常施工温度范围见表4.12,否则,当气温低于10 ℃时,不得进行改性沥青混合料路面施工。

表4.12 改性沥青混合料的正常施工温度范围/℃

工序	SBS类	SBR乳胶类	EVA、PE类	测量部位
沥青加热温度	160~165	160~165	150~160	沥青加热罐
改性沥青现场制作温度	165~170	—	160~165	改性沥青车
改性沥青加工最高温度	175	—	175	改性沥青车
集料加热温度	190~200	200~210	180~190	热料提升斗
混合料出厂温度	175~185	175~185	170~190	运料车
混合料最高温度(废弃温度)	不高于195			运料车
混合料贮存温度	降低不超过10			贮存罐及运料车
摊铺温度	不低于160			摊铺机
初压开始温度	不低于150			摊铺层内部
复压最低温度	不低于130			碾压层内部
碾压终了温度	不低于120			碾压层内部
开放交通温度	不高于60			路面内部或路表

◆SMA 沥青面层基本要求

SMA 沥青面层基本要求参考本章“改性沥青混凝土路面基本要求”的相关内容。

◆SMA 沥青面层施工材料要求

(1)SMA 混合料应有出厂合格证与试验报告,其技术指标应符合国家现行标准《公路工程沥青及沥青混合料试验规程》(JTJ 052—2000)的规定,且满足设计的要求。

(2)SMA 混合料按公称最大料径可分为 SMA-16、SMA-13、SMA-10、SMA-5 等四种类型。

(3)SMA 必须具有互相嵌挤紧密的粗集料骨架,形成石-石嵌挤的结构。

(4)SMA 路面对于矿粉质量和细集料的技术要求,见表 4.13、表 4.14。

表 4.13　SMA 路面对矿粉质量的技术要求

指标		质量要求
视密度/($t \cdot m^{-3}$),≥		2.50
含水率/%,≤		1
粒度范围/%	<0.6 mm	100
	<0.15 mm	90~100
	<0.075 mm	75~100
外观		无团粒、不结块
亲水系数,≤		1
回收粉尘的质量,≤		填料总质量的 50%
掺加回收粉以后的填料的塑性指数/%,≤		4

表 4.14　SMA 路面用细集料质量技术要求

指标	技术指标
视密度/($t \cdot m^{-3}$),≥	2.50
坚固性(小于 3.0 mm)/%,≤	12
砂当量/%,≥	60
棱角性/%,≥	45

【实　务】

◆沥青混凝土面层和沥青碎(砾)石面层摊铺施工要求

(1)在作业前,对选定的摊铺机要进行全面的试车检查,在整个施工的过程中,要尽量做到全部施工设备机械性能处于良好的状态,以确保工程的施工质量。

(2)铺筑沥青混合料前,应检查确认下层的质量。当下层的质量不符合要求,或者未按规定洒布透层、粘层、铺筑下封层时，就可以铺筑沥青混凝土面层。

(3)摊铺前，根据虚铺厚度(虚铺系数)垫好垫木，调整好摊铺机，且对烫平板进行充分的加热，为了保证烫平板不变形，应采用多次加热，温度不宜低于80 ℃。

(4)在摊铺过程中，两侧螺旋送料器要不停地匀速旋转，使两侧混合料的高度始终保持熨平板的2/3高度，使全断面不发生离析现象，且尽量避免停机待料，若停机时间过长，混合料冷却时应抬起熨平板，来料后即可重新开始施工，上、下两层摊铺施工纵缝要错开15 cm以上。

(5)在摊铺过程中，设专人检测摊铺温度、虚铺厚度，发现问题应及时调整解决，并做好记录。

(6)用机械摊铺的混合料，不应用人工反复修整，必须采用人工修整时，要有技术主管人员的指导，缺陷严重时，需予以铲除更换新料，工人不宜站在热混合料面层上操作。

◆沥青混凝土面层和沥青碎(砾)石面层碾压施工要求

(1)初压要紧跟在混合料摊铺后较高温度下进行，前进时不挂振，后退时挂振。初压温度不宜低于120 ℃，碾压重叠宽度宜为200～300 mm，碾压速度为1.5～2 km/h，并使压路机驱动轮始终朝向摊铺机。

(2)复压应紧接在初压后进行，宜采用6～14 t高频、低振幅振动压路机振压1～2遍，然后再采用16～26 t轮胎压路机碾压2～4遍，直至达到要求的压实度。复压温度不宜低于100 ℃，速度应控制在4～5 km/h。

(3)终压要紧接在复压后进行，采用6～14 t的振动压路机进行静压2～3遍，直至表面无轮迹。终压温度不宜低于80 ℃，碾压的速度为3～4 km/h。

(4)当采用轮胎压路机时，总质量不应小于15 t；当采用振动压路机时，振幅宜为0.3～0.8 mm，振动频率宜为35～50 Hz，并根据混合料的种类、温度及厚度选用，层厚较厚时则选用较大的频率和振幅。

◆沥青混凝土面层和沥青碎(砾)石面层接缝施工要求

(1)每天施工缝接缝宜采用直茬直接缝，用3 m靠尺检测平整度，把端部平整度不好、厚度不足的部分用人工凿除预留立茬横接，以便于下次摊铺作用。

(2)将接缝清理干净后，涂刷粘接沥青油。下次接缝继续摊铺时需重叠在已铺层上5～10 mm，摊铺完后用人工把已摊铺在前半幅上的混合料铲走。

(3)碾压横缝一般先横压、后纵压。在施工过程中常采用纵向碾压后再横向碾压，碾压时在已成型的路幅上横向行走，碾压新层100～150 mm然后每碾压一遍向新铺混合料移动150～200 mm，直到全部在新铺层上为止，再改为纵向碾压，充分地将接缝压实紧密。

(4)当用两台摊铺机施工时，纵缝应全部采用热接，前面摊铺机铺筑的部分应留下10～20 cm暂不碾压，作为后面摊铺机摊铺高程和厚度控制的基准，双幅摊铺后一起碾压。

(5)对于已施工的车道，当其边缘部分由于行车或者其他原因已发生变形污染时，应加以修理。对塌落部分或者未充分压实的部分应采用铣刨机或者切割机切除并凿齐，缝边需垂直,线型成直线,涂刷粘接沥青油后再摊铺新的沥青混合料,碾压时应紧跟在摊铺机后立即碾压。

◆沥青混凝土面层和沥青碎(砾)石面层施工监理巡视

(1)要把握好混合料配合比的审批关,要求承包商混合料配合比必须在技术规范中级配曲线的范围之内,同时监理人员也要用平行试验进行对比,需要符合标书技术规范的要求。审核施工中机械设备的配备情况,必须满足技术规范及技术标准的要求。

(2)经试验确定的标准配合比,在生产施工过程中不宜随意改变,如进场原材料发生变化,并经检测沥青混合料的矿料级配、马歇尔指标有偏差或者不符合要求时,需及时调整配合比,必要时可重新进行配合比设计。

(3)摊铺现场的监理人员要检查控制卸料、摊铺以及压实的初压、复压和终压等各阶段的混合料的温度,一旦发现温度过低,则需要及时停工处理。发现混合料质量有问题时,应立即通知拌和厂进行检查、校验。

(4)路面施工时,要尽量做到中、下面层在不被污染的情况下连续施工,若不能连续施工或者下承层表面已被污染,在继续施工时应喷洒适量的沥青乳液粘层,且组织好上面层的统一施工。

(5)凡遇到接缝用无齿锯切割的剖面立茬,施工前需涂抹一层沥青黏结剂。

(6)当日平均气温高于5 ℃时,可进行沥青混凝土路面施工。

◆沥青混凝土面层和沥青碎(砾)石面层施工监理验收

1. 实测项目

沥青混凝土面层和沥青碎(砾)石面层实测项目应符合表4.15的规定。

表4.15　沥青混凝土面层和沥青碎(砾)石面层实测项目

检查项目		规定值或允许偏差		检查方法和频率
		高速公路、一级公路	其他公路	
压实度/%		试验室标准密度的96%(*98%) 最大理论密度的92%(*94%) 试验段密度的98%(*99%)		《公路工程质量检验评定标准 第一册 土建工程》(JTG F80/1—2004)附录B检查,每200 m测1处
平整度	σ/mm	1.2	2.5	平整度仪:全线每车道连续按每100 m计算IRI或
	IRI/(m·km^{-1})	2.0	4.2	
	最大间隙h/mm	—	5	3 m直尺:每200 m测2处×10尺
弯沉值/0.01 mm		符合设计要求		按路基、柔性基层、沥青路面弯沉值评定检查
渗水系数		SMA路面200 mL/min;其他沥青混凝土路面300 mL/min	—	渗水试验仪:每200 m测1处

续表 4.15

检查项目		规定值或允许偏差		检查方法和频率
		高速公路、一级公路	其他公路	
抗滑	摩擦系数	摩擦系数	—	摆式仪:每 200 m 测 1 处 横向力系数测定车:全线连续,按《公路工程质量检验评定标准 第一册 土建工程》(JTG F80/1—2004) 附录 K 评定
	构造深度			铺砂法:每 200 m 测 1 处
厚度/mm	代表值	总厚度:设计值的 -5% 上面层:设计值的 -10%	-8% H	按路面结构层厚度评定检查,双车道每 200 m 测 1 处
	合格值	总厚度:设计值的 -10% 上面层:设计值的 -20%	-15% H	
中线平面偏位/mm		20	30	经纬仪:每 200 m 测 4 点
纵断高程/mm		±15	±20	水准仪:每 200 m 测 4 断面
宽度/mm	有侧石	±20	±30	尺量:每 200 m 测 4 断面
	无侧石	不小于设计		
横坡/%		±0.3	±0.5	水准仪:每 200 m 测 4 处

注:1. 表内压实度可选用其中的 1 个或 2 个标准评定,选用两个标准时,以合格率低的作为评定结果。带 * 号者是指 SMA 路面,其他为普通沥青混凝土路面。

2. 表列厚度仅规定负允许偏差。其他公路的厚度代表值和合格值允许偏差按总厚度计,当总厚度≤60 mm 时,允许偏差分别为 -5 mm 和 -10 mm;总厚度 >60 mm 时,允许偏差分别为 -8% 和 -15% 的总厚度,H 为总厚度/mm。

2. 外观鉴定

(1)表面应平整密实,不应有泛油、松散、裂缝和明显离析等现象。对于高速公路和一级公路,有上述缺陷的面积(凡属单条的裂缝,则按其实际长度乘以 0.2 m 宽度,折算成面积)之和不得超过受检面积的 0.03%,其他公路不得超过 0.05%。半刚性基层的反射裂缝可不计作施工缺陷,但应及时进行灌缝处理。

(2)搭接处应紧密、平顺,烫缝不应枯焦。

(3)面层与路缘石及其他构筑物应密贴接顺,不得有积水或漏水现象。

◆沥青贯入式面层(或上拌下贯式面层)施工要求

(1)检查基层是否清扫干净,若有缺陷应认真处理。如有路缘石,则应在安装好路缘石后再施工。

(2)乳化沥青贯入式路面必须浇洒透层或者粘层沥青。当沥青贯入式路面厚度小于或者等于 5 cm 时,也应浇洒透层或者粘层沥青。

(3)沥青浇洒时要求用量准确、浇洒均匀。沥青的浇洒温度应根据沥青标号以及施工时气温的情况选择。

(4)当采用乳化沥青贯入时,为了防止乳液下漏过多,可以在主层集料碾压稳定之后,先撒布一部分上一层的嵌缝料,再浇洒主层沥青。

(5)嵌缝料撒布要均匀,辅以人工扫匀,不足处要找补。

(6)碾压时应随压随扫,使嵌缝料均匀的嵌入,气温过高时,碾压中出现较大推移的现象时,应立即停止碾压。

◆沥青贯入式面层(或上拌下贯式面层)施工监理巡视

(1)检查本工程所用石料、嵌缝料以及沥青的规格、用量和有关性能的试验报告。

(2)当乳化沥青贯入式路面铺筑在半刚性基层上时,则应铺筑下封层。

(3)主层集料撒布时,需避免颗粒大小不匀。检查松铺厚度、平整度,保证层厚符合要求,不得有重叠的现象,个别不均匀之处,需及时找补。

(4)浇洒沥青时,应检查沥青洒布的温度,其温度控制标准与层铺法沥青表面处治路面相同。

(5)沥青贯入式路面各层次沥青用量应根据沥青标号、施工气温等在规定范围内选用。

(6)贯入层做好时不撒布封层料,需紧跟贯入层后加铺沥青混合料,使上、下层结合成为一个整体。

(7)贯入层采用乳化沥青时,应待其破乳,水分蒸发且成型稳定后即可铺筑拌和层。

(8)沥青贯入式路面应选择在较热和干燥季节施工,且应在雨季前以及月最高温度低于15℃到来以前半个月结束,使贯入式结构层通过开放交通碾压成型。

(9)碾压成型后,应及时对外观以及外形尺寸进行检查。

◆沥青贯入式面层(或上拌下贯式面层)施工监理验收

1. 实测项目

沥青贯入式面层实测项目应符合表4.16的规定。

表4.16 沥青贯入式面层实测项目

检查项目		规定值或允许偏差	检查方法和频率
平整度	σ/mm	3.5	平整度仪:全线每车道连续按每100 m计算*IRI*或σ
	IRI/(m·km^{-1})	5.8	
	最大间隙h/mm	8	3 m直尺:每200 m测2处×10尺
弯沉值/0.01 mm		符合设计要求	按路基、柔性基层、沥青路面弯沉值评定检查
厚度/mm	代表值	-8%*H*或-5 mm	按路面结构层厚度评定检查,每200 m每车道1点
	合格值	-15%*H*或-10 mm	
沥青用量/(kg·m^{-2})		±0.5%	每工作日每层洒布查1次
中线平面偏位/mm		30	经纬仪:每200 m测4点
纵断高程/mm		±20	水准仪:每200 m测4断面
宽度/mm	有侧石	±30	尺量:每200 m测4处
	无侧石	不小于设计	
横坡/%		±0.5	水准仪:每200 m测4断面

2. 外观鉴定

(1)表面应平整密实,不应有松散、裂缝、油包、油丁、波浪、泛油等现象,有上述缺陷的面积之和不超过受检面积的0.2%。

(2)表面无明显碾压轮迹。

(3)面层与路缘石及其他构筑物应密贴接顺,无积水现象。

◆沥青表面处治面层施工监理巡视

(1)审核开工报告、施工方案及工艺流程的质量标准。

(2)检验石料的规格及技术指标,并对沥青延度、针入度、软化点等技术性能进行抽检。

(3)检查施工机具设备是否齐备且处于良好的状态。

(4)检查基层整修是否平整完好,杂物浮土是否清除的干净,路面(路基)以及石料是否干燥。当有路缘石时,需在安装好路缘石后施工。

(5)检查对下承层洒布透层或者粘层的质量。

(6)严格控制撒料、洒油、扫匀和碾压各道工序,紧密衔接,不能中断,当天的施工路段必须当天完成。

(7)在沥青浇洒时,监理人员必须旁站监督,随时检查沥青的浇洒温度,控制沥青用量以及喷洒均匀,不得有花白、油丁、油包、泛油等现象。

(8)集料撒布的厚度应均匀一致,不漏撒不重叠。当使用乳化沥青时,集料撒布须在乳液破乳之前完成,且第三层撒布S12(5~10 mm)碎石做嵌缝料后尚应增加一层规格为S14(3~5 mm)用量为3.5~5.5 m^3/1 000 m^2 的封层料。

(9)检查碾压质量。在撒布一段集料后(不用等全段铺完),立即用6~8 t钢筒双轮压路机碾压,碾压速度开始时不宜超过2 km·h^{-1},以后适当的增加。碾压轮迹重叠约30 cm,压3~4遍,压至表面稳定、平整、无明显的轮迹为度,注意防止过碾。

◆沥青表面处治面层施工监理验收

1. 实测项目

沥青表面处治面层实测项目应符合表4.17的规定。

表4.17 沥青表面处治面层实测项目

检查方法		规定值或允许偏差	检查方法和频率
平整度	σ/mm	4.5	平整度仪:全线每车道连续按每100 m计算 IRI 或 σ
	IRI/(m·km^{-1})	7.5	
	最大间隙/mm	10	3 m直尺:每200 m测2处×10尺
弯沉值/0.01 mm		符合设计要求	按路基、柔性基层、沥青路面弯沉值评定检查
厚度/mm	代表值	-5	按路面结构层厚度评定检查,每200 m每车道1点
	合格值	-10	
沥青总用量/(kg·m^{-2})		±0.5%	每工作日每层洒布查1次

续表 4.17

检查方法		规定值或允许偏差	检查方法和频率
中线平面偏位/mm		30	经纬仪:每 200 m 测 4 点
纵断高程/mm		±20	水准仪:每 200 m 测 4 断面
宽度/mm	有侧石	±30	尺量:每 200 m 测 4 处
	无侧石	不小于设计	
横坡/mm		±0.5	水准仪:每 200 m 测 4 断面

2. 外观鉴定

(1)表面平整密实,不应有松散、油包、油丁、波浪、泛油、封面料明显散失等现象,有上述缺陷的面积之和不超过受检面积的 0.2%。

(2)无明显碾压轮迹。

(3)面层与路缘石及其他构筑物应密贴接顺,不得有积水现象。

◆改性沥青混凝土路面摊铺施工要求

(1)铺筑前,应清扫干净、正确放样安装好路缘石、浇洒透层油。若洒布透层油后由于行车需要洒布石屑或砂等物质,均需在铺筑沥青混凝土前将松散颗粒清扫干净,以免造成松散夹层。

(2)摊铺时,应尽量减少人工处理,防止破坏表面纹理,但混合料出现离析现象时必须采取人工筛料处理,筛孔不宜小于 10 mm。

(3)沥青混合料宜选用能在全幅宽度上一次完成的摊铺机械。摊铺混合料时宜任意纵向连续性,间隙或停顿越多,造成路面纵向不平整的可能性就越大。

(4)摊铺时,一定要保证混合料的温度不低于 160 ℃。

(5)设专人对摊铺后的路面进行检测,每 10 ~ 20 m,至少检测左、中、右三点的虚铺厚度,以备发现问题时能及时调整。

◆改性沥青混凝土路面碾压施工要求

(1)改性沥青混合料压实应在摊铺后紧接着进行,初压压路机与摊铺机间的最大未摊铺距离应在 30 m 以内。在初压和复压的过程中,宜采用同类压路机并列呈梯队压实,初压时温度不宜低于 150 ℃,复压时温度不宜低于 130 ℃,保持碾压结束温度不低于 120 ℃。

(2)压路机碾压的速度选择应根据压路机本身的能力、压实厚度、碾压位置等来确定。采用振动压路机时,压路机的振幅、振频大小宜与路面铺筑厚度协调,厚度较薄时应采用高频低振幅。

(3)碾压段落长度随摊铺的速度和摊铺面温度下降情况为原则确定,压路机每完成一个来回地碾压,就应追随向摊铺机靠近,形成阶梯形碾压,对于碾压不到的部位需及时用板夯等小型碾压器及时进行补压。

(4)压路机不得在未成型冷却的工作面上急转向、停车、急刹车起步和加油、水。振动压路机不得原地起振,必须行进起来后加振或者停止行进前减振。若在碾压过程中出现粘轮的现象,对于自动喷雾的压路机,应向水箱中加入洗涤剂,以减轻粘轮,严禁洒水。

(5)设专人在压实过程中对压实度、厚度、平整度和外观情况等进行跟踪检测。应重点对摊铺前后的混合料温度,摊铺后的虚铺厚度、复压一遍后的平整度等情况进行跟踪检测。

◆改性沥青混凝土路面施工缝处理要求

沥青混凝土面层施工缝直接影响路面的平整度,必须进行严格的控制。通常为纵向缝采用热接缝时碾压温度不应低于 70 ℃,或者按施工规范接缝处理。接缝施工通常在接缝处设挡板,使端部整齐,双层或者三层式路面,上、下层接缝位置应错开 30 cm 以上。横向接缝处摊铺混合料后应先清缝,然后检查新摊铺的混合料松铺厚度是否合适,接缝处不得转向。

◆改性沥青混凝土路面冷却运行要求

(1)当路面经碾压合格,温度符合表 4.12 的要求时,摊铺层完全自然冷却后,即方可开放交通。

(2)遇雨不可摊铺改性沥青混合料。

(3)四级或四级以上大风天气,摊铺后的改性沥青混合料表层温度则会急剧下降,不宜进行改性混合料施工。

◆改性沥青混凝土路面施工监理巡视

1. 拌制

(1)控制混合料加热温度,出厂温度。

(2)控制进料计量。

(3)抽查拌和料的集料级配及沥青含量。

(4)外观要求拌和均匀、无粗细粒料分离,无花白石子、无成团结块等现象。

2. 运输

(1)运输车辆覆盖,防止污染以及降温。

(2)控制混合料运达工地温度。

(3)运输车辆料斗中应无积水,为了方便卸料,只能涂刷经监理人员同意的涂料。

3. 摊铺

(1)正确放样。

(2)清扫表面,透层油符合要求,保持连续铺筑,减少中间间歇的次数。

(3)随铺随拉线检查平整度,横坡度,厚度,标高。

4. 碾压

(1)控制初、复、终压沥青混合料温度。

(2)按顺序碾压,控制适合的碾压遍数,检测压实度。

(3)外观检查、表面平整、无松散、无轮迹、裂缝推挤,啃边、粗细料集中,拉沟等现象。

◆改性沥青混凝土路面施工监理验收

1. 实测项目

改性沥青混凝土路面实测项目应符合表4.18的规定。

表4.18　改性沥青混凝土路面实测项目

检查项目		规定值或允许偏差		检查方法和频率
		高速公路、一级公路	其他公路	
压实度/%		95	94	灌砂、核子仪每100 m测2～5点
纵断高程/mm		±15	±20	水准仪每100 m测4点
平整度/mm	标准偏差 σ	1.8	2.5	平整度仪:全线连续按每100 m计算
	最大间隙 h	3.0	5.0	3 m直尺:每200 m测2处×10尺
弯沉值/0.01 mm		≤设计允许值		弯沉仪:每一双车道(不超过1 km)检查80～100个点
抗滑	摩擦系数	符合设计	—	摆式仪或摩擦系数测定车
	构造深度			砂铺法,每200 m每车道1点
厚度/mm	代表值	总厚度 -8 上面层 -4	≤60时 -5 >60时 -8%	挖验、钻芯取样每200 m每车道1点
	极值	总厚度 -15 上面层 -8	≤60时 -10 >60时 -15%	
中线平面偏位/mm		20		经纬仪:每200 m测4点
宽度/mm	有侧石	±20	±30	尺量:每200 m测4处
	无侧石	不小于设计值		
横坡/%		±0.3	±0.5	水准仪:每200 m测4断面

注:为平整度仪测定的标准偏差,h为3 m直尺与路面的最大间隙。

2. 外观鉴定

(1)表面平整密实,不应有松散、泛油、裂缝、粗细料明显离析等现象。

(2)搭接处应平顺、紧密。

(3)面层与路缘石以及其他构筑物应接顺,不得有积水现象。

◆SMA沥青面层混合料拌和施工要求

(1)改性沥青拌和厂的沥青贮罐与拌和机之间应留足够的空旷场地。

(2)要考虑加大沥青加温热油炉的功率以及电力负荷。

(3)改性沥青必须存放于室内,不得受潮,存放时间不宜过长,以防止老化。

(4)对于每一种改性剂和基质沥青,均应在现场采样,进行试验,掌握其性能,以达到最佳的改性效果。

(5)在冷、热料仓的配置上数量应匹配,且应严格要求控制室操作员精心配料,及时调整,做到细集料不溢仓,粗料仓不亏料。

(6)SMA混合料所需的细集料用量很少,为确保细集料配料数量准确,要求在细集料的存放期间,保证清洁、干燥,不能露天堆放,否则宜加盖棚布。

(7)SMA 混合料矿粉用量较大,比热拌沥青混合料需增加 2 倍。因此,要求配置的螺旋升送器数量足够,以确保供料正常。

(8)SMA 必须使用纤维,增加拌和时的供料口,由于使用纤维类型的不同,拌和时必须考虑上纤维的方法也不同,应保证上料及时,用量准确。

◆SMA 沥青面层混合料运输施工要求

(1)运输时要防止 SMA 混合料与车厢板的黏结,车厢底板和侧板喷涂一薄层油水混合液(柴油与水的比例为 1:3),没有余液积聚在车厢底部。运料车上应加盖保温篷布,并检查车后挡板密封的情况。

(2)运输车辆进场前应采取防污染措施,可在进场处设置一定长度的麻袋、碎石等材料,并应配合人工清除夹杂的污物等。

(3)运料车在卸料前检测混合料温度及外观质量。

◆SMA 沥青面层摊铺施工要求

(1)摊铺高程控制宜采用浮动基准梁或者非接触式基准平衡梁。

(2)在摊铺的过程中,相邻两台摊铺机前后相距宜为 10 ~ 15 m,摊铺面重叠宜为50 ~ 100 mm。

(3)在混合料摊铺前,熨平板应预热足够长的时间,以保证开始摊铺时过平板温度不低于 85 ℃。在熨平板预热完成后,需采用人工拉小线的方式校核、调整熨平板的平整度、直顺度。

(4)摊铺温度控制应符合表 4.19 的规定。

(5)在摊铺过程中保证摊铺机连续、均匀的行使,中间不应有停机待料的现象,施工过程中摊铺机前方要有足够的运料车处于等待卸料的状态,摊铺机料斗内需保持 1/2 ~ 2/3 以上的混合料。

(6)在摊铺时,摊铺机振捣参数应依据摊铺速度及混合料厚度选定。

(7)摊铺过程中混合料不应出现离析、拥包等现象,摊铺后的面层未经压实严禁上人行走。

表 4.19　SMA 路面的正常施工温度范围/℃

工序	不使用改性沥青	使用改性沥青		
		SBS 类	SBR 类	EVA、PE 类
混合料出厂温度	160 ~ 170	175 ~ 185	175 ~ 185	170 ~ 180
混合料最高温度	≤195	≤195		
摊铺温度	≥150	≥160		
初压开始温度	≥140	≥150		
复压最低温度	≥120	≥130		
碾压结束温度	≥110	≥120		
开放交通温度	≥50	≤60		

◆SMA 沥青面层碾压施工要求

(1)初压应紧跟摊铺机进行,初压时摊铺机应以不产生混合料的推挤、拥包为标准。在采用改性沥青时,初压压路机与摊铺机间最大未摊铺距离应在30 m以内。初压采用静压方式,当采用改性沥青时,初压可采用低频振动方式。初压速度应控制在1.5～2.0 km/h之间。初压通常为1～2遍,初压温度应符合表4.19的规定。

(2)复压应紧随初压进行,复压应根据摊铺机速度配置足够的压路机数量。复压应采用高频低振的碾压方式,复压速度宜为2.0～4.0 km/h。初压后检查平整度和横坡,若发现问题,及时在复压阶段调度压路、机横向或者斜向45°碾压,复压温度控制在表4.19的规定范围内。

(3)终压在复压后,采用静压的方式。碾压速度为4～6 km/h,到最后赶光阶段碾压速度可适当的加快,直到消除轮迹,终压结束温度应符合表4.19的规定。

◆SMA 沥青面层接缝处理要求

(1)纵向接缝应采用热接缝,接缝应平行于主路中线。

(2)多台联合摊铺,碾压时应将新铺的混合料留下100～200 mm宽暂不碾压,作为后面摊铺机的高程基准面,最后做跨缝碾压以消除缝迹,并达到密实度的要求。

(3)横向接缝应做成垂直缝,在终压完成后,及时测高程以及平整度,同时用3 m直尺检查摊铺面端部的凸凹情况,并及时的采用人工将凸起和凹陷大于2 mm的部分清除,清除长度的范围按最不利部位控制。在下次接续摊铺前,应在横缝端面刷少量的粘结油或采用喷灯烘烤,在碾压时,应压旧油边500 mm,充分预热后进行摊铺。待摊铺开始后,需及时用人工进行处理。

◆SMA 沥青面层施工监理巡视

1. 结合料

(1)沥青宜贮存在可加热与保温的贮藏罐中,根据不同沥青类型和等级采用不同的贮存温度,使用前需加热到适宜的加工温度。

(2)改性沥青应按规定的技术要求进行生产,宜随配随用,不符合要求不可以使用。

(3)对购置的成品改性沥青,在使用前需按相关的技术要求进行质量检验,不符合要求的不得使用。

(4)混合料应重点检查以下几项内容。

1)拌和温度。改性沥青的原材料和集料烘干加热温度、成品的温度、混合料拌和温度以及混合料出厂温度,应严格按照施工技术规范的有关规定,及时检查,且做好记录。

2)矿料级配。应随施工阶段随机的计算出矿料级配与标准配合比进行比较对照。

3)沥青用量(油石比)。要求每天每一台拌和机取混合料进行抽检试验以及筛分试验,不得少于1次,要求油石比的误差不得超过±0.3%。

4)抽样进行马歇尔试验。其目的是检测混合料试件的密度和空隙率、VCA、VMA、VFA等四大体积指标,同时检查马歇尔稳定度及流值。

2. 试验路段

(1)确定拌和温度、拌和时间,验证沥青用量和矿料级配。

(2)确定摊铺速度、摊铺温度。

(3)确定压实温度、压路机类型、压实遍数及压实工艺。

(4)检测试验路段施工质量,不符合要求时要找出原因,采取纠正措施,重新铺筑试验路,直至满足要求为止。

3. 施工温度控制

施工温度根据改性沥青的黏稠情况、改性剂的不同类型,按《公路沥青路面施工技术规范》(JTG F40—2004)确定;通常宜在现行规范规定的普通沥青混合料施工温度的基础上提高 10 ~ 20 ℃,特殊情况需另外进行试验。当气温低于 10 ℃时,不得进行改性沥青混合料路面施工。

◆SMA 沥青面层施工监理验收

1. 实测项目

SMA 沥青路面实测项目应符合表 4.20 的规定。

表 4.20　SMA 沥青路面实测项目

<table>
<tr><th colspan="3" rowspan="2">检查项目</th><th colspan="2">规定值或允许偏差</th><th colspan="2">检查频率</th><th rowspan="2">检验方法</th></tr>
<tr><th>国标、行标</th><th>企标</th><th>范围</th><th>点数</th></tr>
<tr><td colspan="3">压实度/%</td><td>≥95</td><td>≥95</td><td>200 m</td><td>1</td><td>蜡封法</td></tr>
<tr><td colspan="3">平整度 σ/mm</td><td>≤1.2</td><td>≤1.0</td><td colspan="2">全线每车道连续按每 100 m 计算</td><td>平整度仪</td></tr>
<tr><td colspan="3">弯沉值/0.01 mm</td><td>≤竣工验收弯沉值</td><td>≤竣工验收弯沉值</td><td colspan="2">按《公路工程质量检验评定标准 第一册 土建工程》(JTG F80/1—2004)附录 I</td><td>弯沉仪</td></tr>
<tr><td colspan="2" rowspan="2">抗滑</td><td>摩擦系数</td><td colspan="2" rowspan="2">符合设计要求</td><td rowspan="2">200 m</td><td rowspan="2">1</td><td>摆式仪</td></tr>
<tr><td>构造深度</td><td>砂铺法</td></tr>
<tr><td rowspan="4">厚度/mm</td><td rowspan="2">代表值</td><td>总厚度</td><td>-8</td><td>-8</td><td rowspan="4">200 m</td><td rowspan="4">1</td><td rowspan="4">钻孔</td></tr>
<tr><td>上面层</td><td>-4</td><td>-4</td></tr>
<tr><td rowspan="2">极值</td><td>总厚度</td><td>-15</td><td>-15</td></tr>
<tr><td>上面层</td><td>-8</td><td>-8</td></tr>
<tr><td colspan="3">中线平面偏位/mm</td><td>20</td><td>15</td><td>200 m</td><td>4</td><td>全站仪</td></tr>
<tr><td colspan="3">纵断高程/mm</td><td>±10</td><td>±10</td><td>200 m</td><td>4 断面</td><td>水准仪</td></tr>
<tr><td colspan="3">宽度/mm</td><td>±20</td><td>±20</td><td>200 m</td><td>4</td><td>钢尺</td></tr>
<tr><td colspan="3">横坡/%</td><td>±0.3</td><td>±0.3</td><td>200 m</td><td>4</td><td>水准仪</td></tr>
</table>

2. 外观鉴定

(1)表面应平整密实,无泛油、松散、裂缝、粗细料明显离析现象。

(2)搭接处紧密、平顺,烫缝不应有枯焦现象。

(3)面层与路缘石及其他构造物应接顺,不得有积水现象。

4.3　沥青透层、粘层与封层

【基　础】

◆沥青透层、粘层与封层施工材料要求

(1)液体石油沥青、乳化石油沥青、集料的质量应符合《公路沥青路面施工技术规范》(JTG F40—2004)的有关规定。

(2)乳化石油沥青可利用匀油机或胶体磨等乳化机械在沥青拌和厂制备,乳化剂用量(按有效含量计)应为沥青用量的0.3% ~0.8%。制备乳化石油沥青的温度应通过试验进行确定,石油沥青宜加热至120 ~160 ℃,乳化剂水溶液的温度宜为40 ~70 ℃,乳化沥青制成后应及时使用,存放期以不冻结、不离析、不破乳为度。

(3)煤沥青使用期间在沥青罐或储油池中储存温度宜为70 ~90 ℃,并应避免长期的储存。经较长时间存放的煤沥青在使用前应进行抽样检测,质量不合格不可以使用。

(4)颗粒状集料(大于1 mm)应选用硬度大、强度高、耐磨损的砂石集料。

(5)稀浆封层所需集料适宜用碎石、矿渣,不适宜用轻质材料、泥岩及页岩等。对于小于5 mm的细集料,应选用坚硬、洁净、干燥、无泥土和有机杂质,级配适当、砂当量不低于45%的石屑或者砂。

(6)沥青路面透层及粘层材料规格和用量见表4.21。

表4.21　沥青路面透层及粘层材料规格和用量

用途		乳化沥青		液体石油沥青		煤沥青	
		规格	用量/($L\cdot m^{-2}$)	规格	用量/($L\cdot m^{-2}$)	规格	用量/($L\cdot m^{-2}$)
透层	粒料基层	PC-2 PA-2	1.1~1.6	AL(M)-1或2 AL(S)-1或2	0.9~1.2	T-1、 R-2	1.0~1.3
	半刚性基层	PC-2 PA-2	0.7~1.1	AL(M)-1或2 AL(S)-1或2	0.6~1.0	T-1、 T-2	0.7~1.0
粘层	沥青层	PC-3 PA-3	0.3~0.6	AL(R)-1或2 AL(M)-1或2	0.3~0.5	T-3、T-4、 T-5	0.3~0.5
	水泥混凝土	PC-3 PA-3	0.3~0.5	AL(R)-1或2 AL(M)-1或2	0.2~0.4	T-3、T-4、 T-5	0.3~0.5

【实　务】

◆沥青透层施工要求

(1)透层前应对基层进行清扫,在基层表面洒少量的水,并对附属构造物覆盖保护,待表面稍干后浇洒透层沥青。

(2)透层大面积施工前应经试洒确定洒油量及喷洒速度,施工时采用沥青洒布车按设计沥青用量一次喷洒均匀,当有遗漏或路边缘喷洒不到部位,应采用人工洒布机补洒,要做到外观检查不露白、不缺边。

(3)在无机结合料稳定半刚性基层上浇洒透层沥青后,应立即撒布用量(2~3)m^3/1 000 m^2的石屑。在无机结合料粒料基层上浇洒透层沥青后,若不能及时铺筑面层,且需开放施工车辆通行时,也应撒铺适量的粗砂或石屑,此种情况下透层沥青用量宜增加10%。撒布石屑或者粗砂后,应用6~8 t双钢轮压路机稳压1~2遍。在铺筑沥青面层前若发现局部地方透层沥青剥落应予修补,当有多余的浮动石屑或粗砂时,应给予扫除。

(4)透层洒布后应尽早铺筑沥青面层。用乳化沥青作透层时,洒布后应待其破乳且洒布时间不宜少于24 h,之后方可铺筑沥青面层。

(5)在铺筑沥青面层前,如局部地方尚有多余的透层沥青未渗入基层时,应予以清除。

◆沥青粘层施工要求

(1)粘层沥青宜采用沥青洒布车喷洒,洒布时要保持稳定的速度和喷洒量,沥青洒布车在整个洒布宽度内必须喷洒均匀,在雨水口、路缘石、检查井等局部应用刷子人工涂刷。

(2)粘层沥青应均匀洒布或者涂刷,浇洒过量处应给予刮除,洒布不到部分,应采用人工进行补洒。

(3)粘层沥青洒布后应紧接铺筑沥青面层,但是乳化沥青应待破乳、水分蒸发完后铺筑。

◆沥青封层施工要求

(1)上封层以及下封层可采用拌和法或者层铺法施工的单层式沥青表面处置,也可以采用乳化沥青稀浆封层。新建的高速公路、一级公路的沥青路面上不可采用稀浆封层铺筑上封层。

(2)稀浆封层施工应采用稀浆封层铺筑机进行。铺筑机应具有储料、送料、摊铺、拌和与计量控制等功能,摊铺时应控制好填料、集料、乳液、水的配合比例,当铺筑过程中发现其中一种材料用完时,必须立即停止铺筑,重新装料后再继续进行。

(3)稀浆封层铺筑机工作时应匀速的前进,达到厚度均匀、表面平整的要求。

(4)轮荷压砂试验的砂吸收量不宜大于600 g/m²;稀浆封层混合料的湿轮磨耗试验的磨耗损失不宜大于800 g/m²。稀浆封层混合料的加水量应根据施工摊铺和易性的程度由稠度进行试验确定,要求的稠度应为20~30 mm。

(5)稀浆封层铺筑后,必须待乳液破乳、水分蒸发、干燥成型后方可开放交通。

◆沥青透层、粘层与封层雨期、冬期施工要求

(1)雨期施工。透层施工若遇阴雨天,可在雨停后,基层表面无积水时进行施工。粘层、封层施工,应在下承层干燥后再进行施工,对于局部潮湿的路段,可以采用喷灯进行烘干。

(2)冬期施工。当气温低于10 ℃时,不得进行透层、粘层及封层施工。

◆沥青透层施工监理巡视

(1)浇洒透层前,对路缘石以及人工构造物等应适当防护,以防止污染。

(2)透层沥青洒布后应不致流淌,要渗透入基层一定深度,且不得在表面形成油膜。在铺筑沥青面层前,如局部地方有多余的透层沥青未渗入基层时,应予以清除,对遗漏处应人工补洒。

(3)透层沥青的浇洒要求按照设计用量一次均匀洒布。

(4)透层洒布后,应尽早的铺筑沥青面层。在用乳化沥青作透层时,应待其充分渗透、水分蒸发后方可铺筑沥青面层,等待时间不宜少于24 h。

(5)若遇大风或即将降雨时,不得浇洒透层沥青。气温低于10 ℃,也不宜浇洒透层沥青。

◆沥青粘层施工监理巡视

(1)粘层沥青应均匀洒布或者涂刷,浇洒过量处应给予刮除。

(2)路面有脏物尘土时应清除干净,必要时需用水冲刷,待表面干燥后浇洒。

(3)当气温低于10 ℃或者路面潮湿时不得浇洒粘层沥青。

(4)浇洒粘层沥青后,严禁车辆、行人通行。

(5)粘层沥青洒布后应紧接着铺筑沥青层,但乳化沥青应在破乳、水分蒸发完后铺筑。

◆沥青封层施工监理巡视

(1)稀浆封层的厚度宜为3~6 mm。

(2)稀浆封层可采用中裂或慢裂的拌和型乳化沥青铺筑。当需要加快破乳速度时,可采用一定数量的水泥或消石灰粉作填料。当需要减缓破乳速度时,可掺加适量的氯化钙作外加剂。

(3)在稀浆封层混合料中,沥青乳液的合理用量宜按表4.22的规定范围并通过试验确定。要求混合料的轮荷压砂试验的砂吸收量不宜大于600 g/m²;湿轮磨耗试验的磨耗损失不宜大于800 g/m²。稀浆封层的加水量应根据施工摊铺以及易性的程度由稠度试

验确定,要求稠度为2~3 cm。

表4.22　乳化沥青稀浆封层的矿料级配及沥青用量范围

	筛孔/mm		级配类型		
	方孔筛	圆孔筛	ES-1	ES-2	ES-3
通过筛孔的质量百分比/%	9.5	10	100	100	100
	4.75	2	90~100	90~100	70~90
	2.36	2.5	65~90	65~90	45~70
	1.18	1.2	40~60	45~70	28~50
	0.6		25~42	30~50	119~34
	0.3		15~30	18~30	12~25
	0.15		10~20	10~21	7~18
	0.075		—	5~15	5~15
沥青用量(油石比)/%			10~16	7.5~13.5	6.5~12
适宜的稀浆封层厚度/mm			2~3	3~5	4~6
稀浆混合料用量/($kg \cdot m^{-2}$)			3~5.5	5.5~8	>8

注:1. 表中沥青用量指乳化沥青中水分蒸发后的沥青数量,乳化沥青用量可按其浓度计算。

2. ES-1型适用于较大裂缝的封缝或中、轻交通道路的薄层罩面处理。

3. ES-2型是铺筑中等粗糙度磨耗层最常用的级配,也可适用于旧路修复罩面。

4. ES-3型适用于高速公路、一级公路和城市快速路、主干路的表层抗滑处理,高粗糙度的磨耗层。

◆沥青透层、粘层与封层施工监理验收

1. 实测项目

沥青透层、粘层与封层实测项目质量标准及检验频率应符合表4.23的规定。

表4.23　沥青透层、粘层与封层实测项目质量标准及检验频率

检查项目	允许偏差	检查方法及频率
沥青用量/($kg \cdot m^{-2}$)	±10%	每日工作每层洒布沥青按《沥青喷洒法施工沥青用量测试方法》

2. 外观鉴定

(1)沥青材料的各项指标和石料的质量规格及用量应符合设计要求。

(2)沥青浇洒应均匀、无露白,不可污染其他构筑物。

第 5 章　水泥混凝土路面工程质量监理

5.1　水泥混凝土路面材料

【基　础】

◆硅酸盐水泥、普通硅酸盐水泥技术要求

硅酸盐水泥、普通硅酸盐水泥技术要求见表 5.1。

表 5.1　硅酸盐水泥、普通硅酸盐水泥技术要求

项目	技术要求
不溶物	Ⅰ型硅酸盐水泥中不溶物不得超过 0.75% Ⅱ型硅酸盐水泥中不溶物不得超过 1.50%
烧失量	Ⅰ型硅酸盐水泥中烧失量不得大于 3.0% Ⅱ型硅酸盐水泥中烧失量不得大于 3.5% 普通水泥中烧失量不得大于 5.0%
氧化镁	水泥中氧化镁的含量不宜超过 5.0%；如果水泥经压蒸安定性试验合格，则水泥中氧化镁的含量允许放宽到 6.0%
三氧化硫	水泥中三氧化硫的含量不得超过 3.5%
细度	硅酸盐水泥比表面积大于 300 m^2/k，普通水泥 80 m 方孔筛筛余不得超过 10.0%
凝结时间	硅酸盐水泥初凝不得早于 45 min，终凝不得迟于 6.5 h。普通水泥初凝不得早于 45 min，终凝不得迟于 10 h
安定性	用沸煮法检验必须合格
强度等级	水泥强度等级按规定龄期的抗压强度和抗折强度来划分，各强度等级水泥的各龄期强度不得低于表 5.2、表 5.3 数值
碱	水泥中碱含量按 $Na_2O + 0.658K_2O$ 计算值来表示。若使用活性集料，用户要求提供低碱水泥时，水泥中碱含量不得大于 0.60% 或由供需双方商定

表 5.2　硅酸盐水泥规定龄期的强度最低值

强度等级	抗压强度/MPa		抗折强度/MPa	
	3 d	28 d	3 d	28 d
42.5	17.0	42.5	3.5	6.5
42.5R	22.0	42.5	4.0	6.5

续表 5.2

强度等级	抗压强度/MPa		抗折强度/MPa	
	3 d	28 d	3 d	28 d
52.5	23.0	52.5	4.0	7.0
52.5 R	27.0	52.5	5.0	7.0
62.5	28.0	62.5	5.0	8.0
62.5 R	32.0	62.5	5.5	8.0

表 5.3 普通硅酸盐水泥规定龄期的强度最低值

强度等级	抗压强度/MPa		抗折强度/MPa	
	3 d	28 d	3 d	28 d
42.5	17.0	42.5	3.5	6.5
42.5 R	22.0	42.5	4.0	6.5
52.5	23.0	52.5	4.0	7.0
52.5 R	27.0	52.5	5.0	7.0

◆矿渣水泥、火山灰水泥与粉煤灰水泥技术要求

矿渣水泥、火山灰水泥与粉煤灰水泥技术要求见表 5.4。

表 5.4 矿渣水泥、火山灰水泥与粉煤灰水泥技术要求

项目	技术要求
氧化镁	熟料中氧化镁的含量不宜超过 5.0%；如果水泥经压蒸安定性试验合格，则熟料中氧化镁的含量允许放宽到 6.0% 注：熟料中氧化镁的含量为 5.0% ~6.0%，如矿渣水泥中混合材料总掺量大于 40% 或火山灰水泥和粉煤灰水泥中混合材料掺加量大于 30%，制成的水泥可不做压蒸试验
三氧化硫	矿渣水泥中三氧化硫的含量不得超过 4.0%；火山灰水泥和粉煤灰水泥中三氧化硫的含量不得超过 3.5%
细度	80 m 方孔筛筛余不得超过 10.0%
凝结时间	初凝不得早于 45 min，终凝不得迟于 10 h
安定性	用沸煮法检验必须合格
强度等级	水泥强度等级按规定龄期的抗压强度和抗折强度来划分，各强度等级水泥的各龄期强度不得低于表 5.5 数值
碱	水泥中的碱含量 $Na_2O + 0.658K_2O$ 计算值来表示，若使用活性集料要限制水泥中的碱含量时，由供需双方商定

表5.5　矿渣水泥、火山灰水泥与粉煤灰水泥规定龄期强度最低值

强度等级	抗压强度/MPa		抗折强度/MPa	
	3 d	28 d	3 d	28 d
32.5	10.0	32.5	2.5	5.5
32.5 R	15.0	32.5	3.5	5.5
42.5	15.0	42.5	3.5	5.5
42.5 R	19.0	42.5	4.0	6.5
52.5	21.0	52.5	4.0	7.0
52.5 R	23.0	52.5	4.5	7.0

◆复合硅酸盐水泥技术要求

复合硅酸盐水泥技术要求见表5.6。

表5.6　复合硅酸盐水泥技术要求

项目	技术要求
氧化镁	熟料中氧化镁的含量不宜超过5.0%，如果水泥经压蒸安定性试验合格，则熟料中氧化镁的含量允许放宽到6.0%
三氧化硫	水泥中三氧化硫的含量不得超过3.5%
细度	80 m方孔筛筛余不得超过10.0%
凝结时间	初凝不得早于45 min，终凝不得迟于10 h
安定性	用沸煮法检验必须合格
强度等级	水泥强度等级按规定龄期的抗压强度和抗折强度来划分，各强度等级水泥的各龄期强度不得低于表5.7数值
碱	水泥中的碱含量 $Na_2O+0.658K_2O$ 计算值来表示。若使用活性集料要限制水泥中的碱含量时，由供需双方商定

表5.7　复合硅酸盐水泥

强度等级	抗压强度/MPa		抗折强度/MPa	
	3 d	28 d	3 d	28 d
32.5	11.0	32.5	2.5	5.5
32.5 R	16.0	32.5	3.5	5.5
42.5	16.0	42.5	3.5	6.5
42.5 R	21.0	42.5	4.0	6.5
52.5	22.0	52.5	4.0	7.0
52.5 R	26.0	52.5	5.0	7.0

◆砂技术要求

砂按其细度模数的大小不同分为：细砂（细度模数为1.6～2.2）、中砂（细度模数为

2.3~3.0)和粗砂(细度模数为3.1~3.7)。混凝土用砂的细度模数宜大于2.5,其颗粒组成应符合表5.8的要求,砂中有害杂质的含量应符合表5.9的要求,砂子的坚固性应符合表5.10的要求。

表5.8 砂的分区及级配范围

级配区	标准筛筛孔尺寸/mm						
	10.0	5.0	2.5	1.25	0.630	0.315	0.160
	累计筛计/%						
Ⅰ区	0	0~10	5~35	35~65	71~85	80~95	90~100
Ⅱ区	0	0~10	0~25	10~50	41~70	70~92	90~100
Ⅲ区	0	0~10	0~15	0~25	16~40	55~85	90~100

注:1. 表中除5.0 mm、0.63 mm、0.16 mm筛孔外,其余各筛孔累计筛余允许超出分界线,但其总量不得大于5%。

2. Ⅰ区砂宜提高砂率以配低流动性混凝土;Ⅱ区砂宜优先选用以配不同等级的混凝土;Ⅲ区砂宜适当降低砂率以保证混凝土的强度。

3. 对于高强泵送混凝土用砂宜选用中砂,细度模数为2.6~2.9,2.5 mm筛孔的累计筛余量不得大于15%,0.315 mm筛孔的累计筛余量宜在85%~92%范围内。

表5.9 砂中杂质的最大含量

质量标准 / 项目	混凝土强度等级	
	≥C30	<C30
含泥量(冲洗法)(以质量计)/%	≤3.0	≤5.0
其中泥块含量(以质量计)/%	≤1.0	≤2.0
云母含量(以质量计)/%	<2.0	
轻物质含量(以质量计)/%	<1.0	
硫化物及硫酸盐含量(折算成SO_3以质量计)/%	<1.0	
有机物含量(用比色法试验)	颜色不应深于标准色,如深于标准色,则应进行水泥胶砂强度对比试验,加以复核	

注:1. 对有抗冻、抗渗或其他特殊要求的混凝土用砂,总含泥量应不大于3%,其中泥块含量应不大于1.0%,云母含量不应超过1%。

2. 对有机物含量进行复核时,用原状砂配制的水泥砂浆抗压强度不低于用洗除有机物的砂所配制的砂浆的95%时为合格。

3. 砂中如含有颗粒状的硫酸盐或硫化物,则要进行混凝土耐久性试验,满足要求时方能使用。

表5.10 砂的固定指标

混凝土所处的环境条件	循环后的质量损失/%
在寒冷地区室外使用,并经常处于潮湿或干湿交替状态下的混凝土	≤8
其他条件下使用的混凝土	≤12

注:1. 寒冷地区是指最冷月的月平均温度为-10~0 ℃且平均温度不大于5 ℃不超过145 d的地区。

2. 当同一产源的砂,在类似的气候条件下使用已有可靠经验时,可不做坚固性检验。

3. 对于有抗疲劳、耐磨、抗冲击要求的混凝土用砂,或有腐蚀介质作用或经常处于水位变化区的地下结构混凝土用砂,其循环后的质量损失率应小于8%。

◆混凝土外加剂匀质性指标

混凝土外加剂匀质性指标见表 5.11。

表 5.11　混凝土外加剂匀质性指标

项目	指标
氯离子含量/%	不超过生产厂控制值
总碱量/%	不超过生产厂控制值
含固量/%	$S>25\%$ 时，应控制在 $0.95\ S\sim1.05\ S$ $S\leqslant25\%$ 时，应控制在 $0.90\ S\sim1.10\ S$
含水率/%	$W>5\%$ 时，应控制在 $0.90\ W\sim1.10\ W$ $W\leqslant5\%$ 时，应控制在 $0.80\ W\sim1.20\ W$
密度/(g·cm^{-3})	$D>1.1$ 时，应控制在 $D\pm0.03$ $D\leqslant1.1$ 时，应控制在 $D\pm0.02$
细度	应在生产厂控制范围内
pH 值	应在生产厂控制范围内
硫酸钠含量/%	不超过生产厂控制值

注：1. 生产厂应在相关的技术资料中明示产品匀质性指标的控制值。

2. 对相同和不同批次之间的匀质性和等效性的其他要求，可由供需双方商定。

3. 表中 S、W 和 D 分别为含固量、含水率和密度的生产厂控制值。

◆混凝土外加剂试验项目及所需数量

混凝土外加剂试验项目及所需数量见表 5.16。

表 5.16　混凝土外加剂试验项目及所需数量

<table>
<tr><th colspan="2" rowspan="2">试验项目</th><th rowspan="2">外加剂类别</th><th rowspan="2">试验类别</th><th colspan="4">实验所需数量</th></tr>
<tr><th>混凝土拌和批数</th><th>每批取样数目</th><th>基准混凝土总取样数目</th><th>受检混凝土总取样数目</th></tr>
<tr><td colspan="2">减水率</td><td>除早强剂、缓凝剂外的各种外加剂</td><td rowspan="6">混凝土拌和物</td><td>3</td><td>1 次</td><td>3 次</td><td>3 次</td></tr>
<tr><td colspan="2">泌水率比</td><td rowspan="3">各种外加剂</td><td>3</td><td>1 个</td><td>3 个</td><td>3 个</td></tr>
<tr><td colspan="2">含气量</td><td>3</td><td>1 个</td><td>3 个</td><td>3 个</td></tr>
<tr><td colspan="2">凝结时间差</td><td>3</td><td>1 个</td><td>3 个</td><td>3 个</td></tr>
<tr><td rowspan="2">1 h 经时变化量</td><td>坍落度</td><td>高性能减水剂、泵送剂</td><td>3</td><td>1 个</td><td>3 个</td><td>3 个</td></tr>
<tr><td>含气量</td><td>引气剂、引气减水剂</td><td>3</td><td>1 个</td><td>3 个</td><td>3 个</td></tr>
<tr><td colspan="2">抗压强度比</td><td rowspan="2">各种外加剂</td><td rowspan="2">硬化混凝土</td><td>3</td><td>6、9 或 12 块</td><td>18、27 或 36 块</td><td>18、27 或 36 块</td></tr>
<tr><td colspan="2">收缩率比</td><td>3</td><td>1 条</td><td>3 条</td><td>3 条</td></tr>
</table>

续表 5.16

试验项目	外加剂类别	试验类别	实验所需数量			
			混凝土拌和批数	每批取样数目	基准混凝土总取样数目	受检混凝土总取样数目
相对耐久性	引气减水剂、引气剂	硬化混凝土	3	1条	3条	3条

注:1. 试验时,检验同一种外加剂的三批混凝土的制作宜在开始试验一周内的不同日期完成,对比的基准混凝土和受检混凝土应同时成型。

2. 试验龄期应参考《混凝土外加剂》(GB 8076—2008)。

3. 试验前后应仔细观察试样,对有明显缺陷的试样厚度试验结果都应舍除。

【实务】

◆硅酸盐水泥、普通水泥取样判定与验收

1. 取样原则

(1)当散装水泥运输工具的容量超过该厂规定出厂编号的吨数时,允许该编号的数量超过取样规定的吨数。

(2)取样具有代表性,可连续取,也可从 20 个以上不同部位取等量样品,总量至少 12 kg。

2. 合格判定

(1)凡三氧化硫、氧化镁、初凝时间、安定性中任一项不符合标准规定时,均为废品。

(2)凡细度、终凝时间、烧失量和不溶物中的任一项不符合标准规定或者混合材料掺加量超过最大限量和强度低于商品强度等级的指标时即为不合格品,水泥包装标志中水泥品种、强度等级、出厂编号和生产者名称不全的也属于不合格品。

3. 验收

(1)当抽取实物试样的检验结果为验收依据时,买卖双方应在发货前或者交货地共同取样和签封。取样方法按《水泥取样方法》(GB/T 12573—2008)进行,取样的数量为 20 kg,缩分为二等份。一份由买方按标准规定的项目和方法进行检验,一份由卖方保存 40 d。在 40 d 以内,买方检验认为产品质量不符合标准要求,且卖方又有异议时,则双方应将卖方保存的另一份试样送往省级或者省级以上国家认可的水泥质量监督检验机构进行仲裁检验。

(2)以水泥厂同编号水泥的检验报告作为验收依据时,在发货前或者交货时买方在同编号水泥中抽取试样,双方共同签封后保存 3 个月;或者委托卖方在同编号水泥中抽取试样,签封后保存 3 个月。3 个月之内,买方对水泥质量有疑问时,则买卖双方应将签封的试样送省级或者省级以上的国家认可的水泥质量监督检验机构进行仲裁检验。

◆矿渣水泥、火山灰水泥、粉煤灰水泥与复合硅酸盐水泥取样判定与验收

1. 取样原则

(1)当散装水泥运输工具的容量超过该厂规定出厂编号吨数时,允许该编号的数量超过取样规定吨数。

(2)取样应有代表性,可连续取,也可从20个以上不同部位取等量样品,总量至少12 kg。

2. 合格判定

(1)凡氧化镁、三氧化硫、初凝时间、安定性中任一项不符合标准规定时,均为废品。

(2)凡细度、终凝时间中的任一项不符合标准规定或混合材料掺加量超过最大限量和强度低于商品强度等级的指标时为不合格品,水泥包装标志中水泥品种、强度等级、生产者名称和出厂编号不全的也属于不合格品。

3. 验收

验收同硅酸盐水泥。

◆水泥混凝土路面用砂质量验收

用于滑模施工水泥混凝土路面的沉积砂、机制砂和山砂通过0.15 mm筛的石粉含量不大于1%,且应在混凝土和易性、弯拉强度、单位用水量及抗磨性等检验合格的前提下使用。

◆混凝土外加剂质量检验

监理人员现场抽检时,外加剂的匀质性,各种类型减水剂的减水率、缓凝型外加剂的凝结时间差、引气型外加剂的含气量以及硬化混凝土的各项性能符合《混凝土外加剂》(GB 8076—2008)的要求,则判定该编号外加剂为相应等级的产品,若不符合上述的要求时,则判该编号外加剂不合格,其余项目作为参考指标。

◆混凝土材料检测频率

混凝土材料的检测频率见表5.17。

表5.17 混凝土材料的检测频率

种类	检测频率
桥梁建筑混凝土	每一工作班至少做2组试块,必要时随时抽样试验,其和易性每工作班至少检查2次
水泥混凝土路面	每天或铺筑200 m³ 混凝土(机场400 m³),应制作2组试件,每铺筑1 000 m³ 至2 000 m³ 混凝土应增做1组试件
房屋建筑混凝土	每100盘但不超过100 m³ 的同配合比的混凝土取样次数不少于1次,或每一工作班拌制的同配合比的混凝土不足100盘时取样次数不得少于1次
水工混凝土	连续浇筑厚大结构的混凝土每80 m³ 取试块1组,不足80 m³ 也取1组 浇筑预制构件混凝土,构件体积小于40 m³ 者,每20 m³ 或每一工作班取1组试块,大于40 m³ 者,按上项要求留置 现浇混凝土,每30 m³ 取1组试块,每工作班不足30 m³ 者,也取1组

◆混凝土施工质量监理检验

混凝土施工质量监理检验项目见表5.18。

表5.18 混凝土施工质量监理检验项目

时段	检验项目
施工准备阶段	(1)施工准备,场地及安全设施 (2)混凝土组成及配合比(含外加剂、掺和料) (3)混凝土凝结速度等性能 (4)基础钢筋、预埋件等隐蔽工程及支架和模板的稳定性
拌制和浇筑阶段	(1)混凝土拌制,每一工作班至少2次,必要时随时抽样试验 (2)混凝土的和易性(坍落度等),每一工作班至少2次 (3)砂石材料含水率,每日开工前一次,气候有较大变化时随时检测,当含水率变化较大,应及时调整配合比 (4)混凝土的运输、浇筑方法和质量 (5)外加剂使用效果 (6)制取混凝土试件
养生阶段	(1)养护情况 (2)混凝土强度 (3)混凝土外露面或装饰质量 (4)结构外形尺寸、位置、变形和沉降
拆模阶段	(1)表面应密实、平整 (2)如有蜂窝、麻面,其面积不超过结构同侧面面积的1% (3)如有裂缝,其宽度和长度不大于设计规范有关规定 (4)桩顶、桩尖等主要部位无蜂窝、麻面或缺边掉角 (5)小型构件无翘曲现象 (6)对蜂窝、麻面、掉角等缺陷,应凿除松弱层,清除浮灰,用水冲洗、湿润,再用较高标号水泥砂浆或混凝土填补抹平,覆盖养护;用环氧树脂等胶凝材料修补时,应先试验后补抹平 (7)如有严重缺陷,影响结构性能时,应由有关方面共同分析情况,研究处理,不留隐患

5.2 水泥混凝土面层

【基 础】

◆水泥混凝土面层基本要求

(1)基层质量必须符合规定要求,并应进行弯沉测定,验算的基层整体模量应满足设计要求。

(2)水泥强度、物理性能和化学成分应符合国家标准及有关规范的规定。

(3)粗细集料、水、外掺剂及接缝填缝料应符合设计和施工规范要求。

(4)施工配合比应根据现场测定水泥的实际强度进行计算,并经试验,选择采用最佳配合比。

(5)接缝的位置、规格、尺寸及传力杆、拉力杆的设置应符合设计要求。

(6)路面拉毛或机具压槽等抗滑措施,其构造深度应符合施工规范要求。

(7)面层与其他构造物相接应平顺,检查井井盖顶面高程应高于周边路面1~3 mm,雨水口标高按设计比路面低5~8 mm,路面边缘无积水现象。

(8)混凝土路面铺筑后按施工规范要求养生。

◆水泥混凝土面层施工材料要求

1. 水泥

(1)应采用强度高,收缩性小,抗冻性好,耐磨性强的水泥,其物理性能和化学成分应符合国家有关标准的要求。

(2)水泥进场时,应有产品合格证及试验单。并应对标号、品种、出厂日期、进场数量等进行检查验收,分堆架高苫盖堆存,以免混杂受潮,使用时按出厂日期择先使用。

(3)不同等级、品种、厂牌、出厂日期的水泥,不得混合堆放,严禁混合使用。出厂期超过三个月或者受潮的水泥,必须经过试验,按其试验结果决定正常使用或者降级使用,已经结块变质的水泥不得使用。

2. 砂

(1)应采用坚硬、洁净,符合规定级配,细度模数在2.5以上的粗、中砂。

(2)砂的技术要求应符合表5.19的规定。

(3)不同料源的砂应分别开堆放并分别使用。

表5.19　砂的技术要求

项目			技术要求					
颗粒级配	筛孔尺寸/mm		方孔				圆孔	
			0.16	0.315	0.63	1.25	2.50	5.0
	累计筛余量/%	Ⅰ区	100~90	95~80	85~71	65~35	35~5	10~0
		Ⅱ区	100~90	92~70	70~41	50~10	25~9	10~0
		Ⅲ区	100~90	85~55	40~16	25~10	15~0	10~0
泥土杂物含量(冲洗法)/%			≤3					
硫化物和硫酸盐含量(折算为SO_3)/%			≤1					
有机物质含量(比色法)			颜色不应深于标准溶液的颜色					
其他杂物			不得混有石灰、煤渣、草根等其他杂物					

注:1. Ⅰ区砂基本属于粗砂;Ⅱ区砂属于中砂和一部分偏粗的细砂,颗粒适中,级配最好;Ⅲ区砂属细砂和一部分偏细的中砂。

2. 有机物质含量标准溶液的配制方法:取2 g鞣酸粉溶解于98 mL的10%酒精溶液中即得所需的鞣酸溶液,然后取该溶液2.5 mL注入97.5 mL浓度为3%的氢氧化钠溶液中,加塞后剧烈摇动,静置24 h即得标准溶液。

3. 粗集料

粗集料应为干净、干燥、坚固、坚韧的砾石或碎石,有良好的级配,无粉尘、污物、泥土和有害物质,最大粒径不超过4 cm,其物理力学指标与级配应符合规范的要求。

4. 细集料

细集料应干净、坚硬、坚固、坚韧,不含泥土、粉土和有害物质,细度模数宜在2.5以上,细集料通常由天然砂或者石屑组成。

5. 水

混凝土搅拌和养护用水应清洁,宜采用饮用水,使用非饮用水时,要经过化验。

6. 钢筋

(1)钢筋的品种、规格应符合设计的要求。

(2)钢筋应顺直,表面洁净,无严重裂纹、锈蚀、断伤和刻痕,表面油污和颗粒状或者片状锈蚀应清除。

(3)传力杆钢筋断口毛茬必须要磨平。

7. 滑动套

(1)可用镀锌铁皮制作或者采用有足够强度的硬塑料管以及多层油毡管,规格及尺寸应符合设计的要求。

(2)套管在使用中不得变形,端头应灌入溶化混匀的黄油锯末混合物。

8. 填缝材料

(1)在使用常温和加热施工式灌筑型填缝材料填缝时,宜使用背衬垫条控制填缝形状系数。背衬垫条材料有聚(氨)酯橡胶或者塑料微孔泡沫等,其形状应为圆柱形,直径要比接缝宽度大2~3 mm。

(2)用于制造预制橡胶嵌缝条的胶料性能应满足设计要求。

【实 务】

◆水泥混凝土面层拌和施工要求

(1)每台搅拌机在投入生产之前,都必须通过法定计量部门标定,并进行试拌。

(2)混凝土拌和物应采用机械搅拌施工,其搅拌站宜根据运输工具和施工顺序设置,搅拌机的容量应根据施工进度和工程量大小配置,施工工地宜有备用的发电机组和搅拌机。

(3)投入搅拌机每盘的拌和物数量,应按搅拌机的容量和混凝土施工配合比计算确定。

(4)在搅拌的过程中,应打印出每盘或者连续称料的配料数据和误差,以备监理工程师随时的查阅。

(5)混凝土拌和物每盘的搅拌时间,应根据搅拌机的性能和拌和物的均质性、黏聚性以及强度稳定性确定其最短搅拌时间,自材料全部进入搅拌鼓起到拌和物开始出料止的连续搅拌时间要符合表5.20的规定,搅拌的最长时间不得超过最短时间的2倍。

表5.20　混凝土拌和物最短搅拌时间

搅拌机容量/L		转速/(r·min⁻¹)	搅拌时间/s	
			低流动性混凝土	干硬性混凝土
自由式	400	18	105	120
	800	14	165	210
强制式	375	38	90	100
	1 500	20	180	240

◆水泥混凝土面层摊铺和振捣施工要求

(1)混凝土拌和物摊铺前,应对模板的间隔、润滑、高度、支撑稳定情况和基层的平整润湿情况,传力杆装置及钢筋的位置等进行全面检查。

(2)混凝土的厚度不大于22 cm时,可一次摊铺;大于22 cm时,可分二次摊铺,下部厚度宜为总厚度的3/5,摊铺厚度应考虑振实预留高度。

(3)振捣器在每一位置振捣的持续时间,要以拌和物停止下沉,不再冒气泡且泛出水泥浆为准,并不宜过振。用插入式振捣器时不宜少于20 s。用平板式振捣器振捣时,不宜少于15 s,水灰比小于0.45时,不宜少于30 s。

(4)混凝土板的摊铺振实工作应连续进行,不得在中途间断,如遇特殊原因,被迫临时停工,中断施工的一块混凝土板,要用湿布覆盖,在初凝时间内恢复施工时,应将此处混凝土耙松补浆,然后再继续浇筑。若停工超过混凝土的初凝时间,应作施工缝处理,施工缝应设在缩缝处,如无法设在缩缝处,其位置应设在板的正中部位。

现场监理人员应随时关注所摊铺的路面效果,并随时的提醒施工人员和机手注意调整和控制摊铺速度、振捣频率、振动搓平梁、夯实杆和抹平板位置、频率和速度。

◆水泥混凝土面层表面修整与压槽施工要求

(1)做面前,应做好清边整缝,清楚黏浆,修补缺角、掉边。

(2)做面时严禁在面板混凝土上撒水泥粉,洒水。

(3)抹面时需注意以下事项。

1)板块表面如仍有凹坑,要及时铲毛补浆。

2)补浆需用原浆,边角修饰宜用手工操作。

3)采用真空吸水作业,板面一般不易产生裂纹,如果有收缩裂纹时,需先铲毛抹压3~4遍,再用抹面机抹平。

(4)若遇个别脱水不足过于湿软的表面,应待混凝土晾干到一定程度(即行走有轻微脚印又不下陷)后方能抹面;若遇过于干硬的表面,可用喷壶均匀喷洒少量的水,迅速抹面补救。

(5)抹平后沿横坡方向拉毛或者采用纹理制作机具压槽。民航机场跑道表面拉毛的平均纹理深度(填砂法),跑道高速出口滑行道不得小于0.8 mm;滑行道停机坪不得小于0.4 mm;城市道路、厂矿道路的拉毛和压槽深度应为1~2 mm。

◆水泥混凝土面层接缝施工要求

(1)施工缝的位置宜与胀缝或者缩缝设计位置吻合。施工缝应与路面中心线垂直,多车道路面以及民航机场跑道的施工缝应避免设在同一横断面上,施工缝传力杆长度的一半锚固于混凝土中,另一半则应涂沥青,允许滑动,传力杆必须与缝壁垂直。

(2)纵缝施工方法,应按纵缝设计要求确定纵向缩缝,可以全部硬切缝,最长的时间不宜超过48 h。

(3)横向缩缝、施工缝上部的槽口,宜采用切缝法施工。

(4)填缝。混凝土板养护期满后,缝槽应及时的填缝。在填缝前,必须保持缝内清洁,防止砂石等杂物掉入缝内。

(5)灌入式填缝的施工,应注意以下几点。

1)灌筑填缝料必须在缝槽干燥的状态下进行,填缝料应与混凝土缝壁黏附紧密不渗水。

2)填缝料的灌筑深度宜为3~4 cm;当缝槽大于3~4 cm时,可填入多孔柔性衬底材料。

3)热灌填缝料加热时,应不断搅拌均匀,直至规定的温度。当气温较低时,应用喷灯加热缝壁。施工完毕,应仔细检查填缝料与缝壁黏结的情况,在有脱开处,需用喷灯小火烘烤,使其黏结紧密。

(6)预制嵌缝条的施工,应注意以下几点。

1)预制胀缝板嵌入前,缝壁应干燥,且应清除缝内杂物,使嵌缝条与缝壁结合紧密。

2)纵缝、缩缝、施工缝的预制嵌缝条,可在缝槽形成时嵌入,嵌缝条应顺直整齐。

◆水泥混凝土面层施工监理巡视

(1)严格控制原材料的质量,对混凝土所用的几种原材料,粗砂、碎石、水泥等都要严格按技术标准控制。不符合要求的材料绝对不可以使用,对水泥做到批批抽检。

(2)钢模板高度与混凝土板厚度一致,木模板应是质地坚实、变形小以及无腐朽、裂纹、扭曲的木材制成。高度允许误差为±2 mm,企口舌部或者凹槽的长度允许误差:木模板为±2 mm,钢模板为±1 mm。

(3)混凝土板厚度在24 cm以下可进行一次摊铺,在24 cm以上时应分两次摊铺,下层厚度宜为总厚度的3/5。振捣必须密实,先用插入式振捣器振捣,然后用平板式振捣器振捣。振捣时应辅以人工找平(禁止用砂浆补平),振捣时防止模板位移、变形,随时检查随时纠正。

(4)混凝土抹面时应注意。

1)在有烈日暴晒或干旱风吹时,宜快速抹面。

2)抹面宜分两次进行,先找平抹平,待表面无泌水时,再做第二次抹平。

3)抹面后沿着横板方向拉毛或者采用机具压槽。

4)压槽深度通常为1~2 mm。

(5)接缝施工时应注意。

1)胀缝必须与路中心线垂直,缝壁自身应垂直,缝宽必须一致,传力杆须平行于板面以及路面中心线,其误差≤5 mm。

2)采用切缝法施工时,混凝土的强度在达到30%以上时,方能进行切割或者锯切。

3)严格按照图纸和技术规范施工胀缝,传力杆、拉杆保持水平。

◆水泥混凝土面层施工监理验收

1. 实测项目

水泥混凝土面层实测项目应符合表5.21的规定。

表5.21 水泥混凝土面层实测项目

检查项目		规定值或允许偏差		检查方法和频率
		高速公路、一级公路	其他公路	
弯拉强度/MPa		在合格标准之内		按水泥混凝土弯拉强度评定检查
板厚度/mm	代表值	-5		按路面结构层厚度评定,每200 m每车道2处
	合格值	-10		
平整度	σ/mm	1.2	2.0	平整度仪:全线每车道连续检测,每100 m计算σ、*IRI*
	IRI/($m \cdot km^{-1}$)	2.0	3.2	
	最大间隙*h*/mm	—	5	3 m直尺:半幅车道板带每200 m测2处×10尺
抗滑构造深度/mm		一般路段不小于0.7且不大于1.1;特殊路段不小于0.8且不大于1.2	一般路段不小于0.5且不大于1.0;特殊路段不小于0.6且不大于1.1	铺砂法:每200 m测1处
相邻板高差/mm		2	3	抽量:每条胀缝2点;每200 m抽纵、横缝各2条,每条2点
纵、横缝顺直度/mm		10		纵缝20 m拉线,每200 m测4处;横缝沿板宽拉线,每200 m测4条
中线平面偏位/mm		20		经纬仪:每200 m测2点
路面宽度/mm		±20		抽量:每200 m测4处
纵断高程/mm		±10	±15	水准仪:每200 m测4断面
横坡/%		±0.15	±0.25	水准仪:每200 m测4断面

注:表中为平整度仪测定的标准差;*IRI*为国际平整度指数;*h*为3 m直尺与面层的最大间隙。

2. 外观鉴定

(1)混凝土板的断裂块数,高速公路和一级公路不得超过评定路段混凝土板总块数的0.2%,其他公路不得超过0.4%,对于断裂板应采取适当措施予以处理。

(2)混凝土板表面的脱皮、印痕、裂纹和缺边掉角等病害现象,对于高速公路和一级公路,有上述缺陷的面积不得超过受检面积的0.2%,其他公路不得超过0.3%。

(3)路面侧石直顺、曲线圆滑,不得越位20 mm以上。

(4)胀缝不得有明显缺陷。

第6章　桥梁工程质量监理

6.1　桥梁工程材料

【基　础】

◆钢材质量监理内容

钢材的质量监理内容主要有：热轧钢筋的机械性能；普通碳素结构钢的机械性能和化学成分；低合金结构钢的机械性能和化学成分；预应力混凝土用钢丝（包括钢绞线）的机械性能等。

◆热轧钢筋技术要求

1. 牌号和化学成分

热轧钢筋的牌号和化学成分见表6.1。

表6.1　热轧钢筋的牌号和化学成分

表面形状	牌号	化学成分（质量分数）/%					
		C	Si	Mn	P	S	C_{eq}
光圆	R235	0.14～0.22	0.12～0.30	0.12～0.30	0.045	0.050	—
月牙肋	HRB335 HRBF335						0.52
	HRB400 HRBF400	0.25	0.80	1.60	0.045	0.045	0.54
	HRB500 HRBF500						0.55

2. 力学性能

热轧钢筋的力学性能见表6.2。

表 6.2　热轧钢筋的力学性能

表面形状	牌号	公称直径 d/mm	R_{cL}/MPa	R_m/MPa	A/%	A_{gt}/%	弯芯直径/d
			≥				
光圆	R235	8 ~ 20	235	370	25	—	1
月牙肋	HRB335 HRBF335	6 ~ 25	335	455	17	7.5	3
		28 ~ 40					4
		>40 ~ 50					5
	HRB400 HRBF400	6 ~ 25	400	540	16		4
		28 ~ 40					5
		>40 ~ 50					6
	HRB500 HRBF500	6 ~ 25	500	630	15		6
		28 ~ 40					7
		>40 ~ 50					8

3. 工艺性能

(1)弯曲性能。按表 6.2 规定的弯心直径弯曲 180°,钢筋受弯曲部位表面不得产生裂纹。

(2)反向弯曲性能。根据需方要求,钢筋可进行反向弯曲性能试验,反向弯曲试验的弯心直径比弯曲试验相应增加一个钢筋直径。先正向弯曲 90°,后反向弯曲 20°,两个弯曲角度均应在去载之前测量。经反向弯曲试验后,钢筋受弯曲部位表面不可产生裂纹。

4. 外观质量

热轧钢筋应无有害的表面缺陷。只要经钢丝刷刷过的试样的尺寸、重量、横截面积和拉伸性能不低于《钢筋混凝土用钢 第 2 部分热轧带肋钢筋》国家标准第 1 号修改单(GB 1499.2—2007/XG 1—2009)的要求,锈皮、氧化铁皮或表面不平整不作为拒收的理由。当带有上述规定的缺陷以外的表面缺陷的试样不符合拉伸性能或者弯曲性能的要求时,则认为这些缺陷是有害的。

5. 检验取样

热轧钢筋检验取样见表 6.3。

表 6.3　热轧钢筋检验取样

检验项目	取样数量	取样方法	试验方法
化学成分(熔炼分析)	1	《钢和铁化学成分测定用试样的取样和制样方法》(GB/T 20066—2006)	参考《钢铁及合金化学分析方法》(GB/T 223)、《碳素钢和中低合金钢火花源原子发射光谱分析方法(常规法)》(GB/T 4336—2002)的规定

续表 6.3

检验项目	取样数量	取样方法	试验方法
拉伸	2	任选两根钢筋切取	参考《金属材料 室温拉伸试验方法》(GB/T 228—2002)、《钢筋混凝土用钢 第2部分热轧带肋钢筋》国家标准第1号修改单(GB 1499.2—2007/XG1—2009)的规定
弯曲	2		参考《金属材料弯曲试验方法》(GB/T 232—1999)、《钢筋混凝土用钢 第2部分热轧带肋钢筋》国家标准第1号修改单(GB 1499.2—2007/XG1—2009)的规定
反向弯曲	1	—	参考《钢筋混凝土用钢筋弯曲和反向弯曲试验方法》(YB/T 5126—2003)、《钢筋混凝土用钢 第2部分热轧带肋钢筋》国家标准第1号修改单(GB 1499.2—2007/XG1—2009)的规定
疲劳试验	供需双方协议		
尺寸	逐支	—	参考《钢筋混凝土用钢 第2部分热轧带肋钢筋》国家标准第1号修改单(GB 1499.2—2007/XG1—2009)的规定
表面	逐支	—	目视
重量偏差	参考《钢筋混凝土用钢 第2部分热轧带肋钢筋》国家标准第1号修改单(GB 1499.2—2007/XG1—2009)的规定		
晶粒度	2	任选两根钢筋切取	参考《金属平均晶粒度测定法》(GB/T 6394—2002)的规定

注:对化学分析和拉伸试验结果有争议时,仲裁试验分别按《钢铁及合金化学分析方法》(GB/T 223)、《金属材料室温拉伸试验方法》(GB/T 228—2002)进行。

◆冷轧带肋钢筋技术要求

1.牌号和化学成分

冷轧带肋刚盘条的参考牌号和化学成分:CRB500、CRB650、CRB800、CRB970、CRB1170钢筋用盘条的参考牌号及化学成分(熔炼分析)见表6.4,60钢、70钢的Ni、Cr、Cu含量各不大于0.25%。

表6.4 冷轧带肋钢筋用盘条的参考牌号和化学成分

钢筋牌号	盘条牌号	化学成分(质量分数)/%					
		C	Si	Mn	V、Ti	S	P
CRB550	Q215	0.09~0.15	≤0.30	0.25~0.55	—	≤0.050	≤0.045
CRB650	Q235	0.14~0.22	≤0.30	0.30~0.65		≤0.050	≤0.045
CRB800	24MnTi	0.19~0.27	0.17~0.37	1.20~1.60	Ti:0.01~0.05	≤0.045	≤0.045
	20MnSi	0.17~0.25	0.40~0.80	1.20~1.60	—	≤0.045	≤0.045

续表 6.4

钢筋牌号	盘条牌号	化学成分(质量分数)/%					
		C	Si	Mn	V、Ti	S	P
CRB970	41MnSiV	0.37～0.45	0.60～1.10	1.00～1.40	V:0.05～0.12	≤0.045	≤0.045
	60	0.57～0.25	0.17～0.37	0.50～0.80	—	≤0.035	≤0.035
CRB1170	70Ti	0.66～0.70	0.17～0.37	0.60～1.00	Ti:0.01～0.05	≤0.045	≤0.045
	70	0.67～0.75	0.17～0.37	0.50～0.80	—	≤0.035	≤0.035

2. 力学性能和工艺性能

冷压带肋钢筋力学性能和工艺性能见表6.5。

表6.5　冷压带肋钢筋力学性能和工艺性能

牌号	σ_b/MPa	伸长率/%		弯曲试验	反复弯曲	松驰率 初始应力 $\sigma_{con}=0.7\sigma_b$	
	≥	δ_{10}	δ_{100}	180°	次数	1 000 h/% ≥	10 h * % ≤
crb550	550	8.0	—	$d=3D$	—	—	—
CRB650	650	—	4.0	—	3	8	5
CRB800	800	—	4.0	—	3	8	5
CRB970	970	—	4.0	—	3	8	5
CRB1170	1170	—	4.0	—	3	8	5

3. 尺寸、重量及允许偏差

三面肋和二面肋冷轧钢筋的尺寸、重量级允许偏差见表6.6。

表6.6　三面肋和二面肋冷轧钢筋的尺寸、重量级允许偏差

公称直径 d /mm	公称横截面积 /mm²	质量 理论质量 /(kg·m⁻¹)	质量 允许偏差 /%	横肋中点高 h/mm	横肋中点高 允许偏差 /mm	横肋1/4处高 $h_{1/4}$ /mm	横肋顶宽 b /mm	横肋间距 l/mm	横肋间距 允许偏差 /%	相结肋面积 f_r ≤
4	12.6	0.099		0.30		0.24		4.0		0.036
4.5	15.9	0.125		0.32		0.26		4.0		0.039
5	19.6	0.154		0.32		0.26		4.0		0.39
5.5	23.7	0.186		0.40		0.32		5.0		0.039
6	28.3	0.222		0.40		0.32		5.0		0.039
6.5	33.2	0.261	±4	0.46	±0.10 −0.05	0.37	−0.2 d	5.0	±15	0.045
7	38.5	0.302		0.46		0.37		5.0		0.045
7.5	44.2	0.347		0.55		0.44		6.0		0.045
8	50.3	0.395		0.55		0.44		6.0		0.045
8.5	56.7	0.445		0.55		0.44		7.0		0.045
9	63.6	0.499		0.75		0.60		7.0		0.052

续表 6.6

公称直径 d /mm	公称横截面积 /mm^2	质量		横肋中点高		横肋 1/4 处高 $h_{1/4}$ /mm	横肋顶宽 b /mm	横肋间距		相结肋面积 f_r ≤
		理论质量 /(kg·m^{-1})	允许偏差 /%	h/mm	允许偏差 /mm			l/mm	允许偏差 /%	
9.5	70.8	0.556	+4	0.75	±0.10 −0.05	0.60	−0.2 d	7.0	±15	0.052
10	78.5	0.617		0.75		0.60		7.0		0.052
10.5	86.5	0.679		0.75		0.60		7.4		0.052
11	95.0	0.746		0.85		0.68		7.4		0.056
11.5	103.8	0.815		0.95		0.76		8.4		0.056
12	113.1	0.888		0.95		0.76		8.4		0.056

注:1. 横肋 1/4 处高,横肋顶宽供孔型设计用。

2. 二面肋钢筋允许有高度不大于 0.5 h 的纵肋。

4. 检验取样

冷轧带肋钢筋的试验项目、取样方法及试验方法见表 6.7。

表 6.7 冷轧带肋钢筋的试验项目、取样方法及试验方法

试验项目	试验数量	取样方法	试验方法
拉伸试验	每盘 1 个	在每(任)盘中随机切取	参考《金属材料 室温拉伸试验方法 》(GB/T 228—2002)、《测量方法与结果的准确度(正确度与精密度)》(GB/T 6379.1—2004)的规定
弯曲试验	每批 2 个		参考《金属材料 弯曲试验方法 》(GB/T 232—1999)的规定
反复弯曲试验			参考《金属材料 室温拉伸试验方法 》(GB/T 228—2002)的规定
应力松弛使用	定期 1 个		参考《金属应力松弛试验方法》(GB/T 10120—1996)、《冷轧带肋钢筋》(GB 13788—2008)的规定
尺寸	逐盘	—	参考《冷轧带肋钢筋》(GB 13788—2008)的规定
表面			目视
重量偏差	每盘 1 个		参考《冷轧带肋钢筋》(GB 13788—2008)的规定

注:1. 供方在保证合格条件下,可不逐盘进行的试验。

2. 表中试验数量栏中的“盘”指生产钢筋“原料盘”。

◆冷轧扭钢筋技术要求

1. 力学性能

冷轧扭钢筋力学性能见表 6.8。

表 6.8 冷轧扭钢筋力学性能

抗拉强度 σ_b/(N·mm^{-2})	伸长率 δ_{10}/%	冷弯 180°(弯心直径 =3 d)
≥580	≥4.5	受弯曲部位表面不得产生裂纹

注:1. d 为冷轧扭钢筋标志直径。

2. δ_{10} 为以标距为 10 倍的标志直径的试样拉断伸长率。

2. 外观质量

冷轧扭钢筋表面不应有影响钢筋力学性能的裂纹、折叠、结疤、压痕、机械损伤或其他影响使用的缺陷。

3. 轧扁厚度、节距

冷轧扭钢筋轧扁厚度、节距见表6.9。

表6.9　冷轧扭钢筋轧扁厚度、节距

类型	标志直径 d/mm	轧扁厚度 t/mm,≥	节距 l/mm,≤
Ⅰ型	6.5	3.7	75
	8	4.2	95
	10	5.3	110
	12	6.2	150
	14	8.0	170
Ⅱ型	12	8.0	145

4. 公称截面面积和公称质量

冷轧扭钢筋的公称截面面积和公称质量见表6.10。

表6.10　冷轧扭钢筋的公称截面面积和公称质量

类型	标志直径 d/mm	公称横截面面积 A_S/mm^2,≥	公称质量 G,/(kg·m^{-1})
Ⅰ型	6.5	29.5	0.232
	8	45.3	0.356
	10	68.3	0.536
	12	93.3	0.733
	14	132.7	1.042
Ⅱ型	12	97.8	0.768

5. 检验取样

冷轧扭钢筋检验项目、取样数量和实验方法见表6.11。

表6.11　冷轧扭钢筋检验项目、取样数量和实验方法

检验项目	取样数量		测试方法
	出厂检验	形式检验	
外观	逐根	逐根	目测
截面控制尺寸	每批3根	每批3根	参考《冷轧扭钢筋》(JG 190—2006)的规定
节距			
定尺长度			
质量			
化学成分	—		参考《钢铁及合金 碳含量的测定 管式炉内燃烧后气体容量法》(GB/T 223.69—2008)的规定
拉伸试验	每批3根		参考《冷轧扭钢筋》(JG 190—2006)的规定
180°弯曲试验			参考《金属材料 弯曲试验方法 》(GB/T 232—1999)的规定

◆预应力混凝土用钢丝

1. 力学性能

(1)冷拉钢丝的尺寸和力学性能见表6.13。

表6.13 冷拉钢丝的尺寸和力学性能

公称直径 d_n/mm	抗拉强度 σ_b/MPa ≥	规定非比例伸长应力 $\sigma_{p0.2}$/MPa ≥	最大力下总伸长率 (L_0 = 200 mm) δ_{gt}/% ≥	弯曲次数 /(次/180°) ≥	弯曲半径 R/mm	断面收缩率 ψ/% ≥	每210 m扭距的扭转次数 n ≥	初始应力相当于70%公称抗拉强度时,1 000 h后应力松驰率 r/% ≥
3.00	1 470	1 100	1.5	4	7.5	–	–	8
4.00	1 570 1 670	1 180 1 250		4	10	35	8	
5.00	1 770	1 330		4	15		8	
6.00	1 470	1 100		5	15	30	7	
7.00	1 570 1 670	1 180 1 250		5	20		6	
8.00	1 770	1 330		5	20		5	

(2)消除应力光圆及螺旋肋钢丝的力学性能见表6.12。

表6.12 消除应力光圆及螺旋肋钢丝的力学性能

公称直径 d_n/mm	抗拉强度 σ_b/MPa ≥	规定非比例伸长应力 $\sigma_{p0.2}$/MPa ≥		最大力下总伸长率 (L_0 = 200 mm) δ_{gt}/% ≥	弯曲次数 /(次/180°) ≥	弯曲半径 R/mm	应力松驰性能		
							初始应力相当于公称抗拉强度的百分数/%	1 000 h 后应力松驰率 r/%,≥	
		WLR	WNR					WLR	WNR
							对所有规格		
4.00	1 470 1 570	1 290 1 380	1 250 1 330	3.5	3	10	60	1.0	4.5
4.80	1 670	1 470	1 410		4	15			
5.00	1 770 1 860	1 560 1 640	1 500 1 580						
6.00	1 470	1 290	1 250		4	15	70	2.5	8
6.25	1 570 1 670	1 380 1 470	1 330 1 410		4	20			
7.00	1 770	1 560	1 500		4	20	80	4.5	12
8.00	1 470	1 290	1 250		4	20			
9.00	1 570	1 380	1 330		4	25			
10.00	140	1290	1250		4	25			
12.00					4	30			

(3)消除应力的刻痕钢丝的力学性能见表6.14。

表 6.14　消除应力的刻痕钢丝的力学性能

<table>
<tr><th rowspan="2">公称直径 d_n/mm</th><th rowspan="2">抗拉强度 σ_b/MPa ≥</th><th colspan="2">规定非比例伸长应力 $\sigma_{p0.2}$/MPa ≥</th><th rowspan="2">最大力下总伸长率 (L_0 = 200 mm) δ_{gt}/% ≥</th><th rowspan="2">弯曲次数 /(次/180°) ≥</th><th rowspan="2">弯曲半径 R/mm</th><th colspan="3">应力松弛性能</th></tr>
<tr><th>WLR</th><th>WNR</th><th>初始应力相当于公称抗拉强度的百分数/%</th><th>1 000 h 后应力松弛率 r/%，≥ WLR</th><th>WNR</th></tr>
<tr><td></td><td></td><td></td><td></td><td></td><td></td><td></td><td colspan="3">对所有规格</td></tr>
<tr><td rowspan="5">≤5.0</td><td>1 470</td><td>1 290</td><td>1 250</td><td rowspan="9">3.5</td><td rowspan="9">3</td><td rowspan="5">15</td><td rowspan="3">60</td><td rowspan="3">1.0</td><td rowspan="3">4.5</td></tr>
<tr><td>1 570</td><td>1 380</td><td>1 330</td></tr>
<tr><td>1 670</td><td>1 470</td><td>1 410</td></tr>
<tr><td>1 770</td><td>1 560</td><td>1 500</td><td rowspan="3">70</td><td rowspan="3">2.5</td><td rowspan="3">8</td></tr>
<tr><td>1 860</td><td>1 640</td><td>1 580</td></tr>
<tr><td rowspan="4">>5.0</td><td>1 470</td><td>1 290</td><td>1 250</td><td rowspan="4">20</td></tr>
<tr><td>1 570</td><td>1 380</td><td>1 330</td><td rowspan="3">80</td><td rowspan="3">4.5</td><td rowspan="3">12</td></tr>
<tr><td>1 670</td><td>1 470</td><td>1 410</td></tr>
<tr><td>1 770</td><td>1 560</td><td>1 500</td></tr>
</table>

2. 外观质量

钢丝表面不得有裂纹和油污，也不允许有影响使用的拉痕、机械损伤等。除非供需双方另有协议，否则钢丝表面只要没有目视可见的锈蚀麻点，表面浮锈不应作为拒收的理由。消除应力的钢丝表面允许存在回火颜色。

◆水泥混凝土质量监理内容

(1) 水泥、石子、砂、水及外加剂等的质量检验。

(2) 混凝土配合比检验。

(3) 施工过程中混凝土配合比的控制、拌和物和混凝土硬化后的强度、易性的检查和耐久性以及预力混凝土的弹性模量的检查等。

◆水泥混凝土技术要求

水泥混凝土技术要求参见本书第 5 章第 5.1 节相关内容。

【实　务】

◆钢材进场监理要点

1. 进场准备

(1) 钢材在进场前，通常都应对钢厂的批号、质保书、炉号、机械性能和化学成分逐项核查，钢材的品种规格应符合国家标准的规定或者订货合同中的技术规定要求。

(2) 进口的钢材，必须具有海关商检证，并有制造厂有关尺寸、质量、炉号、日期的标签及出厂的试验报告单。

2. 进场抽检与复核

进场后的钢材应根据具体的情况,按施工监理规定的抽检频率进行抽检。目前,碳素钢的质量在我国定点生产的厂家已经比较稳定,若供应资料完整,且批量不大时,可不再抽检,若批量较大时,则仍应按规定抽检。对合金结构钢等钢材,特别对一些新的合金钢种,就必须做复核试验。

3. 外观检查

钢材材质必须均匀,不得有裂缝、夹层、严重锈蚀(麟片、锈斑)和非金属夹杂等缺陷钢材表面不得有肉眼可见的气孔、折叠、结疤、压入的氧化铁皮及其他的缺陷。

4. 检测项目

对钢材质量的主要检测项目为极限强度、屈服强度、冷弯、延伸率、反复弯曲和化学分析等。

◆钢材质量检测频率

(1)钢筋混凝土用钢筋,每批由同一炉罐号的钢筋重量和同一截面尺寸以60 t为检查批,检查其出厂质量保证书和试验报告,并且抽样检验,在使用过程中,若发现有可疑时,则需再进行抽样检验。

(2)预应力钢筋混凝土用钢材。

1)钢筋盘条(8 mm以下):每批取两根抗伸、两根弯曲。(不同盘)

2)预应力钢绞线的力学性能,同规格、同钢号每批不超过10 t中,从每批盘数中选取15%取样试验。

3)预应力热处理钢筋的力学性能:每批钢筋不少于25盘选10%取样检验。

(3)碳素结构钢每批同一炉罐号、同一截面尺寸不少于60 t取样检验。

◆水泥混凝土质量监理要点

水泥混凝土材料质量监理要点参见本书第5章相关内容。

6.2　桥梁工程施工技术要求

【基　础】

◆钢筋加工及安装基本要求

(1)钢筋、机械连接器、焊条等的品种、规格和技术性能应符合国家标准规定和设计要求。

(2)冷拉钢筋的机械性能必须符合规范要求,钢筋平直,表面不应有裂皮和油污。

(3)受力钢筋同一截面的接头数量、搭接长度、焊接和机械接头质量应符合施工技术规范要求。

(4)钢筋安装时,必须保证设计要求的钢筋根数。

(5)受力钢筋应平直,表面不得有裂纹及其他损伤。

◆钢筋加工及安装施工材料要求

1. 材料质量要求

(1)钢筋。

1)所用的钢筋型号、种类应符合设计图纸的规定。

2)承包人应当提交制造厂商该批钢筋的出厂质量证明书、试验报告单。

3)规格、品种和技术性能等应符合国家现行标准规定和设计要求,应有出厂合格证以及检测报告,进入现场后应进行复试,确认合格后使用。

钢筋在加工过程中,若发生脆断、焊接性能不良或力学性能显著不正常等现象时,应对该批钢筋进行化学分析或其他专项检验6.15。

表6.15　钢筋力学性能试验

钢筋种类	验收批钢筋组成	每批数量	取样数量
热轧钢筋	(1)同一截面尺寸和同一炉号 (2)同刚好的混合批,不超过10个炉号	≤60 t	在任取两根钢筋上,每根取一根拉力试样和一个冷弯试样
热处理钢筋	(1)同一截面尺寸,同一热处理制度和炉号 (2)同刚好的混合批,不超过10个炉号		取10%的盘数,不少于25盘,每盘取一根拉力试样
冷拉钢筋	同级别、同直径		在任取两根钢筋上,每根取一个拉力试样和一个冷弯试样

(2)电焊条。应由产品出厂合格证,规格、品种和技术性能等应符合国家现行标准规定的设计要求,选用的焊条型号应与主体金属强度相适应,经过烘干后使用。

2. 材料的防护和存储

(1)钢筋应按种类、等级、规格、生产厂家分批堆放,并应设牌区分,以便于检查和使用。

(2)钢筋应储存在高于地面的平台、垫木或者其他支承物上,并应尽量保护它不受机械损坏和污染。

(3)注意钢筋的存放环境,应使钢筋避免生锈起皮,宜库内存放,露天需遮盖,离地面不宜小于30 cm。

3. 材料进场验收

(1)进场的钢筋除应按表6.16检查外观质量外,还需分批按规定验收,试验结果需符合有关标准规定。若有一项不符合标准要求,则需从同批中任取双倍数量试件进行该不合格项目的复验,复验结果仍有一项指标(包括该项试验所要求的任一标准)不合格时,则该批钢筋应按不给予验收或根据试验结果降低等级使用。

(2)钢筋外表有严重缺陷、裂纹、麻坑、夹砂和夹层等缺陷时,应剔除不可使用。

(3)钢筋的所有试验,均需在监理试验见证员在场的情况下取样,且在监理人员同意的试验室进行。

表6.16 钢筋外观要求

钢筋种类	外观要求
热轧钢筋	表面无裂缝、结疤和折叠,如有凸块不得超过螺纹的高度,其他缺陷的高度或深度不得超过所在部位的允许偏差,表面不得沾有油污
热处理钢筋	表面无肉眼可见的裂纹、结巴和折叠,如有凸块不得超过横肋的高度,表面不得沾有油污
冷拉钢筋	表面不得有裂纹和局部缩颈,不得沾有油污

◆预应力钢筋加工和张拉基本要求

(1)预应力筋的各项技术性能必须符合国家现行标准规定和设计要求。

(2)预应力束中的钢丝、钢绞线应梳理顺直,不得有缠绞、扭麻花现象,表面不应有损伤。

(3)单根钢绞线不允许断丝,单根钢筋不允许断筋或滑移。

(4)同一截面预应力筋接头面积不超过预应力筋总面积的25%,接头质量应满足施工技术规范的要求。

(5)预应力筋张拉或放张时,混凝土强度和龄期必须符合设计要求,应严格按照设计规定的张拉顺序进行操作。

(6)预应力钢丝采用镦头锚时,镦头应头形圆整,不得有歪斜或者破裂现象。

(7)制孔管道应安装牢固,接头密合,弯曲圆顺。锚垫板平面应与孔道轴线垂直。

(8)千斤顶、油表、钢尺等器具应经检验校正。

(9)锚具、夹具和连接器应符合设计要求,按施工技术规范的要求经检验合格后方可使用。

(10)在5 ℃以下进行压浆工作时,应采取防冻或保温措施。

(11)孔道压浆的水泥浆性能和强度应符合施工技术规范要求,压浆时排气、排水孔应有水泥原浆溢出后方可封闭。

(12)应按设计要求浇筑封锚混凝土。

◆预应力钢筋加工和张拉施工材料(设备)要求

1.预应力筋

(1)预应力筋进场时应分批验收,验收时,除检查其质量证明书、包装、标志和规格外,还应对其外观进行检查并按规定抽取试样进行表面质量、尺寸及力学性能试验。

(2)必须保持清洁,长时间存放必须进行定期外观检查,在搬运和存放过程中应妥善保护,避免机械损伤、油污和有害锈蚀。

2.张拉台

(1)张拉台台座要平整、光滑,其宽度能满足模板施工要求。

(2)张拉台座两端曲横梁要有足够的强度和刚度,能承受全部张拉荷载,受力后挠度不应大于2 mm。

(3)承力台座具有足够的强度和刚度,必须能承受全部张拉力而不产生变形和位移,其抗倾覆安全系数应不小于1.5,抗滑移系数应不小于1.3。

3. 锚、夹具和连接器

对采用的锚具、夹具和连接器,监理人员应要求承包人按出厂合格证和质量证明书核查其锚固性能类别、型号、规格及数量,并按规定抽取试样进行外观检查,硬度检验;对大桥等重要工程,当质量证明书不全、不正确或质量有疑点时,应要求承包人进行静载锚固性能试验,其他桥梁的静载锚固性能可由生产厂家提供试验报告。

4. 张拉机具

张拉机具应与锚具配套使用,在进场使用前,应进行检查和校验。

(1)千斤顶和压力表应定期配套校验,以确保张拉力与压力表读数之间的正常关系曲线。一般千斤顶使用6个月或200次或出现不正常现象时,应重新校验,弹簧测力计的校验期限不宜超过2个月。

(2)千斤顶的张拉力与行程应满足施工需要。

【实　务】

◆钢筋调直要求

钢筋应平直、无局部弯折,对于弯曲的钢筋应调直后使用。调直可以采用调直机或者冷拉法调直,调直机多用于较粗钢筋的调直,冷拉法多用于较细钢筋的调直,采用冷拉法调直时应匀速慢拉,Ⅰ级钢筋冷拉率应≤2%,HRB335、HRB400牌号钢筋冷拉率应≤1%,调直后的钢筋不可有损伤。

◆钢筋除锈去污要求

钢筋加工前要清除钢筋表面油污、油漆、泥土、锈蚀等污物,有损伤和锈蚀严重、影响钢筋性能的应剔除不用。

◆钢筋下料与切割要求

(1)钢筋下料前应认真核对其规格、级别以及加工数量,无误后按配料单下料。

(2)钢筋的切割宜采用钢筋切断机进行。在钢筋切断前,应先在钢筋上用粉笔按配料单标注下料长度将切断位置做有明显标记,切断时,切断标记对准刀刃将钢筋放入切割槽将其切断;钢筋较细时,可以用铁钳人工切割;个别情况下也可以用砂轮锯进行钢筋切割。

◆钢筋弯制要求

(1)钢筋的弯制应采用钢筋弯曲机或者弯箍机在工作平台上进行。

(2)钢筋弯制和末端弯钩均应符合设计要求,设计未做具体规定时,应符合表6.17。

(3)箍筋的末端应做弯钩,弯钩的形式应符合设计要求,设计未做具体规定时,应符合表6.18。

表 6.17　筋制作和末段弯钩形状

弯曲部位	弯曲角度	形状图	钢筋种类	弯曲直径	平直部分长度
末端弯钩	180°		Ⅰ级	≥2.5 d	≥3 d
	135°		HRB335	ϕ8～ϕ25 ≥4 d	≥5 d
			HRB400	ϕ28～ϕ40 ≥5 d	
末端弯钩	90°		HRB335	ϕ8～ϕ25 ≥4 d	≥10 d
			HRB400	ϕ28～ϕ40 ≥5 d	
中间弯钩	90°以下		各类	≥20 d	—

注：环氧树脂涂层钢筋进行弯曲加工时，直径 d 不大于20 mm的钢筋，其弯曲直径不应小于 4 d；对直径 d 大于20 mm的钢筋，其弯曲直径不小于6 d。（d 为钢筋直径）

表 6.18　弯钩

结构类别	一般结构		抗震结构
弯曲度	90°/180°	90°/90°	135°/135°
图示			

用Ⅰ级钢筋制作的箍筋末端应做弯钩，弯钩的弯曲直径应大于受力主钢筋的直径，且不小于箍筋直径的2.5倍，其末端弯钩平直部分长度，通常结构不应小于箍筋直径的5倍，有抗震要求的结构，不应小于箍筋直径的10倍。

◆钢筋焊接要求

1. 一般要求

（1）施焊场地应有适当的防风、雪、雷的措施，对于加工成型的钢筋应编号堆放，避免造成混料的情况发生。

（2）普通混凝土中钢筋直径等于或者小于25 mm时，在没有焊接条件时，可采用绑扎接头，但对轴心受拉或者偏心受拉构件中的主钢筋均应焊接，不得采用绑扎接头。

(3)对偏心受压和轴心受压柱中的受压钢筋接头,当直径大于32 mm时,需采用焊接,冷拉钢筋的接头应在冷拉前进行焊接。

(4)批量焊接前,必须根据施工条件进行试焊,合格后即可施焊,焊工必须经过考试合格后持证上岗。

(5)钢筋电弧焊所用焊条牌号应符合设计规定要求,其性能应符合现行国家标准。

2. 闪光对焊

(1)为了保证闪光对焊的质量,待焊钢筋的焊接端应切割平整,并且截面与轴线垂直,钢筋端面与电焊电极表面也应在焊接前去除铁锈、油渍等杂质,焊接时被挤压的熔渣应剔除。

(2)当改变钢筋类别、直径或者调换焊工时,通过从同批钢筋中取得两根焊接试件做冷弯试验,来检查已确定的焊接参数。焊接试件做试验时,将试件绕芯棒弯曲到90°做冷弯试验。Ⅰ级钢筋芯棒直径为2 d,Ⅱ、Ⅲ、Ⅳ级钢筋芯棒直径分别为3 d、3 d、5 d。钢筋直径大于25 mm时,芯棒应增加1 d。冷弯试验时,焊接点位于弯曲的中点,且将接头内侧的镦粗部分削除。当试件冷弯后,外侧的横向裂缝宽度不超过0.15 mm时,才允许使用已确定的焊接参数。

(3)接头处弯折不得大于4°,接头处钢筋轴线偏移应小于0.1 d且不大于2 mm,只要有一个接头不合格,就要对全部接头进行检查。

(4)刚焊完的钢筋在移动时,不可使钢筋受弯,也不能在地上碰撞。冬季施焊时,要对焊完的接头保温(可以用黄砂等保温材料),不得将刚焊完的接头和水接触(或受潮),防止接头冷脆。

(5)闪光接触对焊接头机械性能的允许偏差见表6.19。

表6.19　闪光接触对焊接头机械性能的允许偏差

项目	允许偏差	检查频率	
		范围	点数
抗拉强度	符合材料性能指标	每件(每批各抽3件)	1
冷弯			
接头弯折	不大于4°	每件(每批抽10%且不小于10件)	
接头处钢筋轴线的偏移	≤0.1 d,且≤2 mm		

注:d为钢筋直径。

3. 电弧焊

(1)焊缝的长度、厚度和宽度必须符合设计规定,若设计未规定时,则应按表6.20的规定。

(2)钢筋电弧焊所用焊条其性能应能符合《钢筋焊接及验收规程》(JGJ 18—2003)中的相关规定,若设计未做规定,其牌号则应参照表6.21的规定使用。

表 6.20 电弧焊接的焊缝规格

特征		规格
帮条焊或搭接焊长度 L	帮条连接、四条焊缝	5 d
	帮条连接、二条焊缝	10 d
	搭接、二条焊缝	5 d
	搭接、一条焊缝	10 d
帮条钢筋的横截面面积		>A
焊缝总长度	帮条连接	20 d
	搭接	10 d
焊缝宽度		0.7 d 但不小于 10 mm
焊缝深度		0.25 d 但不小于 4 mm

注:A 为被连接钢筋横断面面积;d 为被焊钢筋直径。

表 6.21 钢筋电弧焊焊条型号

钢筋级别	电弧焊接接头形式			
	帮条焊、搭接焊	坡口焊、熔槽帮条焊 预埋件穿孔塞焊	窄间隙焊	钢筋与钢板搭接焊、 预埋件 T 型角焊
Ⅰ级	E4303	E4303	E4316、E4315	E4303
HRB355	E4303	E5003	E5016、E5015	E4303
HRB400	E5003	E5503	E6016、E6015	—

注:窄间隙焊不适用于余热处理的Ⅲ级钢筋。

(3)场地应有适当的防风、雪、雨、严寒的设施,冬期施焊宜在室内进行。当在室外施焊时,最低温度不宜低于 -20 ℃,且应采取技术措施;当低于 -20 ℃时,不可进行施焊。

(4)电弧焊不允许有裂纹以及较大的凹陷或者焊瘤,焊弧接头尺寸偏差以及缺陷允许值按表 6.22 要求检查。

表 6.22 钢筋电弧焊接头尺寸偏差及缺陷允许值

项目	接头形式		
	帮条焊	搭接焊	坡口焊熔槽帮条焊
帮条沿接头中心线的纵向偏移/mm	0.5 d		
接头处弯折/°	4	4	4
接头处钢筋轴线偏移/mm	0.1 d 3	0.1 d 3	0.1 d 3
焊缝厚度/mm	+0.05 d 0	+0.05 d 0	—
焊缝宽度/mm	+0.01 d 0	+0.01 d 0	—
焊缝长度/mm	-0.5 d	-0.5 d	—

续表 6.22

项目		接头形式		
		帮条焊	搭接焊	坡口焊熔槽帮条焊
横向咬边深度/mm		0.5	0.5	0.5
在焊缝表面上	数量/个	2	2	—
	面积/mm^2	6	6	—
在全部焊缝上	数量/个	—	—	2
	面积/mm^2	—	—	6

注:1. d 为钢筋直径/mm。

2. 低温焊接接头的咬边深度不得大于 0.2 mm。

◆钢筋绑扎与安装要求

(1)钢筋的替换应征得设计同意及监理人员的书面同意,预制构件的吊环,须采用未经冷拉的Ⅰ级热轧钢筋制作,严禁用其他钢筋代替。

(2)钢筋骨架应具有足够的稳定性和刚度,以确保其运输和安装时不变形、不发生松散,必要时可以在钢筋的某些交叉点处加以焊接或添加辅助钢筋。(斜杆、横撑等)

(3)焊接骨架和焊接网片需要绑扎连接时,应符合下列规定。

1)焊接骨架和网片的搭接接头,不适宜位于构件的最大弯矩处。

2)焊接网片在非受力方向的搭接长度,宜为 100 mm。

3)受拉焊接骨架和焊接网在受力钢筋方向的搭接长度应符合表 6.23 的规定,受压焊接骨架和焊接网在受力钢筋方向的搭接长度,可以取焊接网和受拉焊接骨架在受力钢筋方向的搭棒长度的 0.7 倍。

表 6.23　受拉焊接骨架和焊接网绑扎接头的搭接长度

钢筋级别		混凝土强度		
		C20	C25	高于 C25
Ⅰ级		30 d	25 d	20 d
月牙纹	HRB335	40 d	35 d	30 d
	HRB400	45 d	40 d	35 d

注:1. 搭接长度除符合本表规定外,在受拉区不得小于 250 mm,在受压区不得小于 200 mm。

2. 当混凝土强度等级低于 C20 时,Ⅰ级钢筋的搭接长度不得小于 40 d,HRB335 牌号钢筋的搭接长度不得小于 50 d。

3. 当月牙纹钢筋直径 d 大于 25 mm 时,其搭接长度应按表中数值增加 5 d。

4. 当螺纹钢筋直径 d 不大于 25 mm 时,其搭接长度应按表中数值减少 5 d。

5. 当混凝土在凝固过程中受力钢筋易受扰动时,其搭接长度宜适当增加。

6. 轻骨料混凝土的焊接骨架和焊接网绑扎接头的搭接长度,应按普通混凝土搭接长度增加 5 d。

7. 当有抗震要求时,对一、二级抗震等级应增加 5 d。

(4)多层钢筋之间应用短钢筋或者使用特别的钢筋支架支撑,且支撑不得直接支撑在模板上。

(5)现场安装钢筋应符合下列要求。

1)所有钢筋的交叉点应采用铁丝扎牢,必要时,可以点焊焊牢。

2)板和墙的钢筋网,除了靠近外围两行钢筋交叉点全部绑扎牢外,中间部分交叉点可以间隔交错绑扎牢,但必须确保受力钢筋不产生偏移;双向受力的钢筋,必须全部都扎牢。

3)除了设计有特殊规定外,柱和梁中的箍筋应与主筋垂直;台身、墩、柱中的竖向钢筋搭接时,转角处的钢筋弯钩应与模板成45°,中间钢筋的弯钩应与模板成90°;若采用插入式振捣器浇筑小型截面柱时,弯钩与模板的角度最小不得小于15°,在浇筑的过程中不得松动。

4)箍筋弯钩的叠合处,在梁中应沿梁长的方向置于上面且交错布置,在柱中应沿柱高方向交错布置,如是方柱则必须位于箍筋与柱角竖向钢筋交接点上,但有交叉式箍筋的大截面柱,可与任何一根中间纵向钢筋的交接点上;圆柱或者圆管涵螺旋形箍筋的起点和终点应分别的绑扎在纵向钢筋上。有抗扭要求的螺旋箍筋,钢筋应伸入核心混凝土中。

5)在绑扎骨架中非焊接的搭接接头长度范围内的箍筋间距:当钢筋受拉时应 $<5d$,并不应大于100 mm;当钢筋受压时应 $<10d$(d 为受力钢筋的最小直径),并不应大于200 mm。

6)受力钢筋的混凝土保护层厚度需符合设计要求。为了保证钢筋保护层厚度的准确性,应采用不同规格的垫块,且应将垫块与钢筋绑扎牢固,垫块应交错布置。

(6)钢筋安装质量标准见表6.24。

表6.24　钢筋加工质量标准表

<table>
<tr><th colspan="3" rowspan="2">项目</th><th rowspan="2">允许偏差/mm</th><th colspan="2">检查频率</th></tr>
<tr><th>范围</th><th>点数</th></tr>
<tr><td rowspan="3">受力钢筋</td><td rowspan="2">间距</td><td>梁、柱、板、墙</td><td>±10</td><td rowspan="11">每个构筑物或构件</td><td>4</td></tr>
<tr><td>基础、墩台</td><td>±20</td><td>4</td></tr>
<tr><td colspan="2">顺高度配置二排以上的排距</td><td>±5</td><td>4</td></tr>
<tr><td rowspan="4">网片</td><td colspan="2">长度</td><td>±10</td><td>2</td></tr>
<tr><td colspan="2">宽度</td><td>±10</td><td>2</td></tr>
<tr><td colspan="2">网格尺寸</td><td>±10</td><td>4</td></tr>
<tr><td colspan="2">网片两对角线之差</td><td>10</td><td>1</td></tr>
<tr><td rowspan="3">骨架</td><td colspan="2">长度</td><td>+5,-10</td><td>3</td></tr>
<tr><td colspan="2">宽度</td><td>+5,-10</td><td>3</td></tr>
<tr><td colspan="2">高度</td><td>+5,-10</td><td>3</td></tr>
<tr><td colspan="3">箍筋及构造筋间距</td><td>±20</td><td>5</td></tr>
</table>

续表 6.24

项目		允许偏差/mm	检查频率	
			范围	点数
同一截面受拉钢筋接头截面积占钢筋总截面积	对焊、焊接	≤50%		—
	绑接	≤25%		
保护层厚度	墩、台、基础	±10		6
	梁、柱、桩	±5		
	板、墙	±3		

◆钢筋加工及安装监理巡视

(1)监理人员应认真对施工单位上报的钢筋骨架或者网片(特别是大型钢筋骨架整体吊装)安装方案进行审核,确定其是否符合安全、施工规范的要求,安装设备是否满足施工实际需要,操作工人是否具有上岗证。(如起重工)

(2)检查钢筋材料的出厂质量证明书是否与进场材料一致,对于每批进场的钢材应取样做力学性能试验,需要焊接的受力钢筋,还应做可焊性试验,无出厂质量证明书的钢筋,原则上不宜使用。钢筋材料的堆放需避免使钢筋污染和锈蚀,凡污染和锈蚀严重,影响其使用性能的钢筋,不得使用。

(3)施工前,监理人员应对施工单位的有关人员,如工程师、质检员以及有关拼装、绑扎人员进行一次技术交底。交底的内容主要是钢筋绑扎安装验收及有关技术规程要求和监理工作内容及要求,质量通病防范措施,监理人员要做好交底记录。

(4)钢筋加工时,主要检查钢筋的除污锈和调直是否符合要求;钢筋的弯钩和弯折尺寸是否符合要求;钢筋连接的位置、质量是否符合要求,应抽取试件做力学性能试验。

(5)应对钢筋安装的施工前和安装过程进行检查,例如骨架筋或者网片的整体刚度和稳定性是否满足安装和运输的要求,保护层厚度是否符合设计的要求等。

(6)检查现场安装设备(特别是起重机)安全防护措施是否符合规范的要求,对于大型钢筋骨架或者网片安装要旁站监督,避免发生安全事故。

◆钢筋加工及安装监理验收

1. 实测项目

(1)钢筋安装实测项目应符合表 6.25 的要求。

表 6.25　钢筋安装实测项目

检查项目			规定值或允许偏差	检查方法和频率
受力钢筋间距/mm	两排以上排距		±5	尺量:每构件检查 2 个断面
	同排	梁、板、拱肋	±10	
		基础、锚碇、墩台、柱	±20	
	灌注桩		±20	

续表 6.25

检查项目		规定值或允许偏差	检查方法和频率
箍筋、横向水平钢筋、螺旋筋间距/mm		±10	尺量:每构件检查 5~10 个间距
钢筋骨架尺寸/mm	长	±10	尺量:按骨架总数 30% 抽查
	宽、高或直径	±5	
弯起钢筋位置/mm		±20	尺量:每骨架抽查 30%
保护层厚度/mm	柱、梁、拱肋	±5	尺量:每构件沿模板周边检查 8 处
	基础、锚碇、墩台	±10	
	板	±3	

注:1. 小型构件的钢筋安装总数抽查 30%。

2. 在海水或腐蚀环境中,保护层厚度不应出现负值。

(2)钢筋网实测项目应符合表 6.26 的规定。

表 6.26 钢筋网实测项目

检查项目	规定值或允许偏差	检查方法和频率
网的长、宽/mm	±10	尺量:全部
网眼尺寸/mm	±10	尺量:抽查 3 个网眼
对角线差/mm	15	尺量:抽查 3 个网眼对角线

(3)预制桩钢筋安装实测项目应符合表 6.27 的规定。

表 6.27 预制桩钢筋安装实测项目

检查项目	规定值或允许偏差	检查方法和频率
纵钢筋间距/mm	±5	尺量:抽查 3 个断面
箍筋、螺旋筋间距/mm	±10	尺量:抽查 5 个间距
纵向钢筋保护层厚度/mm	±5	尺量:抽查 3 个断面,每个断面 4 处
桩顶钢筋网片位置/mm	±5	尺量:每桩
桩尖纵向钢筋位置/mm	±5	尺量:每桩

注:在海水或腐蚀环境中,保护层厚度不应出现负值。

2. 外观鉴定

(1)钢筋表面无铁锈及焊渣。

(2)多层钢筋网要有足够的钢筋制成,保证骨架的施工刚度。

◆先张法预应力施工要求

(1)张拉台座须具有足够的刚度、强度和稳定性,抗滑移系数不应小于 1.3,抗倾覆系数不应小于 1.5。

(2)张拉横梁必须有足够的刚度,受力后挠度应不大于 2 mm。

(3)张拉施工前,应对横梁、台座以及各项张拉设备进行详细的检验,同时进行试张拉，以检验张拉设备以及张拉台座的各项性能是否符合施工、设计及规范要求。

(4)首次张拉前应做试张拉，张拉至100%的检查各部情况，出现问题应及时纠正，如伸长的实测值和理论值相差 -5% ~ +10%范围时，应对其检查原因，纠正后重新张拉，直到符合要求后为止。

(5)先张法预应力为超张拉时，其张拉程序按表6.28进行。

表6.28　先张法预应力张拉程序

预应回升筋种类	张拉程序
预应力钢筋	0→初应力→105% σ_k(持荷2 min)→90% σ_k→σ_k
钢丝、钢绞线	(1)0→初应力→105% σ_k(持荷2 min)→0→σ_k (2)0→103% σ_k

注：表中为张拉时控制应力值，包括预应力损失值。

(6)预应力筋张拉完毕后，设计位置与实际位置的偏差不得大于5 mm，且不得大于构件截面最短边长的4%。张拉后应设置足够的定位板，以保证在浇注混凝土时预应力筋的正确位置。

(7)张拉时预应力筋的断丝数量不得超过表6.29的规定。

表6.29　先张法预应力断丝限制

类别	检查项目	控制数
钢丝、钢绞线	同一构件内断丝数不得超过钢丝总数的百分率	1%
钢筋	断筋	不容许

(8)放张后的预应力钢材应清洗干净，不可以沾上油污，以免造成预应力失效。

(9)放张后的预应力筋，应用无齿锯切割，且将外露部分涂上防锈漆，以防止生锈。

◆后张法预应力施工要求

1. 后张法张拉

(1)后张法施工的混凝土梁、板，在施加预应力前，要对混凝土构件进行检验，尺寸和外观应符合质量标准和设计要求，张拉时的混凝土强度不可低于设计规定。设计未规定时，不可低于设计强度等级的70%。

(2)施加预应力所用的机具、设备及仪表，应定期维护和校验。对于锥形锚具，其值不可大于6 mm；对于夹片式锚具，其值不得大于5 mm。张拉设备应配套校验，以确定张拉力和油泵仪表读数的张拉曲线，以指导预应力的张拉施工。

(3)后张法施工的梁板，在预留孔道时位置和尺寸应准确，孔道应平顺，端部的预埋钢板应符合设计规定要求。

(4)除监理人员另有规定外，否则后张法预应力张拉程序应按表6.30进行。

表 6.30 后拉法预应力钢筋张拉程序

预应力钢筋种类		张拉程序
钢筋束、钢绞线束		0→初应力→1.05 σ_k(持荷 5 min)→σ_k
钢丝束	夹片式锚具、锥销式锚具	0→初应力→1.03 σ_k→锚固
	其他锚具	0→初应力→1.05 σ_k→0→σ_k

注:1. σ_k 为张拉力,超张拉(1.05 σ_k)的应力,对于钢绞线、钢丝不得超过80%标准强度,对于工地冷拉钢筋不得超过95%屈服强度。

2. 当采用低松弛钢丝或钢绞线时,可不必超张拉到1.05 σ_k 及持荷 5 min。

(5)预应力钢筋的断丝、滑丝不得超过表 6.31 规定,若超过限制数,应进行更换,若不能更换时可提高其他束的控制张拉力,作为补偿,但最大张拉力不得超过千斤顶额定能力,也不得超过钢绞线或者钢丝的标准强度的80%,对于工地冷拉钢筋,应当不超过其屈服强度的95%。

表 6.31 预应力钢筋断丝、滑移限制数

预应力钢筋		控制数
钢丝束	每束钢丝或每根钢绞线的断、滑丝(根)	1
钢绞线	每个截面断丝、滑丝(根)	1%
单根钢筋	断筋或滑移	不允许

注:钢绞线断丝是指单根钢绞线内绞丝的断丝。

(6)当预应力加至设计规定值时,张拉控制应力达到稳定后才能锚固。预应力筋锚固后的外露长度不应小于 30 mm,锚具应用封端混凝土保护,长期外露需采取措施防锈,多余的端头预应力筋严禁用电弧焊切割,应用砂轮切割。

2. 孔道压浆

(1)水泥浆的要求如下。

1)水泥浆应由精确称量的不低于 42.5 级硅酸盐水泥或者普通硅酸盐水泥和水组成。水灰比通常为 0.4~0.45,所用水泥龄期不可超过 1 个月。

2)水泥浆的最大泌水率不应超过4%,拌和后 3 h 泌水率应小于 2%,24 h 后泌水应重新的被吸收。

3)水泥浆内可以掺入膨胀剂,如铝粉,铝粉约为水泥用量的 0.01%(通过试验)。掺入膨胀剂后,水泥浆不受约束的膨胀应不超过 10%。

4)水泥浆的拌和应首先将水加入拌和机内,再放入水泥。当这些充分拌和以后再加入掺加料。掺加料内的水分应计入水灰比内,拌和应至少 2 min 至达到均匀的稠度为止。任何一次掺配能满足 1 h 的使用即可,稠度应在 14~18 s 之间。

(2)压浆应从最低点进入,最高点排气和泌水,压浆应先压注下层孔道。

(3)压浆应缓慢、均匀,不可中断,压浆应使用活塞式压浆泵,压浆的最大压力宜控制在 0.5~0.7 MPa。

(4)压浆应达到另一端出浆饱和,且应达到排气孔排出的与压注的浆液有相同的稠度。

(5)压浆时每一工作班应制取不少于3组的立方体试件。(7.07 cm×7.07 cm×7.07 cm)

(6)压浆时及压浆后的48 h内,如结构气温高于35 ℃时,宜在夜间进行。

◆预应力钢筋加工和张拉施工监理巡视

(1)预应力材料的存放和搬运应避免有害锈蚀、油污以及机械损伤。

(2)施工方案的审批以及开工报告的批准,对张拉应力、张拉程序的控制及理论伸长量进行审核。

(3)预应力施工时,监理人员应旁站检查,若发现问题,应指令暂停施工,待查明原因且采取措施予以调整后,方可继续施工。

(4)预应力施工时,实际伸长值与理论伸长值的差值应控制在6%以内;对于超重6%的,需要求暂停张拉,待查明原因并予以调整后,方可继续。锚固阶段张拉端预应力筋的内缩量,应不大于设计规定值或者不大于容许值;多根预应力筋同时张拉时,预应力筋的预应力值,其偏差的绝对值不可超过一个构件全部预应力筋预应力总值的5%;当张拉完毕之后,与设计位置的偏差不得大于5 mm,同时不得大于构件最短边长的4%。

◆先张法预应力施工监理验收

1. 实测项目

(1)钢丝、钢绞线先张法实测项目应符合表6.32的规定。

表6.32　钢丝、钢绞线先张法实测项目

检查项目		规定值或允许偏差	检查方法和频率
镦头钢丝同束长度相对差/mm	$L>20$ m	L/5 000及5	尺量:每批抽查2束
	$20\leqslant L\leqslant 6$ m	L/3 000	
	$L<6$ m	2	
张拉就历程值		符合设计要求	查油压表读数,每束
张拉伸长率		符合设计规定,设计未规定时±6%	尺量:每束
同一构件内断丝根数不超过钢丝总数的百分数		1%	目测:每根(束)检查

注:L为钢束长度。

(2)粗钢筋先张法实测项目应符合表6.33的规定。

表6.33　粗钢筋先张法实测项目

检查项目	规定值或允许偏差	检查方法和频率
冷拉钢筋接头在同一平面内的辆线偏位/mm	2及1/10直径	拉线用尺量:抽查30%
中心偏位/mm	4%短边及5	尺量:全部
张拉应力值	符合设计要求	查油压表读数:全部
张拉伸长率	符合设计规定,设计未规定时±6%	尺量:全部

2. 外观鉴定

预应力筋表面应保持清洁,不应有明显的锈迹。

◆后张法预应力施工监理验收

1. 实测项目

后张法实测项目应符合表6.34的规定。

表6.34 后张法实测项目

检查项目		规定值或允许偏差	检查方法和频率
管道坐标/mm	梁长方向	±30	尺量:抽查30%,每根查10个点
	梁高方向	±10	
管道间距/mm	同排	10	尺量:抽查30%,每根查5个点
	上、下层	10	
张拉应力值		符合设计要求	查油压表读数:全部
张拉伸长率		符合设计规定,设计未规定时±6%	尺量:全部
断丝滑丝数	钢束	每束1根,且每断面不超过钢丝总数的1%	目测:每根(束)
	钢筋	不允许	

2. 外观鉴定

预应力筋表面应保持清洁,不应有明显的锈迹。

6.3 桥梁基础施工

【基 础】

◆明挖基础施工内容

明挖基础施工一般包括以下几项内容基坑、围堰、基础开挖、坑壁支护、修边清底、坑底验收、回填等。

◆钻孔灌注桩施工基本要求

(1)桩身混凝土所用的水泥、砂、石、水、外掺剂及混合材料的质量和规格必须符合有关规范的要求,按规定的配合比施工。

(2)成孔后必须清孔,测量孔径、孔深、孔位和沉淀层厚度,确认满足设计或施工技术规范要求后,方可灌注水下混凝土。

(3)水下混凝土应连续灌注,严禁有夹层和断桩。

(4)嵌入承台的锚固钢筋长度不得低于设计规范规定的最小锚固长度要求。

(5)应选择有代表性的桩,用无破损法进行检测,重要工程或重要部位的桩宜逐根进行检测。设计有规定或对桩的质量有怀疑时,应采取钻取芯样法对桩进行检测。

(6)凿除桩头预留混凝土后,桩顶应无残余的松散混凝土。

◆挖孔灌注桩施工基本要求

(1)桩身混凝土所用的水泥、砂、石、水、外掺剂及混合材料的质量和规格必须符合有关规范的要求,按规定的配合比施工。

(2)挖孔达到设计深度后,应及时进行孔底处理,必须做到无松渣、淤泥等扰动软土层,使孔底情况满足设计要求。

(3)嵌入承台的锚固钢筋长度不得小于设计规范规定的最小锚固长度要求。

◆泥浆性能指标

1. 比重

(1)泥浆的比重是泥浆与4℃时同体积水的重量比,泥浆比重愈大,孔壁愈趋于稳定,携带钻碴能力也愈大。但随着泥浆比重的增加,也给孔壁上的泥皮增厚,给清孔和灌注混凝土造成困难。

(2)灌入钻孔中的泥浆,其比重一般的层以1.1~1.3为宜,松散易坍地层1.4~1.6为宜。

2. 黏度

(1)黏度是泥浆流动时,内部颗粒间摩擦力的大小。黏度大的泥浆,产生的孔壁泥皮厚,对于防止翻砂、阻隔渗漏有利,对悬浮携带钻渣的能力强,对正循环回转钻进有利。但是黏度过大,则易"糊钻",影响泥浆泵的正常工作,增加泥浆净化的困难,进而影响钻进的速度。黏度过小,钻渣不易悬浮,泥皮薄,对防止翻砂、渗漏均不利。

(2)入孔泥浆的黏度,松散易坍地层以19~28 s为宜,一般的层以16~22 s为宜。

3. 含砂率

(1)含砂率是砂浆内所含的砂和黏土颗粒的体积百分比。泥浆含砂率大时,会降低黏度,增加孔内沉淀厚度,容易磨损泥浆泵和水管摇头、钻锥等钻具,增加沉淀,造成泥皮松散,护壁不牢,停钻时,易造成埋钻、卡钻事故。

(2)新制泥浆含砂率不宜大于4%,循环泥浆不宜超过8%。

4. 酸碱度

酸碱度以pH表示,pH小于7时为酸性,等于7时为中性泥浆,大于7时为碱性。为防止侵蚀混凝土,若pH值过大,则泥浆滤液将渗透到孔壁的黏土中,使孔壁表面软化,黏土颗粒之间的凝聚力减弱,造成裂解而使孔壁坍塌。pH值通常以8~10为适当,若pH过小,失水量会急剧上升。

5. 胶体率

(1)胶体率系泥浆静止一昼夜的沉淀率。胶体率高的泥浆,黏土颗粒保持悬浮状态的性能高,孔底淀少、形成孔壁泥皮强度也比较大。

(2)新制泥浆胶体率应不小于95%。

6. 失水率

泥浆的失水量越小越好,泥浆的失水量越小则它的胶体率越大。失水量小的泥浆有利于巩固孔壁和保护基岩(尤其是遇水软化的泥质页岩),失水量过大的泥浆,形成孔壁泥皮过厚,在泥岩地层易造成岩石遇水软化,地层膨胀而坍孔;在松散砂类土地质钻进时,易因泥皮过厚而使钻孔缩短。

◆沉桩基本要求

(1)混凝土桩所用的水泥、砂、石、水、外掺剂及混合材料的质量和规格必须符合有关规范的要求,按规定的配合比施工。

(2)混凝土预制桩必须按表6.35检查合格后,方可沉桩。

表6.35　预制桩实测项目

检查项目		规定值或允许偏差	检查方法和频率
混凝土强度/MPa		在合格标准内	按水泥混凝土抗压强度评定检查
长度/mm		±50	尺量:每桩检查
横截面/mm	桩的边长	±5	尺量:每预制件检查2个断面,检查10%
	空心桩空心(管芯)直径	±5	
	空心中心与桩中心偏差	±5	
桩尖对矿井的纵轴线/mm		10	尺量:抽查10%
桩纵轴线弯曲矢高/mm		0.1%桩长,且不大于20	沿桩长拉线量,取最大矢高:抽查10%
桩顶面与桩纵辆线倾斜偏差/mm		1%桩径或边长,且不大于3	角尺:抽检10%
接桩的接头平面与桩辆平面垂直度		0.5%	角尺:抽检20%

(3)钢管桩的材料规格、外形尺寸和防护应符合设计和施工技术规范的要求。

(4)用射水法沉桩,当桩尖接近设计高程时,应停止射水,用锤击或振动使桩达到设计高程。

(5)桩的接头质量应符合设计要求。

◆地下连续墙施工基本要求

(1)混凝土所用的水泥、砂、石、水、外掺剂及混合材料的质量和规格必须符合有关规范的要求,按规定的配合比施工。

(2)墙体的深度和宽度必须符合设计要求。

(3)每一槽段成槽后,必须采取有效措施清底,并测量槽深、槽宽及倾斜度,符合设计和施工技术规范要求后,方可灌注水下混凝土。

(4)相邻两槽段墙体中心线在任一深度的偏差值不得超过60 mm。

(5)水下混凝土应连续灌注,严禁有夹层和断墙。

(6)灌注水下混凝土时,钢筋骨架不得上浮。

(7)应处理好接头,防止间隔灌注时漏水漏浆。

(8)墙顶应无松散混凝土。

◆沉井基础施工基本要求

(1)沉井所用的水泥、砂、石、水、外掺剂及混合材料的质量和规格必须符合有关规范的要求,按规定的配合比施工。

(2)沉井下沉应在井壁混凝土达到规定强度后进行。浮式沉井在下水、浮运前,应进行水密性试验。

(3)沉井接高时,各节的竖向中轴线应与第一节竖向中轴线相重合,接高前应纠正沉井的倾斜。

(4)沉井下沉到设计高程时,应检查基底,确认符合设计要求后方可封底。

(5)沉井下沉中出现开裂,必须查明原因,进行处理后才可继续下沉。

(6)沉井下沉应有完整、准确的施工记录。

【实　务】

◆基坑施工要求

(1)基坑大小需满足基础施工的要求,有渗水土质的基坑坑底开挖尺寸,需根据基坑排水设计和基础模板设计所需基坑的大小而定,通常基底应比设计平面尺寸各边增宽50～100 cm。

(2)基坑坑壁坡度,应按地质条件、施工经验、基坑深度及现场具体情况确定。

1)在天然湿度的土中,开挖基坑时,当挖土的深度不超过下列规定时,可以不放坡,不加支撑。

①密实、中密的砂土和碎石类土(充填物为砂土)不宜深于1.0 m。

②硬塑、可塑的黏质粉土及粉质黏土不宜深于1.25 m。

③硬塑、可塑的黏土和碎石类土(充填物为黏性土)不宜深于1.5 m。

④坚硬的黏土不宜深于2.0 m。

2)超过上述的规定深度,在3 m以内时,当土具有天然湿度、水文地质条件好、构造均匀,且无地下水,基坑可不加支撑,但是必须放坡,边坡最陡坡度应符合表6.36的规定。

3)当基坑深度大于5 m时,应将坑壁坡度适当放缓或者加设平台。若土的湿度可能引起坑壁坍塌时,坑壁坡度应缓于该湿度下土的天然坡度。

4)没有地面水,但是地下水位在基坑底以上时,地下水位以上部分可以放坡开挖,地下水位以下的部分,若土质易坍塌或者水位在基坑底以上较深时,应加固坑壁开挖。

表 6.36　各类土的边坡坡度

坑壁土类	坑壁坡度		
	坡顶无荷载	坡顶有荷载	基坡顶缘有动载
砂类土	1:1	1:1.25	1:1.5
碎、卵石类土	1:0.75	1:1	1:1.25
亚砂土	1:0.67	1:0.75	1:1
亚砂土、黏土	1:0.33	1:0.5	1:0.75
极软土	1:0.25	1:0.33	1:0.67
软质岩	1:0	1:0.1	1:0.25
硬质岩	1:0	1:0	1:0

(3)基坑顶面应设置防止地面水流入基坑的措施。基坑顶有动载时,坑顶与动载之间至少应留有 1 m 宽的护道,若工程地质和水文地质不良或者动载过大,宜增宽护道或者采取加固措施。

(4)基坑壁坡不易稳定且有地下水影响,或者放坡开挖场地受到限制,或者放坡开挖工程量大,不符合技术经济要求时,可以按具体的情况,采取钢木结合支撑、钢板支撑、混凝土护壁等加固措施。

◆围堰施工要求

(1)围堰段所采用材料的品种规格、化学成分以及力学性能必须符合设计和有关技术规范的要求,具有完整的出厂质量合格证明。

(2)堰顶高度,应高出施工期间可能出现的最高水位(包括浪高)50 ~70 cm。

(3)围堰外形,应考虑河流断面被压缩后,流速增大引起水流对河床、围堰的集中冲刷以及影响通航、导流等因素。

(4)堰内面积需满足基础施工的需要。

(5)围堰断面需满足堰身强度和稳定的要求。

(6)围堰要求防水严密,需尽量减少渗漏,以减轻排水工作。

◆基础开挖施工要求

(1)承包人应在基础开挖开始之前通知监理人员,以便于检查、测量基础平面位置和现有地面标高,在未完成检查测量及监理人员批准之前不得开挖。

(2)在开挖的基坑未经监理人员批准之前,不得浇筑混凝土或砌筑圬工。低于批准基底标高的超挖或者纵横向超过规定界线的部分,应由承包人自费补填。

(3)在基桩处的基坑开挖,需在打桩之后完成。

(4)必要时,挖方的各侧面应始终予以可靠的支撑,并经监理人员同意。

(5)石方基础挖方的施工,也需符合上述的规定。

(6)基坑开挖允许偏差见表 6.37。

表6.37　基坑开挖允许偏差

项目	允许偏差/mm	检验方法
坑底高程	±30	用水准仪测量
纵横轴线	50	用经纬仪纵横各测量1点
基坑尺寸	不小于设计	用直尺量，每边各计1点

◆坑壁支护施工要求

(1)采用钢板桩或预制混凝土板桩围护时，桩的入土长度应通过计算决定，通常不宜小于基坑深度的1/2。沉入时，钢板桩应垂直于水平面，保证桩与桩之间的密贴，并选择合适的打桩机械，机械操作人员和起重人员应持有操作证。

(2)采用深层搅拌桩或者树根桩等形式围护时，桩的直径以及入土长度应通过计算决定，施工要连续进行，确保桩与桩之间搭接。

(3)基坑支撑尽量满足结构整体施工，若混凝土分段浇筑，应根据受力要求确定分段的位置，此时支撑可以考虑对称垂直设置，分段浇筑混凝土，回填土方，且分段拆除下层支撑。

(4)采用八字或者人字支撑时，横撑与撑杆连接必须牢固。

(5)在基槽边弃土时，应保证边坡的稳定。当土质良好时，槽边的堆土应距基槽上口边缘1.0 m以外，高度不可超过1.5 m。

◆修边清底施工要求

在距基底设计标高0.2～0.5 m槽帮处，抄测出水平线，钉上小木橛，然后用人工把暂留土层挖走。同时，由两端轴线(中心线)引桩拉通线，验查距槽边的尺寸，确定基槽的宽度，以此修整槽边。

◆坑底验收要求

基坑开挖并处理完毕由施工单位需按以下项目自检并报请检验，确认合格后填写地基检验表。经检验签证的地基检验表由施工单位保存作为竣工交验资料，未经监理人员的签证，不可砌筑基础。

(1)检查基底平面位置、基底标高、尺寸大小。

(2)检查基底地质的情况和承载能力是否与设计资料相符。

(3)检查基底处理和排水情况是否与符合规范要求。

(4)检查施工日志以及有关试验资料等。

◆回填施工要求

(1)未经监理人员许可，不得对结构物回填。通常要到结构物的拆模期结束3 d之后进行回填。

(2)所有结构物的回填必须采用经监理人员批准且能够充分压实的材料,不得用草皮土、垃圾及有机土等回填,严禁结构物基础超挖回填虚土。

(3)回填材料应分层摊铺,且用符合要求的设备压实。每层都应压实到图纸或者监理人员要求的压实度标准,回填用土的含水量应严格的控制。

(4)需回填的基坑应尽可能地及时排水。如无法排除基坑积水时,应采用砂砾材料回填,且在水中分薄层铺筑,直到回填进展到该处的水全部被回填的砂砾材料所吸收且达到能充分压实的程度时,再进行充分夯实。

(5)如基坑附近有重要构筑物或者重要地下管道时,应通过论证,在板桩拔除时,可以采用跟踪注浆措施。

◆明挖基础监理巡视

(1)认真审阅基坑开挖围堰施工、基坑围护方案,并明确审批意见。

(2)监理人员应认真的复核施工单位提交的放样复核单的各类数据,且到现场进行复核、签署复核意见。

(3)对围堰轴线、基坑轴线进行复核,应复核标高控制点。

(4)审核施工单位提供的回填土最大干密度、最佳含水量前,监理应按要求取样做好平行试验,确认施工单位提供的数据。基坑回填前确认构筑物的混凝土强度报告,重要构筑物应旁站混凝土试压试块的过程。

(5)监理人员应对施工前准备工作情况进行认真检查,检查所有人、物、机是否都按方案要求进行准备。

(6)检查基坑内有无杂物、积水、淤泥。

(7)回填时是否同步对称进行,分层填筑。

(8)桥台回填宜在架梁完成后进行,若确需架梁前填土,则应有专题施工组织设计,经批准后进行施工。

(9)加强现场巡视,检查打入桩的长度及成桩深度,对搅拌桩和树根桩要注意水泥用量及混凝土的质量,并做好记录,确保成桩的质量和计量的支付。

(10)对于支撑设置进行检查,确保基坑支撑的牢固。

(11)若坑边有房屋等结构物,应及时观察记录地下水位和地面下沉数据,审核施工单位的沉降记录及沉降曲线,若发现问题时应暂停施工,及时上报建设单位,要求施工单位提出可行的技术措施,并审批后报建设单位批示。

(12)审查公用事业管线和保护措施,必要时,报请建设单位组织召开协调会,以保证措施可靠、可行。

◆明挖基础监理验收

(1)基坑开挖允许偏差应符合表6.38的规定。

表6.38 基坑开挖允许偏差

项目		允许偏差/mm	检验频率		检验方法
			范围	点数	
坑底高程	土方	±30	每座	5	用水准仪测量
	石方	±100		5	
轴线位移		50		2	用经纬仪测量,纵横向各计1点
基坑尺寸		不小于规定		4	用尺量,每边各计1点

(2)填土中不得含有淤泥、腐殖土,有机物不得超过5%。

(3)填土的压实度标准应符合表6.39的规定。

表6.39 填土的压实度标准

项目	压实度/%	检验频率		检验方法
		范围	点数	
压实度	≥±90	每个构筑物	每层一组(三点)	用环刀法检验

(4)围堰实测项目见表6.40、表6.41。

表6.40 双臂钢围堰的制作拼装实测项目

检查项目		规定值或允许偏差	检查方法和频率
顶面中心偏位/mm	顺桥向	20	全站仪或经纬仪:纵横各检查2点
	横桥向	20	
围堰平面尺寸/mm		直径/500及30,互相垂直的直径差<20	尺量:每节检查4处
高度/mm		±10	尺量:每节检查2处
节间错台/mm		2	尺量:每节检查4处
焊缝质量		符合设计要求	超声:抽检水平、垂直焊缝各50%
水密试验		不允许渗水	加水检查:每节

表6.41 沉井或钢围堰封底混凝土实测项目

检查项目	规定值或允许偏差	检查方法和频率
混凝土强度/MPa	在合格标准内	按水泥混凝土抗压强度评定标准
基底高程/mm	+0,-200	测绳和水准仪:5~9处
顶面高程/mm	±50	水准仪:5处

◆冲击钻孔施工要求

(1)开孔前应在孔内多放一些黏土,且加适量粒径不大于15 cm的片石,顶部抛平,用低冲程冲砸(简易钻机冲程0.5~1.0 m),泥浆的比重为1.6左右,钻进0.5~1.0 m,再回填黏土继续以低程冲砸。

(2)钻孔时要察看钢丝绳回弹及回转的情况。耳听冲击声音,借以判别孔底的情况。要掌握少松绳的原则,若松软地层夹有较多石块时,一般每次松绳3~5 cm,均匀密实地层5~8 cm。

(3)冲击过程中,要勤抽碴,勤检查钢丝绳及钻头的磨损情况,及转向装置是否灵活,预防发生安全质量事故。

(4)不同地层,应采取不同的冲程。

(5)钻头直径磨耗不宜超过1.5 cm,并常备两个钻头轮换使用、修补应经常检查,及时用耐磨焊条补焊。为了防止卡钻,一次补焊不宜过多。

(6)当孔内泥浆含碴量增大,钻进速度减慢,每小时进尺卵石层应小于5~10 cm,松软土层小于15~30 cm时,应进行抽碴。

(7)为了保证孔形正直,钻进中,应常用检孔器检孔,检孔器可以用钢筋制成,其高度为钻孔直径的4~6倍,直径与钻头直径相同。更换钻头前,必须经过检孔,将检孔器检到孔底方可放入新钻头。

◆冲抓钻孔施工要求

(1)收紧内套绳将钻头提起(钻头的位置偏移不应大于2 cm),检查中心的位置是否偏移,各部工作是否正常。

(2)放松内套绳,待钻头离护筒顶1.5 m左右时即停住,用铁钩扭转钻头方向,然后松绳下落将钻头落到孔底。

(3)提内套绳使叶瓣合龙,抓起土石,钻头上升后,外套绳也跟着收起,吊出孔口到适当的高度。检查内外套绳,若扭在一起,应需转动钻头使它展开。

(4)收紧外套绳,放松内套绳,锥瓣张开,土石落入运碴车中。

(5)护筒内补加泥浆,由于冲抓钻孔井壁易受损伤,宜用比重较大的泥浆。

◆旋转钻孔施工要求

1.正循环旋转钻孔

(1)开始钻孔时,应稍提钻杆,在护筒内旋转造浆,开动泥浆泵进行循环,待泥浆均匀后用低档慢速开始钻进,使护筒脚处有牢固的泥皮护壁。钻至护筒脚下1.0 m后,即可按正常速度钻进。

(2)钻孔时,要根据地层的变化,对于不同的土层采用不同的钻进方法。

(3)泥浆泵应有足够的流量,以免影响钻进的速度。若泥浆泵流量不足可用污水泵代替。为避免泥浆泵损坏时停工,每台钻机应配两套泥浆泵轮换使用。泥浆泵的泵压,对于孔深100 m以内的钻孔,2 MPa及以上的泵压,通常可敷使用。

(4)起落钻头要避免撞击孔壁。在接卸钻杆时,必须严防钻头脱落,钻进时要防止卡钻和扩孔。每进尺5~8 m,应检查钻孔直径一次。

2. 真空泵反循环旋转钻孔

(1)为了防止堵塞钻头吸碴口,钻具放入护筒水中后,需将钻头提高距孔底20~30 cm。

(2)打开真空泵管路阀门,使气水畅通,启动真空泵,抽除管路中气体,产生负压,把水引到泥石泵。泥石泵中充满水时,关闭真空泵,启动泥石泵。

(3)当泥石泵出口压力达到0.2 MPa以上时,打开出水控制阀,把管路中泥水混合物,排到沉淀池。

(4)当一节钻杆钻完时,先停止转盘转动,反循环系统继续工作直至孔底,钻碴基本排净(约需1~3 min),关闭泥石泵。

(5)接长钻杆,在法兰盘接头之间垫3~5 mm的橡皮垫圈,拧紧螺栓。接妥以后,钻头提离孔底20~30 cm。

(6)开动反循环系统,待流动正常后,下降钻头,继续钻进。

(7)当泥浆比重大于1.3时,泥泵的抽吸能力降低,故反循环钻机泥浆比重宜为1.1左右。

3. 冲吹反循环旋转钻孔

(1)为了使反循环钻碴从钻杆中流出,必须使孔内具有一定深度的泥浆,形成钻杆与孔的压力差才可实现。

(2)钻进的速度不宜太快,若进尺太快泥皮可能来不及形成而塌孔。在粉、细砂地层中限速10~15 m/h。进尺速度可以用调整钻压的方法来达到目的,钻机的转速取值:岩石类土取高转速,黏土类取中转速,砂类土取低转速,恒转速在反循环钻进时(转速在8~12 rad/min范围内)可适应任何土层。

◆斜桩钻孔施工要求

(1)钻进中的斜度应按设计斜度预加1%~3%,控制斜度的方法为一次将塔架调整到施工斜度。

(2)钻斜孔时,孔壁较易坍塌,故孔内水头和护壁泥浆的黏度、比重等指标均应比钻竖孔时稍大,也可以掺入适量的碱以改善泥浆性能。

(3)土质不良,易坍孔时,应增加护筒入土深度,且宜用钢筋混凝土护筒。

(4)应经常检查导向筒情况,钻头也可采用导向装置,若使用带上下导向圈的笼式钻等。

◆挖孔施工要求

施工前应根据地质及水文地质条件安全施工、提高挖掘速度和因地制宜的原则,选择合适的孔壁支护类型。但不可拆除的柳条、竹笆或者木框架等支撑,不得用于摩擦桩。若将混凝土护壁当作桩身截面的一部分,仅限用于截面不出现拉应力的桩,且护壁混凝土强度等级不可低于桩身混凝土强度等级。

在挖孔的过程中,要经常检查桩孔净空尺寸和平面位置。孔的中线误差不得大于孔深的0.5%,截面尺寸必须满足设计要求,孔口平面位置与设计桩位偏差不得大于5 cm。

挖孔达到设计高度后,应进行孔底处理。须做到平整,无松碴、污泥以及沉淀等软层,嵌入岩层深度应符合设计的要求。开挖过程中,应经常检查了解地质情况,倘若与设计资料不符,应提出变更设计。如孔底地质复杂或者开挖中发现不良地质现象(如薄层泥岩、溶洞、不规则的淤泥分布等)时,应钻探查明孔底以下地质情况。

◆钢筋笼(骨架)制作和安装施工要求

(1)卡板成型。两块半圆形木板制成卡板。按主筋设计位置在其上凿成凹槽,每隔3 m左右放一块卡板,将主筋置于凹槽内绑好,按规定的位置焊上箍筋,卸下卡板即成。

(2)箍筋成型。在每段钢筋笼两端及一个中部箍筋或者加强箍筋内圈将主筋位置做上记号,依次将主筋与它们焊牢,然后再焊(或绑扎)其他箍筋以及加强箍筋。

(3)钢筋笼吊装就位可在清孔之前进行,也可在清孔之后。通常多采用前者,以缩短清孔完毕到开始灌注水下混凝土的时间。

(4)吊入钢筋笼时,应对准孔位慢放,轻放。在下放的过程中,要注意观察孔内水位情况,若发现异样,则马上停止,检查是否坍孔。

(5)钢筋笼入孔后,要牢固定位,且应采取具体措施防止在灌注水下混凝土过程中下落或者被混凝土顶托上升。钢筋笼入孔定位标高应准确,允许误差为±5 cm,并使钢筋笼底部处于悬吊状态下灌注水下混凝土。

(6)在斜孔中吊放钢筋笼时,须在其下侧和两侧设置能导向、滑行及控制保护层厚度的装置。较浅的斜孔可以安设数根钢管,在灌注完毕后拔出;较深的斜孔,可以均匀的布置较长的托板式混凝土垫块。

◆吸泥法清孔施工要求

(1)开始应先向孔内供水,然后送风清孔。停止清孔时,要先关气后断水,以防止水头损失而造成坍孔。

(2)送气压力应比孔底泥浆压力稍大,通常为0.5~0.7 MPa。

3)当孔底沉淀较厚且坚实时,可以适当的加大送风量并摇动导管,改变导管在孔底的位置,仍不能清除干净时,则应用喷射法配合。

4)清孔过程中必须始终保持孔内原有水头高度。

5)清孔至泥浆指标符合规定时暂停片刻,待孔内剩余物沉淀后,再送气清一次,然后测量孔底的标高。

◆换浆法清孔施工要求

正循环旋转钻孔在终孔后,停止进尺,将钻头提离孔底10~20 cm空转,保持泥浆的正常循环,以中速压入符合规定指标的泥浆,把孔内比重大的泥浆换出,使含砂率逐步减小,直到稳定状态为止,换浆时间通常为4~8 h。

◆掏渣法清孔施工要求

掏渣法适用于冲击、冲抓成孔的摩擦桩或者不稳定的土层。终孔后用抽碴筒清孔，掏到用手摸泥浆无2~3 mm大的颗粒且其比重在规定指标之内为止。

降低泥浆比重方法是在掏碴后，用一根水管插到孔底注入高压水，用水流将泥浆冲稀，泥浆比重逐渐降低后向孔口溢出。

◆灌注混凝土施工要求

1. 水下混凝土的灌注

(1)在灌注前，导管下端距孔底沉碴的距离以0.3~0.5 m为宜。

(2)灌注开始后应迅速连续地进行，禁止中途停工。为了防止坍孔和泥浆沉淀过厚，开始灌注前应再次核对钢筋笼标高、导管下端距孔深、孔底尺寸、泥浆沉淀厚度、孔壁有无坍塌等现象。

(3)水下混凝土的坍落度以18~22 cm为宜，有一定的流动度，保持坍落度降低至15 cm的时间，通常不宜小于1.0 h。

(4)每根桩灌注的时间不能太长，尽量在8 h内灌注完毕，为了防止顶层混凝土失去流动性，提升导管困难，增加事故的可能性，要求灌注高度应不小于10 m/h。

(5)拌和时间应比一般混凝土延长1.5倍。一经开始灌注，就应连续进行直至完成，中途出现任何原因中断灌注皆不得超过30 min，否则采取补救措施，或者重钻。

(6)导管埋入混凝土的深度取决于灌注速度和混凝土的性质，任何时候均不得小于1 m，通常控制在2~4 m内。

(7)灌注标高应高出桩顶设计标高0.5~1.0 m，以便清除浮浆和消除测量的误差。但需注意，不要因误测而造成短桩。

(8)在灌注将近结束时，导管内混凝土柱高度减小，超压力降低，而导管外的泥浆以及所含渣土稠度增加，比重增大。

2. 深水钻孔桩混凝土的灌注

(1)蔑笼内模。本法不但节约了护筒，还避免了水中一段桩身同河底以下桩身不同直径的缺点，节约了混凝土数量。用6 mm钢筋做骨架，外包油毡、芦席各一层，用铅丝捆扎。先在护筒口挂8根直径22 mm、长10 m的导向钢筋，将蔑笼顺导向钢筋插进护筒内，直到蔑笼脚部与护筒底处胶泥层(埋设护筒时填入的)紧密接触为止。蔑笼尺寸根据钻孔大小和护筒长短决定，完工后将护筒拔走，蔑笼留于原处。

(2)钢护筒内设木模。先做好弧形散块木板并捆成木筒，外面用薄铁皮带箍几道，把它插放进钢护筒内。它与护筒之间的空隙用砂填塞，使木筒位置稳定。木筒脚部钉有一道象法兰那样的环形木以阻止砂流失，在此木筒内灌注水下混凝土，待混凝土达到一定强度后，射水冲掉所填的砂，并用铁钎插入木筒预留的一道缝隙内，戳断铁皮箍，弧形木板就可逐块撬取出来，最后撤走钢护筒。

(3)钢护筒内壁贴油毛毡并涂油。采用两半的钢护筒，安装之前，在钢护筒的内壁涂刷沥青，在沥青上面裱一层油毡，在油毡面上涂一道黄油，稍干后即可下水使用。钻孔并灌注混凝土后,由潜水工拧开连接螺栓,因有黄油、油毡等衬贴,所以撤除护筒比较顺利。

◆钻(挖)孔灌注桩施工监理巡视

1. 钻孔检查

(1)无论采用何种方法钻孔,开孔的孔位都必须准确。开孔时均应慢速钻进,待导向部位或者钻头全部进入地层后,即可加速钻进。

(2)采用正、反循环钻孔均应采用减压钻进,即钻机的主吊钩要承受部分钻具的重力,而孔底承受的钻机不得超过钻具重力之和(扣除浮力)的80%。

(3)终孔后,监理人员应用检孔器检查孔径,能把检孔器沉到孔底,就说明为孔径合格。

(4)在钻孔排渣、提钻头除土或者因故停钻时,应保持孔内具有规定的水位及要求的泥浆相对密度和黏度。处理孔内事故停钻,须将钻头提出孔外。

(5)检查孔底沉淀层厚度,每个桩在灌注前均必须检查。

2. 清孔检查

(1)无论采用何种清孔方法清孔时,均应及时的向孔内注入清水或者纯泥浆,注意保持孔内水头,避免坍孔。

(2)清孔应认真操作,不可用加深孔深来代替清孔。

(3)嵌入岩层中的柱桩孔底,或者导管插近孔底有困难时,在灌注水下混凝土前,应射水或气3~5 min,将孔底沉淀层冲翻动,然后再进行灌注,射水压力比孔底压力大于0.05 MPa。

(4)对于摩擦桩,孔底沉淀土的厚度。小、中桥不得大于0.1~0.6 d(d为桩直径),大桥按设计文件规定。清孔后泥浆性能指标:含砂率为4%~8%,黏度为18~20 s,相对密度为1.1~1.25。对支承桩(柱桩,包括嵌岩桩)宜以抽浆法清孔,且宜清理至吸泥管出清水为止,灌注混凝土前,孔底沉淀土厚度不得大于5 cm。如土层易坍孔,应当在泥浆中灌注混凝土时,建议采用砂浆置换钻渣清孔法。清孔后的泥浆性能指标,含砂率不大于4%,其余指标同摩擦桩。以上泥浆的指标,以孔口流出的泥浆测量值为准。

3. 水下混凝土灌注检查

(1)导管检查。导管接头不允许漏水,导管的孔底悬高应以25~40 cm为宜,首盘混凝土灌注时,导管的混凝土埋深不小于1 m。

(2)在灌注过程中,要记录灌注的混凝土方量和混凝土顶面标高,导管埋深应不小于2 m,也不大于6 m。灌注过程中应检查坍落度,并随机抽样做试件。

(3)记录灌注过程中有无故障和不正常现象,如出现卡管、坍孔等情况应及时采取措施防止断桩,一旦发生断桩,应采取有效措施进行断桩处理。

(4)检查钢筋笼是否上浮,采取措施防止继续上浮。

(5)灌注结束时,混凝土顶面应高于设计标高至少50~100 m。

◆钻孔灌注桩施工监理验收

1. 实测项目

钻孔灌注桩实测项目应符合表6.42的规定。

表6.42 钻孔灌注桩实测项目

检查项目			规定值或允许偏差	检查方法和频率
混凝土强度/MPa			在合格标准内	用水泥混凝土抗压强度评定检查
桩位/mm	群桩		100	全站仪或经纬仪:每桩检测
	排架桩	允许	50	
		极值	10	
孔深/mm			不小于设计	测绳量:每桩测量
孔径/mm				探孔器:每桩测量
钻孔倾斜度/mm			1%桩长,且不大于500	用测壁(斜)仪或钻杆垂线法:每桩检查
沉淀厚度/mm	摩擦桩		符合设计规定,设计未规定时按施工规范要求	沉淀盒或标准测锤:每桩检查
	支承装		不大于设计规定	
钢筋骨架地面高程/mm			±50	水准仪:测每桩骨架顶面高程后反算

2. 外观鉴定

(1)桩的质量不可以有缺陷。

(2)桩顶面应平整,桩柱连接处应平顺且无局部修补。

◆挖孔灌注桩施工监理验收

1. 实测项目

挖孔桩实测项目应符合表6.43的规定。

表6.43 挖孔桩实测项目

检查项目			规定值或允许偏差	检查方法和频率
混凝土强度/MPa			在合格标准内	按水泥混凝土抗压强度评定检查
桩位/mm	群桩		100	全站仪或经纬仪:每桩检查
	排架桩	允许	50	
		极值	100	
孔深/m			不小于设计值	测绳量:每桩测量
孔径/mm			不小于设计值	探孔器:每桩测量
孔的倾斜度/mm			0.5%桩长,且不大于200	垂线法:每桩检查
钢筋骨架底面高程/mm			±50	水准仪测骨架顶面高程后反算:每桩检查

2. 外观鉴定

(1)桩的质量不宜有缺陷。

(2)桩顶面应平整,桩柱连接处应平顺且无局部修补。

◆锤击沉桩施工要求

(1)沉桩前对使用的桩要有出厂合格证,并按外观检验要求验收合格后方准使用。每根桩应划好尺寸,有接头法兰盘的要除锈去污,确定锤击的桩,其射水孔可以用钢板电焊堵孔。

(2)沉桩前,应对桩架、动力机械、桩锤、蒸汽管路、射水管路、电缆等主要设备部件进行检查。

(3)开锤前,应检查桩锤,桩帽或者送桩与桩的中轴线是否一致。

(4)锤击沉桩开始时,应严格控制各种桩锤的功能。

(5)若设计文件没有规定最小入土深度,施工时应以满足承载力为准,但在承台底面或者局部冲刷线以下至少应有4 m。若桩顶已经沉到设计标高,而沉入度仍达不到要求时,需接桩继续下沉。

(6)沉斜桩时,桩架的龙门挺(导杆)应符合斜桩的倾斜度。插完桩,将桩锤压于桩上,需复查一次,若每米倾斜误差大于3 mm时,需进行校正。

(7)接桩力求迅速,尽量缩短停锤时间。若停顿过久,土壤恢复,便难以继续打桩下。就地接桩宜在下接桩头露出地面至少1 m以上时进行,必须使两桩的中轴线重合。

◆射水沉桩施工要求

(1)按照计算的长度配好射水管,安好接头,装上弯管,接通输水管,进行通水试验。

(2)在吊插管桩时,随管桩的起吊,要注意及时引送输水胶管以防止拉断。

(3)管桩插正立稳后,压上桩帽以及桩锤,吊桩钢丝绳暂不解开,即开启水阀,射水冲刷桩尖下的土壤,使桩依靠自重下沉。最初可以使用较小的水压,具体数值视土质的软硬而定。

(4)桩下沉到距设计标高一定距离时,应立即停止射水,拔出射水管,进行锤击或者振动使桩下沉至设计要求为止。

在射水进行过程中,水阀不宜突然打开过大,以免射水水量、水压突然降低,涌入泥砂堵塞射水嘴。射水沉桩现场,须挖好排水沟。

◆振动沉桩施工要求

(1)振动时间的控制。每次振动时间应根据土质情况以及振动机能力大小,并通过实地试验决定,通常不宜超过10~15 min。

(2)停振后射水时间控制。停振后的射水时间也应适当的控制,过短影响下沉,过长不必要、浪费电力。其适当时间要根据已沉的基桩的下沉量与振动射水时间关系曲线进行比较,以得出适当的控制时间。

(3)管桩改用开口桩靴振动吸泥下沉。当桩基土层中含有大量碎石或卵石成破裂岩层,若采用高压射水振动沉桩尚难下沉时,可以将锥形桩尖改为开口桩靴,并在桩内用吸泥机配合吸泥。

◆静力压桩施工要求

(1)在施压过程中,应密切注视压桩力是否符合桩的中心,龙口和压梁导轮的接触是否正常,有无卡住的现象。一些机具要求同步运行,必须严格满足,发生问题需及时调整。

(2)在压桩过程中,当桩尖碰到夹砂层时、压桩阻力可能突然增大,甚至超过压桩的能力,使压桩机上抬。这时,可以最大的压桩力作用在桩顶后,采用停车"进一进"的方法,使桩有可能缓慢穿过砂层。若有少量桩确实不能沉达设计标高,如相差不多,可以截除桩头,继续基础承台的施工。

(3)当快达到设计标高时,若过早停压,则补压时常可能发生压不下或者压入过低情况。因此,压桩接近设计标高时,注意严格控制,使其一次成功。

(4)当压桩阻力超过压桩能力,或由于平衡配重来不及调整,而使压桩架发生较大的倾斜时,应立即采取停压措施,以免造成断桩或者倒架事故。

◆沉桩施工监理巡视

(1)沉桩前,须检查桩位、桩锤的中心轴线、桩架的垂直度,以确保沉桩时,桩帽、桩锤及桩身在同一直线上。

(2)沉桩施工时,监理人员必须在场。检查桩位垂直度是否符合设计要求,认真控制停止沉桩标准,对于施工过程中出现的一些不正常情况应及时报告,研究处理。

(3)当沉桩完毕后,监理人员要求承包人做无破损的检测试验,根据得出的试验数据判定桩基础是否能满足设计和施工规范要求。若检测一切正常,在承包人自检合格的基础上,监理人员签署中间交工验收单。

◆沉桩施工监理验收

1. 实测项目

沉桩实测项目应符合表6.44的规定。

表6.44 沉桩实测项目

检查项目			规定值或允许偏差	检查方法和频率
桩位/mm	群桩	中间桩	$d/2$ 且不大于250	全站仪或经纬仪:检查20%
		外缘桩	$d/4$	
	排架桩	顺桥方向	40	
		垂直轴方向	50	
桩尖高程/mm			不高于设计规定	水准仪测桩顶面高程后反算:每桩检查
贯入度/mm			小于设计规定	与控制贯入度比较:每桩检查
倾斜度		直桩	1%	垂线法:每桩检查
		斜桩	$15\% \tan\theta$	

注:1. d 为桩径或短边长度。

2. 为斜桩轴线与垂线间的夹角。

3. 深水中采用打桩船沉桩时，其允许偏差应符合设计规定。

4. 当贯入度符合设计规定但桩尖高程未达到设计高程，应按施工技术规范的规定进行检验，并得到设计认可时，桩尖高程为合格。

2. 外观鉴定

(1) 预制桩的桩顶和桩尖不得有蜂窝、麻面现象。

(2) 桩头应无劈裂。

◆地下连续墙施工要求

(1) 检查所用原材料、配合比、外加剂等是否符合设计要求和施工规范的规定。核查施工机械设备的性能、能力是否满足挖槽、泥浆起吊、循环、混凝土灌注等施工作业的需要。

(2) 导沟挖至规定标高后，应平整夯实。

(3) 导墙施工时，应确保导墙的平面轴线与地下连续墙轴线平行；两导墙内侧间距比地下连续墙体厚度大 50 mm 左右，并且内墙面须保持平滑、竖直；导墙顶面要高出原地面 50 ~ 100 mm，且要求顶面保持水平。当导墙分段施工时，其段落划分应与单元槽段划分错开。

(4) 挖槽的平面位置、宽度、深度和垂直度必须符合设计要求，监理人员要经常检查。

(5) 地下连续墙工程中的钢筋骨架和预埋管件的安装必须符合设计要求和施工规范规定，验收合格后，办理隐蔽工程及验收记录的事宜。

(6) 检查地下连续墙裸露墙面、接缝处夹泥以及漏水情况，并检查成墙后墙顶中心线和标高是否符合设计的要求。

(7) 地下连续墙的混凝土抗压强度、抗渗标号必须符合设计要求及施工规范的规定，必要时进行混凝土强度检测。

◆地下连续墙施工监理巡视

(1) 导墙施工时，监理人员对导墙的材料、埋置深度、平面位置、墙体厚度、顶面高程及两内墙间距、内墙面竖直度等应严格按设计文件要求及施工技术规范规定进行监理。

(2) 在开挖过程中，监理人员应定时检测成槽质量，沟槽如有偏斜或者槽壁坍塌，应当查明原因，妥善处理。

(3) 钢筋骨架应根据设计图和单元槽段的划分进行长度制作。吊放钢筋骨架必须使骨架中心对准单元槽段的中心。大片钢筋骨架起吊不得产生变形，不得发生摆动，且准确地插入槽内。如不能顺利插入，应重新吊起，查明原因，绝对不允许强行压入槽内。

(4) 灌注混凝土时，应经常转动和定时小量提升接头管，以保证单元槽段混凝土灌注结束且待初凝后，将接头管拔出。

◆地下连续墙施工监理验收

1. 实测项目

地下连续墙实测项目应符合表 6.45 的规定。

表6.45　地下连续墙实测项目

检查项目	规定值或允许偏差	检查方法和频率
混凝土强度/MPa	在合格标准内	按水泥混凝土抗压强度评定检查
轴线位置/mm	30	全站仪或经纬仪:每槽段测2处
倾斜度/mm	0.5%墙深	测壁(斜)仪或垂线法:每槽段测1处
沉淀厚度	符合设计要求	沉淀盒或标准测锤:每槽段测1处
外形尺寸/mm	+30,-0	尺量:检查1个断面
顶面高程/mm	±10	水准仪:每槽段测1~2处

2.外观鉴定

(1)墙体的裸露墙面应平整,外轮廓线应平顺,槽段内无突变转折现象。

(2)槽段之间连接处在基坑开挖时应不透水、翻砂。

◆沉井制作施工要求

1.场地平整

(1)在岸滩上制作沉井,要先将场地平整夯实,以免在灌筑沉井过程中及拆除支垫时,发生不均匀的沉陷。若场地土质松软,应加铺一层30~50 cm厚的沙层,必要时,应挖去原有松软土层,然后铺以沙层。当石渣、漂卵石等取材方便时,常不挖除松软的土壤,可以直接回填夯实,以便施工。

(2)在基坑中灌筑沉井,应防止基坑为暴雨淹没,且应注意观察洪水,做好防洪措施。在总的进度安排中,应抓住枯水期的有利季节,这样对于预制和下沉工作都是非常有利的。

2.铺垫

铺垫基本要求见表6.46。

表6.46　铺垫基本要求

项目	基本要求
垫木材料	质量良好的普通枕木及短方木
垫木铺设方向	刃脚的直线段垂直铺设,圆弧段径向铺设
垫木下承压应力	应小于岛面容许承压应力
筑岛底面承压应力	应小于河床地面容许承压应力
刃脚下和隔墙下垫木应力	应基本上相等,以免不均匀沉陷使井壁与隔墙连接处混凝土裂缝
铺垫次序	应先从各定位垫木开始向两边铺设
支撑排架下的垫木	应对正排架中心线铺设
铺垫顶平面最大高差	应不大于3 cm
相邻两垫木最大高差	应不大于0.5 cm
调整垫木高度时	不应在其下垫塞木块、木片、石块等,以免受力不均
垫木间空隙	应填砂捣实
垫木埋入岛面深度	应为垫木高度的1/2

3. 支撑

(1)带踏面的刃脚(刃脚角钢)可以直接支放在垫木上。

(2)如为钢刃尖,应沿刃尖周围在垫木上铺设钢垫板,垫板厚度不应小于10 mm。

(3)电焊连接各段钢刃脚时,对称进行,应尽量减小电焊变形。

(4)刃脚及隔墙下应设支撑。支撑可搭设木垛或设置排架,并须具有较好的刚性。

4. 模板制作与安装

(1)安装顺序。刃脚斜面以及隔墙底面模板→井孔模板→绑扎钢筋→立外模→调整各部尺寸→全面紧固支撑拉箍、拉杆等。

(2)模板制作。沉井外侧应尽量的平滑,以利下沉。外侧模板(面向混凝土)的板面应刨光,拼接要平顺,且应具有较好的刚性。

(3)安装与支撑。沉井井壁外侧的模板板缝必须顺直立方向装设。安装后,外模的上口尺寸不宜大于下口的尺寸,其与刃脚相接处凹凸不平的空隙,应妥为添塞以免漏浆,刃脚斜面模板与隔墙底模交接处应注意塞缝和支垫。

5. 混凝土灌注

灌注沉井混凝土应对称进行,避免因偏载产生不均匀沉陷,而使混凝土裂缝。每节沉井的混凝土,应分层均匀地逐层向上灌注,一次性连续灌完,每层厚度 h 应不超过表6.47的规定。

表6.47　混凝土灌注层厚 h 值

项目	层厚 h 应小于
使用内部振捣器	振捣器作用部分长度的1.25倍
人工振捣	15~25 cm
从灌注一层的时间不应超过水泥初凝时间 t 考虑	$h \leqslant \frac{Q \cdot t}{A}$

注:表中 Q 为每小时混凝土生产量/($m^3 \cdot h^{-1}$);t 为水泥初凝时间/h;A 为灌注面积/m^2。

6. 拆模

(1)当混凝土强度达到2.5 MPa以上后,即可拆除直立的侧面模板。

(2)当混凝土强度达到设计强度的70%(或者达到设计文件规定的要求)后,方可拆除隔墙底面、刃脚斜面的支撑以及模板。

7. 抽垫

(1)抽垫应分区、对称、依次、同步进行,抽垫前应将井孔内所有杂物清除。

(2)抽垫时,先掏挖垫木下的填砂,再用大锤、撬棍锤撬拨动,且在垫木上临时钉一扒钉,挂上绳钩,井内外互相配合,连敲带拖,一鼓作气地迅速将垫木抽出,通常垫木宜向外抽出。

(3)回填时,在开始抽垫几组可暂不回填,当抽出几组现出空档后,即可回填,以后每抽出一组即可回填一组。回填材料可用砂、砂夹卵(碎)石,且分层洒水夯实捣实,每层厚20~30 cm。

8. 允许偏差

沉井制作允许偏差见表6.48。

表6.48　沉井制作允许偏差

项目		允许偏差
沉井平面尺寸	长	±0.5%最大不超过±12 cm
	宽	
	对角线	±1.0%最大不超过±18 cm
	曲线半径	±0.5%最大不超过±6 cm
	倾斜度	不大于1/50
沉井井壁厚度	混凝土、片石混凝土	±4 cm
	钢筋混凝土	±1.5 cm
	在筑岛上制造的沉井其中心纵横向偏移	高度的1/50

◆沉井下沉施工要求

1.排水井挖下沉

(1)土质松软,在分层挖除回填土的过程中,沉井即逐渐下沉,当刃脚下沉至与原地面大致齐平时,可在沉井中部先向下挖深约40~50 cm,且逐渐向四周均匀扩挖,到距刃脚约1.0 m处(此距离可视土的松软程度而定),再分层挖除刃脚内侧的原地面土。

(2)土质比较坚实,若刃脚内侧土壤挖平后仍下沉很少或不下沉,可从沉井中部再向下挖深约40~50 cm,且逐渐向四周均匀扩挖,到距刃脚1 m时再分层挖。

(3)坚硬土层,可以比照抽垫的顺序分段掏空刃脚,每段掏空后随即回填砂砾。待最后几段(即定位承垫处)掏空并回填后,再分层分次逐步的挖去回填料,使沉井下沉。

(4)岩层风化或软质岩层可用风镐或者风铲挖除,较硬的岩层可打眼爆破。岩层通常按设计要求开挖不需很深,中间部分若石质不好,可在最后挖除,如石质良好可以不挖除。

2.不排水开挖下沉

(1)开挖深度通常根据土质而定,最深不低于刃脚2 m。

(2)通过细砂、粉砂等松软地层时,要保持井内水位高出井外1~2 m,以防流砂涌向井内,引起沉井歪斜,其增加吸泥工作量。

(3)沉井入土较深,井壁侧面阻力较大时,应根据具体情况,采取有效的下沉方法。通常需采取抓土、射水交替、吸泥或者联合作业;必要时还需辅以降低井内水位(当土壤稳定性较好时)以增加沉井的重量,或在井顶压重,或在井底放炮震压,才能沉至设计标高。

3.沉井下沉进度

沉井下沉进度根据沉井入土深度、土质的情况而定,其变化的幅度很大,表6.49为部分沉井下沉进度统计资料,仅供参考。

表6.49 沉井下沉进度参考表

项目	下沉条件	下沉速度
平均综合下沉进度	砂土中	0.3~0.4 m/d
	卵石中	0.15~0.25 m/d
	砂黏土及黏砂土互层中	0.2~0.3 m/d
	黏土中	0.1~0.2 m/d
各工序耗用时间	下沉总延续时间	100%
	接筑圬土及养护时间	30%~45%
	安装防水围堰时间	10%~15%
	下沉作业时间	50%~60%

◆沉井封底施工要求

1. 排水封底

基底岩面平整，刃脚周围经用黏土或者水泥沙浆封堵后、井内无渗水时，可以在基底无水的情况下灌注封底混凝土。如果仍有小量渗水时可分两种情况封底。

(1)易于抽干时，可采用抽水封底。封底前，应在井底挖小水沟3~4道(在小水沟内填充粒径较大的碎石，再在其面层铺填粒径较小的碎石)，将水引至井中央集水坑内。在集水坑上放置预制的无底混凝土圆桶或者铁圆桶，其高度略高于封底混凝土顶面。将水泵的吸水管置于桶内抽水，封底混凝土即可以在井底无水的情况下灌注。抽水时必须继续到混凝土终凝时为止，待井内水位上涨或者注水至与井外平衡时，再向圆桶内灌注水下混凝土封填。

(2)对于无法抽干井内积水的沉井，必须采取水下混凝土封底，通常多采用垂直导管法灌注。

2. 不排水封底

要求把井底浮泥清除干净，新、老混凝土接触面用水冲刷干净，且铺碎石垫层。封底混凝土用导管法灌注或者用堆石灌浆法灌注。待水下封底混凝土达到设计要求强度后，即通常养护为7~10 d，方可从沉井中抽水，按排水封底法施工上部钢筋混凝土底板。

3. 水下灌注封底混凝土

(1)混凝土原材料要符合水下灌注混凝土的有关规定，混凝土坍落度宜为150~200 mm。

(2)所需的导管根数及其间隔，必须与导管作用半径和封底面积大小相适应。

(3)导管的埋深，见表6.50。

(4)混凝土面最终灌注高度，应比设计标高提高不小于15 cm。

表6.50 导管埋设深度要求

导管不同灌注深度	灌注深度/m	≤10	10~15	15~20	>20
	导管最小埋深/m	0.6~0.8	1.1	1.3	1.5
导管不同间距	导管间距/m	≤5	6	7	8
	导管最小埋深/m	0.6~0.9	0.9~1.2	1.2~1.4	1.3~1.6

4. 封底后井孔填充和灌注顶盖板

当封底混凝土养护达到所要求强度后,才容许抽干水,进行井孔填充。填充前应先将井内水抽干且清除封底混凝土面上的浮浆。如用砂加卵石填充时,应分层夯实。

对于填充井孔的沉井,不需设置盖板,可以直接在填充后的井顶灌筑承台或墩(台)身,对于不填充井孔的沉井,需设置钢筋混凝土顶盖板或者模板,以便作为灌筑承台的底模板。盖板可预制后安装于井顶,也可就地浇筑。

◆沉井基础施工监理巡视

(1)对于就地制作沉井的应当反复检查沉井的轴线控制桩、定位放线和水准点。

(2)在下沉过程中,应随时的掌握土层变化情况,严格控制刃脚附近取土深度,防止翻沙涌水。

(3)在下沉过程中,应经常做好底面标高、倾斜、下沉量和位移的测量工作。随时注意纠正沉井的偏斜,沉井周围地面开裂、塌陷情况。

(4)灌注水下封底混凝土时,要正确的调整坍落度和导管埋置深度,抽拔导管时严禁有水进入导管。

(5)监理过程中进行的每一道工序都得到监理人员认可后方可进行下一道工序。

◆沉井基础施工监理验收

1. 实测项目

沉井实测项目应符合表6.51的规定。

表6.51　沉井实测项目

检查项目		规定值或允许偏差	检查方法和频率
各节沉井混凝土强度/MPa		在合格标准内	按水泥混凝土抗压强度评定检查
沉井平面尺寸/mm	长、宽	±0.5%边长,大于24 m时±120	尺量:每节段
	半径	±0.5%半径,大于12 m时±60	
井壁厚度/mm	混凝土	+40,-30	尺量:每节段沿周边量4点
	钢壳和钢筋混凝土	±15	
沉井刃脚高程/mm		符合设计要求	水准仪:测4~8处顶面高程反算
中心偏位/mm(纵、横向)	一般	1/50	全站仪或经纬仪:测沉井两轴线交点
	浮式	1/50井高+20	
沉井最大倾斜度(纵、横方向)/mm		1/50井高	吊垂线:检查两轴线1~2处
平面扭转角/°	一般	1	全站仪或经纬仪:检查沉井两轴线
	浮式	2	

2. 外观鉴定

沉井接高时施工缝应清楚浮浆和凿毛。

6.4 桥梁上部构造

【基　础】

◆预制和安装梁基本要求

(1)所用的水泥、砂、石、水、外掺剂及混合材料的质量和规格必须符合有关规范的要求,按规定的配合比施工。

(2)梁(板)不得出现露筋和空洞现象。

(3)空心板采用胶囊施工时,应采取有效措施防止胶囊上浮。

(4)梁(板)在吊移出预制底座时,混凝土的强度不得低于设计所要求的吊装强度;梁(板)在安装时,支承结构(墩台、盖梁、垫石)的强度应符合设计要求。

(5)梁(板)安装前、墩、台支座垫板必须稳固。

(6)梁(板)就位后,梁两端支座应对位,梁(板)底与支座以及支座底与垫石顶须密贴,否则应重新安装。

(7)两梁(板)之间接缝填充材料的规格和强度应符合设计要求。

◆现场预制梁材料要求

(1)监理人员应同承包人对各种材料(包括砂石料、水泥、钢筋、预应力钢材及锚具)进行取样试验,检验材料的合格率。如对材料有怀疑,应要求承包人重新取样试验。如材料检查不合格,可以要求承包人改变材料来源。

(2)对于预应力混凝土预制块件,特别要注意对锚固件的检查。所有锚固件必须由专业厂家生产,具有合格的硬度和强度,到场后应做探伤和硬度的检验,有伤痕、裂痕的锚固件不可使用。

(3)为了保证预加力的有效传递,还必须进行预力钢材和锚具的配套试验,锚固效率指标应符合要求,检验不合格的材料必须立即退场,不得用于施工。

◆成品梁材料要求

(1)若采用预制构件加工厂的成品梁,则必须有相关的生产许可证、资质证明,报请监理人员审核同意后方可采用。

(2)预制梁必须符合质量标准,并附有“构件出厂合格证”以及相应的检验资料以及混凝土强度报告,汇总评定资料。

(3)供应单位在预制梁出厂前应与现场安装单位联系,明确出梁顺序与现场安装相配套。

(4)预制梁到达现场后,施工单位要仔细检查构件几何尺寸、预埋件、支座钢板、预留孔位置、外观质量以及预应力梁的起拱高度,检查合格后,报请监理工程师验收通过后方可安装。

◆就地浇筑梁(板)基本要求

(1)所用的水泥、石、砂、水、外掺剂及混合材料的质量和规格必须符合有关规范要求,按规定的配合比施工。

(2)支架和模板的强度、刚度、稳定性应满足施工技术规范的要求。

(3)预计的支架变形及地基的下沉量应满足施工后梁体设计标高的要求,必要时应采取对支架预压的措施。

(4)梁(板)体不得出现露筋和空洞现象。

(5)预埋件的设置和固定应满足设计和施工技术规范的规定。

◆顶推施工梁基本要求

(1)台座和滑道组的中线必须在桥轴线或其延长线上。

(2)导梁应在地面试装后,然后在台座上安装,导梁与梁身必须牢固连接。

(3)千斤顶及其他顶推设备在施工前应仔细检查校正,多点顶推必须确保同步。

(4)在顶推过程中,要设专人观测墩台沉降、墩台位移及梁的偏位、导梁和梁挠度等资料,提供观测数据。

(5)顶推及落梁程序正确。若梁体出现裂缝,应查明原因,在采取措施后,方可继续顶推。

◆悬臂施工梁基本要求

(1)悬臂浇筑或合龙段浇筑所用的砂、石、水泥、水、外掺剂及混合材料的质量和规格必须符合有关规范要求,按规定的配合比施工。

(2)悬拼或悬浇块件前,必须对桥墩根部(0 号块件)的高程、桥轴线做详细复核,符合设计要求后,方可进行悬拼或悬浇。

(3)悬臂施工必须对称进行,应对轴线和高程进行施工控制。

(4)在施工过程中,梁体不得出现宽度超过设计和规范规定的受力裂缝。一旦出现,必须查明原因,经过处理后方可继续施工。

(5)必须确保悬浇或悬拼的接头质量,梁段间胶结材料的性能、质量必须符合设计要求,接缝填充密实。

(6)悬臂合龙时,两侧梁体的高差应在设计允许范围内。

◆转体施工梁基本要求

(1)转动设施和锚固体系必须经过严格检查,安全可靠。

(2)采用双侧对称同步转体施工时,必须设位控体系,严格控制两侧同步,使误差控制在设计允许的范围内。

(3)上部构造在转体施工中,若出现裂缝,应查明原因,采取措施后方可继续转体施工。

(4)合龙段两侧高差必须在设计规定的允许范围内。

◆就地浇筑拱圈基本要求

(1)混凝土所用的水泥、砂、石、水和外掺剂的质量和规格必须符合有关规范的要求，按规定的配合比施工。

(2)支架式拱架必须严格按照施工技术规范的要求进行制作，必须牢固稳定。

(3)严格按照设计规定的施工顺序浇筑拱圈混凝土。

(4)拱架的卸落必须按照设计和有关规范规定的卸架顺序进行。

(5)不得出现露筋和空洞现象。

◆拱桥安装基本要求

(1)拱桥安装必须严格按设计规定的程序进行施工。

(2)拱段接头采用现浇筑混凝土时，必须确保其强度和质量，并在达到设计规定强度后，方可进行拱上建筑的施工。

(3)在安装过程中，如杆件或节点出现开裂，应查明原因，采取措施后方可继续进行。

(4)合龙段量测高差必须在设计规定的允许范围内。

◆转体施工拱基本要求

(1)转动设施和锚固体系必须经过严格检查，安全可靠。

(2)采用双侧对称同步转体施工时，必须设位控制系，严格控制两侧同步，使误差控制在设计允许的范围内。

(3)上部构造在转体施工中，如出现裂缝，应查明原因，采取措施后方可继续转体施工。

◆劲性骨架混凝土拱基本要求

(1)混凝土所用的水泥、砂、石、水和外掺剂的质量和规格必须符合有关规范的规定，按照规定的配合比施工。

(2)骨架应按设计要求的钢种、型号及线形精心加工，骨架接头在吊装以前应进行试拼，以便吊装后骨架迅速成拱。

(3)杆件在施工中，如出现开裂或局部构件失稳，应查明原因，采取措施后方可继续施工。

(4)吊装骨架应平衡下落，减少骨架变形。浇筑前应校核骨架，进行必要的调整。

(5)按设计规定的顺序，分层、对称地浇筑混凝土，无空洞和露筋现象，并严格按设计要求，采取措施以保证骨架的稳定。

(6)浇筑混凝土过程中应进行观测，严格控制轴线，累积误差应在允许范围内。

◆钢管混凝土拱基本要求

(1)钢管拱肋使用的钢材和焊接材料应符合规范和设计要求。

(2)钢管拱肋的焊接应按施工规范有关规定进行焊接工艺评定，施焊人员必须具有相应的焊接资格证和上岗证。

(3)钢管拱肋元件合格后方可组焊,钢管拱肋节段合格后方可安装。

(4)同一部位的焊缝返修不能超过两次,返修后的焊缝应按原质量标准进行复验,并且合格。

(5)钢管拱在安装过程中,必须加强横向稳定措施,扣挂系统应符合设计和规范要求。

(6)管内混凝土应采用泵送顶升压注施工,由拱脚至拱顶对称均衡地一次压注完成。

(7)钢管混凝土应具有低泡、大流动、收缩补偿、延后初凝的性能。管内混凝土的浇筑应严格按设计要求进行,并对混凝土的质量进行检测。

(8)钢管的防护应符合设计要求。

◆中下承式拱吊杆和柔性系杆基本要求

(1)吊杆、系杆及锚具的材料、规格和各项技术性能必须符合国家现行标准规定和设计要求。

(2)锚垫板平面须与孔道轴线垂直。

(3)吊杆、系杆防护必须符合设计和规范要求。

(4)严格按设计规定程序进行施工。

【实 务】

◆起重机安装要求

(1)对于在起重机械的工作半径和有效高度(当有输电架空线路时还可加上安全高度)范围排除障碍,否则必须采取有效的措施,起重机与输电线路间安全距离见表6.52。

表6.52 起重机与输电线路间安全距离

	最小垂直距离		最小水平距离	
	线路电压/kV	距离不小于/m	线路电压/kV	距离不小于/m
起重机与输电架空线路的安全距离	<1	1.0	<1	1.5
	<20	1.5	<20	2.0
	>20	2.5	<110	4.0
	—	—	<220	6.0

(2)起吊构件前应进行试吊检查,按规定的吊点位置挂钩或者绑扎,吊起构件离地面20~30 cm时,检查吊点是否牢固,机身是否稳定,确认良好,方可继续工作。

(3)起吊构件的速度应均匀,平稳升降,不允许忽快忽慢地急骤动作。(例如突然刹车)

(4)安装预制梁前,应清除支座钢板的铁锈和砂浆等杂物;检查支撑结构的尺寸、强度、标高、墩台支座和平面位置;用仪器校核桥墩、台盖梁和预埋件的位置,且在盖梁支座处标出安装轴线与端线,以使构件准确就位。自检合格后报请监理人员确认,即可安装。

(5)构件安装就位在固定前,应进行测量校正,符合设计要求后,即允许焊接或者浇筑接头混凝土,在固定完后必须进行复查,并做好记录,填报检验资料,报请监理工程师验收合格后即可实施下道工序。

◆导梁安装要求

(1)导梁拼装须在平整的场地上顺桥中心线方向进行,拼装时接点须牢固。当在桥头接坡上拼装时,应注意因顺坡拖运至对岸时的高差,高差部分可以设置临时支架,支架必须牢固可靠;用拖架(平车)拖运时,前支点为直接搁于接坡上的摇辊,导梁拖运时绕着摇辊转动,后支点(托架)高度需随时调整,使其前端下降最终搁置在对岸支架上。

(2)在导梁安装过程中,需随时注意构件移动时与就位后的临时固定(撑固),防止倾倒。

(3)当导梁不能横移时,构件可以采用聚四氟乙烯板横向滑移就位,再用千斤顶将梁顶起,抽去滑板,让支座就位。

(4)构件安装就位在固定前,应进行测量校正,符合设计要求后,即可允许焊接或者浇筑接头混凝土,在固定完后必须进行复查,并做好记录,填报检验资料,报请监理工程师验收,合格后即可实施下道工序。

◆预制和安装梁施工监理巡视

(1)监理人员要仔细的审阅设计图纸,审核施工单位上报的安装、运输施工组织设计,且对管线保护方案进行审核。

(2)对于成品预制梁生产厂家进行资质审查,符合要求,即可同意生产、使用。

(3)对于支座的供应单位进行资质审查,对支座型号、尺寸及力学参数进行检验,符合设计要求,即可同意使用。

(4)对于支承结构进行全面检查,确认无误后,即可同意安装。

(5)对于到场的预制梁进行外观、几何尺寸检验,合格后即可安装。

(6)梁安装完成后进行检验,填写抽检资料。对灌缝混凝土进行检查取样,达到设计要求和验收标准后,即可同意实施下道工序。

◆预制和安装梁施工监理验收

1. 实测项目

(1)梁(板)预制实测项目应符合表6.53的规定。

表6.53 梁(板)预制实测项目

检查项目	规定值或允许偏差	检查方法和频率
混凝土强度/MPa	在合格标准内	按水泥混凝土抗压强度评定检查
梁(板)长度/mm	+5,-10	尺量:每梁(板)

续表 6.53

检查项目			规定值或允许偏差	检查方法和频率
宽度/mm	干接缝(梁翼缘、板)		±10	尺量:检查 3 处
	湿接缝(梁翼缘、板)		±20	
	箱梁	顶宽	±30	
		底宽	±20	
高度/mm	梁、板		±5	尺量:检查 2 个断面
	箱梁		+0，-5	
断面尺寸/mm	顶板厚		+5，-0	尺量:检查 2 个断面
	底板厚			
	腹板或梁肋			
平整度/mm			5	2 m 直尺:每侧面每 10 m 梁长测 1 处
横系梁及预埋件位置/mm			5	尺量:每件

(2)梁(板)安装实测项目应符合表 6.54 的规定。

表 6.54　梁(板)安装实测项目

检查项目		规定值或允许偏差	检查方法和频率
支座中心偏位/mm	梁	5	尺量:每孔抽查 4~6 个支座
	板	10	
倾斜度/%		1.2	吊垂线:每孔检查 3 片梁
梁(板)顶面纵向高程/mm		+8，-5	水准仪:抽查每孔 2 片,每片 3 点
相邻梁(板)顶面高差/mm		8	尺量:每相邻梁(板)

2. 外观鉴定

(1)混凝土表面平整,颜色一致,无明显施工接缝。

(2)混凝土表面不得出现蜂窝、麻面。

(3)混凝土表面不可出现非受力裂缝,裂缝宽度超过设计规定或设计未规定时超过 0.15 mm 必须处理。

(4)封锚混凝土应密实、平整。

(5)梁、板的填缝应平整密实。

(6)梁体内不应遗留建筑垃圾、杂物、临时预埋件等,如出现上述现象应清理干净。

◆就地浇筑梁(板)施工监理巡视

(1)进场后,监理人员对材料试验报告做出审查,检查材料的出厂证书,产品合格证和质量保证书等,并对混凝土的配合比设计进行审查。

(2)在支架上浇筑梁体混凝土,必须确保梁体标高满足设计要求,梁体不得有裂缝产生。

(3)支架立柱必须按照审批过的方案安装在有足够承载力的地基上,立柱底端应设置垫木，以分布和传递荷载，保证浇筑混凝土后不发生超过允许值的沉降量。

(4)施工用的脚手架和便桥不允许与构造物的模板支架相连，以免施工振动时影响混凝土浇筑质量。

(5)在浇筑过程中，现场监理人员应随时检查支架、模板、钢筋、预埋件等，确保其在施工过程中不发生移动和变形，做好施工监理记录，记录浇筑过程中的抽检数据和施工情况。(起止时间、间断情况、事故等)

(6)在整个浇筑过程中，必须随时检查支架及模板的安全及稳定性，不断观测支架的下沉量。

◆就地浇筑梁(板)施工监理验收

1. 实测项目

就地浇筑梁(板)实测项目应符合表6.55的规定。

表6.55　就地浇筑梁(板)实测项目

检查项目		规定值或允许偏差	检查方法和频率
混凝土强度/MPa		在合格标准内	按水泥混凝土抗压强度评定检查
轴线偏位/mm		10	全站仪或经纬仪:测量3处
梁(板)顶面高程/mm		±10	水准仪:检查3~5处
断面尺寸/mm	高度	+5，-10	尺量:每跨检查1~3个断面
	顶宽	±30	
	箱梁底宽	±20	
	顶、底、腹板或梁肋厚	+10，-0	
长度/mm		+5，-10	尺量:每梁(板)
横坡/%		±0.15	水准仪:每跨检查1~3处
平整度/mm		8	2 m直尺:每侧面每10 m梁长测一处

2. 外观鉴定

(1)混凝土表面平整，颜色一致，无明显施工接缝。

(2)混凝土不得出现蜂窝、麻面，如出现必须修整。

(3)混凝土表面不可出现非受力裂缝，裂缝宽度超过设计规定或设计未规定时超过0.15 mm必须处理。

(4)封锚混凝土应密实、平整。

(5)梁体内的建筑垃圾、杂物、临时预埋件等应清理干净。

◆顶推施工梁施工要求

(1)浇筑箱梁梁体时，外模表面要具有良好的加工精度，特别是梁底模要平整光滑，在箱梁分段接缝处绝对不允许有错台。为了尺寸精确，梁体无变形，梁的模板应保证具有足够的刚度。

(2)在顶推时，所用的滑道长度在顺桥方向应能放下三块滑板，滑道的宽度应为滑板的1.2~1.5倍。滑道上平高程应比支座垫石上平高出一定的高度,以便于在梁下放竖直千斤顶,为偏差调整以及在梁身就位后撤除滑板与滑道,安装梁的正式支座。

(3)顶推工作前,要将桥墩及临时支墩按设计纵坡调顺,在同一墩上两端的滑道上平应在同一高程,若设计要求在帽梁上设横坡时,应在顶推就位后用竖向千斤顶调坡,以免在顶推过程中发生过大偏位或者不安全的事故。

(4)被顶大梁的前导梁在安装时,要使前端比预计高度上翘4~5 cm,同时两侧相应滑道位置上各加一台千斤顶,对于导梁挠度进行调整。

(5)在施顶过程中,应以相应措施如吹风或者用柔软物擦拭滑道,或者在填喂滑板时,不使其间发生间隙,特别在暂停推顶期间更应注意。

(6)在顶进过程中,特别是多顶顶进,则应对墩身加以观测和检查,以防止墩身发生问题。

◆顶推施工梁施工监理巡视

(1)台座的纵坡应与桥梁的纵坡相一致,台座和滑道组的中心线应与桥梁中心线的延长线重合。

(2)导梁应在地面试装后,即可在台座上进行正式安装,必须确保导梁与梁身之间连接牢固可靠。

(3)用顶推法安装的平曲线桥只适合于同半径的圆曲线桥,并且其曲线半径不能太小,即每孔曲线桥的平面重心应落在相邻两桥墩上箱梁底板的内外两侧弦连线以内。

(4)用顶推法安装的竖曲线只适合于同益率的竖曲线桥。

◆顶推施工梁施工监理验收

1. 实测项目

顶推施工梁实测项目应符合表6.56的规定。

表6.56　顶推施工梁实测项目

检查项目		规定值或允许偏差	检查方法和频率
轴线偏位/mm		10	全站仪或经纬仪:每段检查2处
落梁反力		符合设计规定;设计未规定时不大于1.1倍的设计反力	用千斤顶油压计算:检查全部
支点高差/mm	相邻纵向支点	符合设计规定;设计未规定时不大于5	水准仪:检查全部
	同墩两侧支点	符合设计规定;设计未规定时不大于2	

2. 外观鉴定

各梁段连接线形平顺,接缝平整、密实,颜色一致。

◆悬臂施工梁施工监理巡视

(1)悬臂浇筑必须对称平衡地进行,且保证轴线和挠度的偏差满足设计要求和在允许误差范围内。

(2)浇筑混凝土时,应从前端开始浇筑,至根部与前段混凝土连接,以保证接头质量,防止产生裂缝。浇筑时,采用振捣器振实,防止出现蜂窝、麻面等现象。

(3)合龙段的施工是悬臂浇筑施工的关键,合龙前应在两端悬臂预加压重,且于浇筑混凝土的过程中逐步撤除,以使悬臂挠度保持稳定。

(4)合龙段的施工应在一天中的最低气温时完成,且在混凝土早期结硬过程中处于升温的受压状态,减少温度变化对合龙段混凝土的影响,通常选在凌晨施工为宜。

(5)监理人员应当提醒承包人注意,悬臂浇筑梁桥的桥跨体系的转换工作,应在合龙段纵向连续预应力筋张拉压浆全部完成,并且临时固结已解除后方可进行。即在合龙后,将各墩临时支座的反力全部按连续梁支点反力的要求进行转换。支座反力的调整要以标高控制为主,反力作为校核。

(6)合龙的最终效果是要保证使合龙段与两侧梁体保持变形协调,在施工的过程中能够传递内力,确保施工质量。

◆悬臂施工梁施工监理验收

1. 实测项目

(1)悬臂浇筑梁实测项目应符合表6.57的规定。

表6.57　悬臂浇筑梁实测项目

检查项目		规定值或允许偏差	检查方法和频率
混凝土强度/MPa		在合格标准内	按水泥混凝土抗压强度评定检查
轴线偏位/mm	L≤100 m	10	全站仪或经纬仪:每个节段检查2处
	L>100 m	L/10 000	
顶面高程/mm	L≤100 m	±20	水准仪:每个节段检查2处
	L>100 m	±L/5 000	
	相邻节段高差	10	尺量:检查3~5处
断面尺寸/mm	高度	+5,-10	尺量:每个节段检查1个断面
	顶宽	±30	
	底宽	±20	
	顶底腹板厚	+10,-0	
合龙后同跨对称点高程差/mm	L≤100 m	20	水准仪:每跨检查5~7处
	L>100 m	L/5 000	
横坡/%	±0.15		水准仪:每节段检查1~2处
平整度/mm	8		2 m直尺:检查竖直、水平两个方向,每侧面每10 m梁长测1处

注:L为梁跨径。

(2)悬臂拼装梁实测项目应符合表6.58的规定。

表6.58　悬臂拼装梁实测项目

检查项目		规定值或允许偏差	检查方法和频率
合龙段混凝土强度/MPa		在合格标准内	按水泥混凝土抗压强度评定检查
轴线偏位/mm	$L \leqslant 100$ m	10	全站仪或经纬仪:每个节段检查2处
	$L > 100$ m	L/10 000	
顶面高程/mm	$L \leqslant 100$ m	±20	水准仪:每个节段检查2处
	$L > 100$ m	±L/5 000	
	相邻节段高差	10	尺量:检查3~5处
合龙后同跨对称点高程差/mm	$L \leqslant 100$ m	20	水准仪:每跨检查5~7处
	$L > 100$ m	L/5 000	

注:1. L为梁跨径

2. 非合龙段混凝土强度不参与评定。

2. 外观鉴定

(1)线形平顺,梁顶面平整,各孔无明显折变。

(2)相邻块件颜色一致,接缝平整密实,无明显错台。

(3)混凝土表面不得出现蜂窝、麻面,如出现必须进行修整。

(4)梁体不可出现非受力裂缝。裂缝宽度超过设计规定或设计未规定时超过0.15 mm必须处理。

(5)梁体内外不应遗留建筑垃圾、杂物、临时预埋件等,如出现上述现象应马上清理。

◆转体施工梁施工要求

(1)桥梁纵轴线特别是转轴中心的放线、定位必须十分精确。

(2)转心的设置应采用四氟板与不锈钢板直接的接触,所有这些钢材配件加工应按机加工的精度要求。在钢板上焊的轴套或竖轴必须相垂直。

(3)四氟板的耐压应力通常为5~8 MPa,不锈钢板与下层钢板,四氟板与上层钢板要黏结牢固,不得有褶痕,有接缝时必须接紧压平。

(4)竖轴与轴套接触面应光滑、轴套内径与竖轴外径间隙不应大于0.5 mm。

(5)桥体过高时(如斜拉桥或高墩),为了保证施工安全,除了设置轴心转盘外,在承台上可设直径较大的弧形轨道板,上盘相应位置处设支承轮,1周至少设置6个支承轮,以使旋体时平稳。

◆转体施工梁施工监理巡视

(1)锚固体系和转动设施必须经过严格的检查,当确认安全可靠后,方可批准进行施工。

(2)采用双侧对称同步转体施工时,应设位控体系,严格控制两侧同步。

(3)转动主轴应铅直,上、下盘钢板应吻合,且为同心圆。

(4)转动时两端高差应小于 5 mm,用水平连通器检查。

(5)转动动力应相同,转体外沿速度需在要求范围内。

(6)合龙段两侧高差必须严格控制在设计允许的范围内,接头混凝土的浇筑应该在当日最低气温时进行,合龙就位后两端高差应小于 20 mm,纵轴线误差应小于 10 mm。

(7)当接头混凝土强度达到设计高度 70% 以上时,应撤除锚扣体系,实现由悬臂受力体系至梁受力体系的转换。接头混凝土达到设计强度后,方可最终封固转盘,完成全桥主体的施工。

◆转体施工梁施工监理验收

1. 实测项目

转体施工梁实测项目应符合表 6.59 的规定。

表 6.59　转体施工梁实测项目

检查项目	规定值或允许偏差	检查方法和频率
封闭转盘和合龙段混凝土强度/MPa	在合格标准内	按水泥混凝土抗压强度评定检查
轴线偏位/mm	L/10 000	全站仪或经纬仪:检查 5 处
跨中梁顶面高程/mm	±20	水准仪:检查 2 个断面,每断面 3 处
同一横断面两侧或相邻上部构件高差/mm	10	水准仪:检查 4 个断面

2. 外观鉴定

(1)合龙段混凝土平整密实,颜色一致。

(2)梁体内、外不应遗留建筑垃圾、杂物、临时预埋件等,如出现上述现象应清理干净。

◆就地浇筑拱圈施工监理巡视

(1)在浇筑拱圈或者拱肋混凝土时,如拱圈或者拱肋的跨径小于 16 m,则应按全宽度从两端拱脚向拱顶对称地连续浇筑,且在混凝土凝结前全部完成;如拱圈或者拱肋的跨径不小于 16 m,则应沿拱跨方向分段浇筑。

(2)在安装拱架前,监理人员应配合承包人对拱架立柱和拱架支承面进行详细的检查,准确调整顶部标高和拱架支承面,并复测跨度,确认无误后即可进行安装。各片拱架在同一节点的标高尽量一致,以便于拼装平联杆件。

(3)落架应分几个循环卸完,卸落量开始宜小,以后逐渐增大。在横向应同时卸落,在纵向应对称均衡卸落。满布式拱架卸落时,通常从拱顶向拱脚依次循环卸落;拱式拱架可在两支座外同时均匀卸落。应配合承包人检查墩台位移拱圈挠度的情况,复核测量观测记录。

◆就地浇筑拱圈施工监理验收

1. 实测项目

就地浇筑拱圈实测项目应符合表 6.60 的规定。

表6.60　就地浇筑拱圈实测项目

<table>
<tr><th colspan="2">检查项目</th><th>规定值或允许偏差</th><th>检查方法和频率</th></tr>
<tr><td colspan="2">混凝土强度/MPa</td><td>在合格标准内</td><td>按水泥混凝土抗压强度评定检查</td></tr>
<tr><td rowspan="2">轴线偏位/mm</td><td>板拱</td><td>10</td><td rowspan="2">经纬仪:测量5处</td></tr>
<tr><td>肋拱</td><td>5</td></tr>
<tr><td rowspan="2">内弧线偏离设计弧线/mm</td><td>跨径≤30 m</td><td>±20</td><td rowspan="2">水准仪:检查5处</td></tr>
<tr><td>跨径>30 m</td><td>±L/1 500</td></tr>
<tr><td rowspan="2">断面尺寸/mm</td><td>高度</td><td>±5</td><td rowspan="2">尺量:拱脚、L/4、拱顶5个断面</td></tr>
<tr><td>顶、底、腹板厚度</td><td>+10，-0</td></tr>
<tr><td rowspan="2">拱宽/mm</td><td>板拱</td><td>±20</td><td rowspan="2">尺量:拱脚、L/4、拱顶5个断面</td></tr>
<tr><td>肋拱</td><td>±10</td></tr>
<tr><td colspan="2">拱肋间距/mm</td><td>5</td><td>尺量:检查5处</td></tr>
</table>

注:L为跨径。

2.外观鉴定

(1)混凝土表面平整,线形圆顺,颜色一致。

(2)混凝土麻面面积不得超过该面积的0.5%,深度超过10 mm的必须处理。

(3)混凝土表面不可出现非受力裂缝。裂缝宽度超过设计规定或设计未规定时超过0.15 mm必须进行处理。

◆拱桥安装施工监理验收

1.实测项目

(1)腹拱安装实测项目应符合表6.61的规定。

表6.61　腹拱安装实测项目

检查项目	规定值或允许偏差	检查方法和频率
轴线偏位/mm	10	经纬仪:纵、横各检查2处
起拱线高程/mm	±20	水准仪:每起拱线测2点
相邻块件高差/mm	5	尺量:每相邻块件检查1~3处

(2)主拱圈安装实测项目应符合表6.62的规定。

表6.62　主拱圈安装实测项目

<table>
<tr><th colspan="2">检查项目</th><th>规定值或允许偏差</th><th>检查方法和频率</th></tr>
<tr><td rowspan="2">轴线偏位/mm</td><td>L≤60 m</td><td>10</td><td rowspan="2">经纬仪:检查5处</td></tr>
<tr><td>L>60 m</td><td>L/6 000</td></tr>
<tr><td rowspan="2">拱圈标高/mm</td><td>L≤60 m</td><td>±20</td><td rowspan="2">水准仪:检查5~7点</td></tr>
<tr><td>L>60 m</td><td>±L/3 000</td></tr>
</table>

续表 6.62

<table>
<tr><th>检查项目</th><th colspan="3">规定值或允许偏差</th><th>检查方法和频率</th></tr>
<tr><td rowspan="3">对称接头点相对高差/mm</td><td rowspan="2">允许</td><td>L≤60 m</td><td>20</td><td rowspan="3">水准仪:检查每段</td></tr>
<tr><td>L>60 m</td><td>L/3 000</td></tr>
<tr><td>极值</td><td colspan="2">允许偏差的2倍,且反向</td></tr>
<tr><td rowspan="2">同跨各拱肋相对高差/mm</td><td colspan="2">L≤60 m</td><td>20</td><td rowspan="2">水准仪:检查5处</td></tr>
<tr><td colspan="2">L>60 m</td><td>L/3 000</td></tr>
<tr><td>同跨各拱肋间距/mm</td><td colspan="3">30</td><td>尺量:检查5处</td></tr>
</table>

注:1. 正拱斜置时,对称接头点相对高差为两对称接头点(实际高程-设计高程之差)。

2. L 为跨径。

(3)主拱圈安装实测项目应符合表 6.63 的规定。

表 6.63 悬臂拼装的桁架拱实测项目

<table>
<tr><th colspan="2">检查项目</th><th colspan="3">规定值或允许偏差</th><th>检查方法和频率</th></tr>
<tr><td colspan="2">节点混凝土强度/MPa</td><td colspan="3">在合格标准内</td><td>按水泥混凝土抗压强度评定检查</td></tr>
<tr><td rowspan="2">轴线偏位/mm</td><td>L≤60 m</td><td colspan="3">10</td><td rowspan="2">经纬仪:每跨检查5处</td></tr>
<tr><td>L>60 m</td><td colspan="3">L/6 000</td></tr>
<tr><td rowspan="2">拱圈标高/mm</td><td>L≤60 m</td><td colspan="3">±20</td><td rowspan="2">水准仪:每肋每跨检查5处</td></tr>
<tr><td>L>60 m</td><td colspan="3">±L/3 000</td></tr>
<tr><td colspan="2">相邻拱片高差/mm</td><td colspan="3">20</td><td>水准仪:每跨检查5处</td></tr>
<tr><td colspan="2" rowspan="3">对称接头点相对高差/mm</td><td rowspan="2">允许</td><td>L≤60 m</td><td>20</td><td rowspan="3">水准仪:每跨检查每5处</td></tr>
<tr><td>L>60 m</td><td>L/3 000</td></tr>
<tr><td>极值</td><td colspan="2">允许偏差的2倍,且反向</td></tr>
<tr><td colspan="2">拱片竖向垂直度/mm</td><td colspan="3">1/300 高度,且不大于20</td><td>吊垂线:每片检查2处</td></tr>
</table>

注:L 为跨径。

2. 外观鉴定

(1)接头处无因焊接或局部受力造成的混凝土开裂、缺损或露筋现象。

(2)接头垫塞楔形钢板应均匀合理。

(3)节点应平整,接头两侧的杆件应无错台。

(4)上下弦杆线形顺畅,表面平整。

◆转体施工拱监理验收

1. 实测项目

转体施工拱实测项目应符合表 6.64 的规定。

表6.64　转体施工拱实测项目

检查项目	规定值或允许偏差	检查方法和频率
封闭转盘和合龙段混凝土强度/MPa	在合格标准内	按水泥混凝土抗压强度评定检查
轴线偏位/mm	跨径/6 000	经纬仪:检查5处
跨中拱顶面高程/mm	±20	水准仪:检查拱顶2~4处
同一横截面两侧或相邻上部构件高差/mm	10	水准仪:检查5处

2. 外观鉴定

合龙段混凝土平整密实,颜色一致,无蜂窝、麻面。

◆劲性骨架混凝土拱施工监理巡视

(1)首先,将拱圈的全部钢筋骨架按设计形状和尺寸制成且安装在拱圈相应位置,然后用系吊在它上面的吊篮逐段浇筑混凝土。

(2)钢筋骨架满足拱圈的需要,并能起到临时拱架的作用。

(3)钢筋骨架有相应的刚度,施工时要把设计的拱圈混凝土重量对钢筋骨架进行预压,以防止浇筑混凝土后变形,破坏已浇筑混凝土与钢筋的结合。

◆劲性骨架混凝土拱施工监理验收

1. 实测项目

(1)劲性骨架加工实测项目应符合表6.65的规定。

表6.65　劲性骨架加工实测项目

检查项目	规定值或允许偏差	检查方法和频率
杆件截面尺寸/mm	不小于设计	尺量:每段2端面
骨架高、宽/mm	±10	尺量:每段3~5断面
内弧偏离设计弧线/mm	10	样板:每段测1~3点
每段的弧长/mm	+10,-10	尺量:每段检查
焊缝	符合设计要求	超声:检查全部

(2)劲性骨架安装实测项目应符合表6.66的规定。

表6.66　劲性骨架安装实测项目

<table>
<tr><th colspan="2">检查项目</th><th>规定值或允许偏差</th><th>检查方法和频率</th></tr>
<tr><td colspan="2">轴线偏位/mm</td><td>L/6 000</td><td>经纬仪:每肋检查5处</td></tr>
<tr><td colspan="2">高程/mm</td><td>±L/3 000</td><td>水准仪:检查拱顶、拱脚及各接头点</td></tr>
<tr><td rowspan="2">对称点相对高差/mm</td><td>允许</td><td>L/3 000</td><td rowspan="2">水准仪:检查各接头点</td></tr>
<tr><td>极值</td><td>L/1 500,且反向</td></tr>
<tr><td colspan="2">焊缝</td><td>符合设计要求</td><td>超声:检查全部</td></tr>
</table>

注:L为跨径。

(3)劲性骨架拱混凝土浇筑实测项目应符合表6.67的规定。

表6.67 劲性骨架拱混凝土浇筑实测项目

<table>
<tr><th colspan="2">检查项目</th><th colspan="2">规定值或允许偏差</th><th>检查方法和频率</th></tr>
<tr><td colspan="2">混凝土强度/MPa</td><td colspan="2">在合格标准内</td><td>按水泥混凝土抗压强度评定检查</td></tr>
<tr><td colspan="2" rowspan="3">轴线偏位/mm</td><td>$L \leq 60$ m</td><td>10</td><td rowspan="3">经纬仪:每肋检查5处</td></tr>
<tr><td>$L = 200$ m</td><td>50</td></tr>
<tr><td>$L > 200$ m</td><td>$L/4\ 000$</td></tr>
<tr><td colspan="2">拱圈标高/mm</td><td colspan="2">$\pm L/3\ 000$</td><td rowspan="3">水准仪:测量5处</td></tr>
<tr><td rowspan="2">对称点相对高差/mm</td><td>允许</td><td colspan="2">$L/3\ 000$</td></tr>
<tr><td>极值</td><td colspan="2">$L/1\ 500$,且反向</td></tr>
<tr><td colspan="2">断面尺寸/mm</td><td colspan="2">±10</td><td>尺量:检查5处</td></tr>
</table>

注:1. L 为跨径。

2. L 在60~200 m间时,轴线偏位允许偏差内插。

2. 外观鉴定

(1)骨架曲线圆滑,无折弯。

(2)焊缝外形均匀,成形良好,焊渣和飞溅物清除干净。

(3)混凝土表面平整密实,颜色一致,轮廓线圆顺。

(4)蜂窝、麻面面积不得超过该面面积的0.5%,深度超过10 mm的必须处理。

◆钢管混凝土拱施工监理巡视

(1)成品管及制管用的焊接材料和钢材等应符合设计要求和国家现行标准的规定,并具备完整的产品合格证明。

(2)工地弯管宜采用加热顶压方式,加热温度不可超过800 ℃。钢管对接端头应校圆,除了成品管按相应国家标准外,失圆度不宜大于钢管外径的0.003倍。两条对接环焊缝的间距应符合设计要求,在设计无规定时,直缝焊接管不应小于管的直径,螺旋焊接管不小于3 m。对接径向偏差不得超过壁厚的0.2倍,为了减少运输以及安装过程中对口处的失圆变形,应适当在该处加设内支撑。

(3)拱肋(桁架)节段焊接宜要求与母材等强度焊接,所有焊缝均应按规定进行外观检查和强度,宜要求主拱的焊缝达到二级焊缝的标准,对接焊缝应100%进行超声波探伤。

(4)钢管混凝土的质量检测的办法应以超声波检测为主,人工敲击为辅。

(5)为了保证混凝土泵送工艺的顺利进行,对大跨径钢管混凝土拱桥,需按实际泵送高度和距离进行模拟混凝土压注试验。

(6)预应力系杆的张拉应与加载相对应。在施工过程中,除严格控制系杆的内力和伸长量外,还应控制和监测关键结构的变位,不得超过设计允许范围。

◆钢管混凝土拱施工监理验收

1. 实测项目

(1)钢管拱肋制作实测项目应符合表6.68的规定。

表6.68　钢管拱肋制作实测项目

检查项目	规定值或允许偏差	检查方法和频率
钢管直径/mm	±D/500及±5	尺量:每管检查1~3处
钢管中距/mm	±5	尺量:每段检查2~3处
内弧偏离设计弧线/mm	8	样板:每段测1~3点
拱肋内弧长/mm	+0,-10	尺量:每段检查
节段对接错边/mm	2	尽量检查各对接断顽
节段平面度/mm	3	拉线测量:每段检查1处
竖杆节间长度/mm	±2	尺量:检查每个节间
焊缝尺寸	符合设计要求	量规:检查全部
焊缝探伤		超声:检查全部 射线:符合设计规定,设计未规定时按5%抽查

注:D为钢管直径。

(2)钢管拱肋安装实测项目应符合表6.69的规定。

表6.69　钢管拱肋安装实测项目

检查项目		规定值或允许偏差	检查方法
轴线偏位/mm		L/6 000	经纬仪:检查5处
对称点高差/mm	允许	L/3 000	水准仪:检查各接头点
	极值	L/1 500,且反向	
拱圈高程/mm		±L/3 000	水准仪:检查5处
拱肋接缝错边/mm		0.2壁厚,且≤2	尺量:每个接缝
焊缝尺寸		符合设计要求	量规:检查全部
焊缝探伤			超声:检查全部 射线:符合设计规定,设计未规定时按5%抽查

注:L为跨径。

(3)钢管拱肋混凝土浇筑实测项目应符合表6.70的规定。

表6.70　钢管拱肋混凝土浇筑实测项目

检查项目	规定值或允许偏差		检查方法和频率
混凝土强度/MPa	在合格标准内		按水泥混凝土抗压强度评定
轴线偏位/mm	L≤60 m	10	经纬仪:检查5处
	L=200 m	50	
	L>200 m	L/4 000	

续表 6.70

<table>
<tr><th colspan="2">检查项目</th><th>规定值或允许偏差</th><th>检查方法和频率</th></tr>
<tr><td colspan="2">拱圈高程/mm</td><td>± L/3000</td><td>水准仪:检查5处</td></tr>
<tr><td rowspan="2">对称点高差/mm</td><td>允许</td><td>L/3 000</td><td rowspan="2">水准仪:检查各接头点</td></tr>
<tr><td>极值</td><td>L/1 500,且反向</td></tr>
</table>

注:1. L 为跨径。

2. L 在 60 ~ 200 m 间时,轴线偏位允许偏差内插。

2. 外观鉴定

(1)线形圆顺,无折弯。

(2)焊缝均不得有裂纹、未融合、夹渣、未填满弧坑和焊瘤等缺陷,且焊缝外形均匀,成形良好,焊缝与焊缝之间、焊缝与金属之间过渡光滑,焊渣和飞溅物清除干净。不符合要求时必须重新整修,达到合格。

(3)浇筑混凝土的预留孔应焊接平整光滑,不突出与漏焊,不烧伤混凝土。

◆中下承式拱吊杆和柔性系杆施工监理巡视

(1)跨度大于 15 m 的拱圈(拱肋)混凝土,应采用分段浇筑法施工混凝土浇筑,以减小混凝土收缩应力和拱架变形所产生的裂缝。

(2)跨度小于 15 m 的拱圈(拱肋)混凝土,应自两侧拱脚向拱顶对称与连续浇筑,并在拱脚处混凝土初凝前完成。

(3)拱段长 6 ~ 15 m,以拱顶为准,保持两侧对丝,分段点宜设在拱架节点、支点等处并适当留间隔缝。

(4)当各拱肋同时浇筑和卸落拱架施工时,拱肋横向连接系应与拱肋浇筑同时施工卸落拱架;如各拱肋非同时卸落和浇筑拱架,则应在各拱肋卸落拱架后再浇筑横向连接系。

◆中下承式拱吊杆和柔性系杆施工监理验收

1. 实测项目

(1)吊杆的制作与安装实测项目应符合表 6.71 的规定。

表 6.71 吊杆的制作与安装实测项目

<table>
<tr><th colspan="2">检查项目</th><th>规定值或允许偏差</th><th>检查方法和频率</th></tr>
<tr><td colspan="2">吊杆长度/mm</td><td>±0.001 L 及 ±10</td><td>用钢尺量</td></tr>
<tr><td rowspan="2">吊杆拉力</td><td>允许</td><td>符合设计要求</td><td rowspan="2">测力仪:每吊杆检查</td></tr>
<tr><td>极值</td><td>下承式拱吊杆拉力偏差 20%</td></tr>
<tr><td colspan="2">吊点位置/mm</td><td>10</td><td>经纬仪:每吊点检查</td></tr>
<tr><td rowspan="2">吊点高程
/mm</td><td>高程</td><td>±10</td><td rowspan="2">水准仪:每吊点检查</td></tr>
<tr><td>两侧高差</td><td>20</td></tr>
</table>

注:L 为吊杆长度。

(2)柔性系杆实测项目应符合表6.72的规定。

表6.72 柔性系杆实测项目

检查项目	规定值或允许偏差	检查方法和频率
张拉应力/MPa	符合设计要求	查油压表读数:每根检查
张拉伸长率/%	符合设计规定,设计未规定时±6	尺量:每根检查

2.外观鉴定

(1)吊杆、系杆顺直,无扭转现象。

(2)防护层完好,无破损、污物。

6.5 桥梁下部构造

【基 础】

◆墩、台砌筑施工基本要求

(1)石料或混凝土预制块的质量和规格必须符合有关规范的要求。

(2)砂浆所用的水泥、砂和水的质量必须符合有关规范的要求,按规定的配合比施工。

(3)砌块应错缝、坐浆挤紧,嵌缝料和砂浆饱满,无空洞、宽缝、大堆砂浆填隙和假缝。

◆墩、台砌筑施工材料要求

墩、台砌筑施工材料质量监理应符合表6.73的规定。

表6.73 墩、台砌筑施工材料质量监理

项目	监理要点
石料	(1)片石厚度不应小于15 cm,每块重量宜在20~30 kg,不得采用卵石、薄片。通常选用表面较平整,尺寸较大者 (2)块石形状应大致方正,上、下面大致平整,厚度20~30 cm,宽度约为厚度的1~1.5倍,长度约为厚度的1.5~3倍。用做镶面的块石,应由外露面四周向内稍加修凿,后部可不修凿 (3)粗料石外形应方正,成六面体,最小边不应小于20 cm,长度不宜大于厚度的4倍。修凿面每10 cm长须有錾路4~5条,修凿后的侧面应与外露面垂直,正面凹陷深度不应超过1 cm。镶面粗料石的外露面需细凿边缘时,细凿边缘的宽度应为3~5 cm。细料石形状应为规则六面体,厚度、高度均应大于20 cm,长度应大于厚度的3倍
水泥	水泥应按品种、标号、出厂日期分别堆放,不同品种的水泥不得混合使用。水泥应符合国家标准,进场时应有产品合格证和出厂检验报告单,进场后应按有关规定复试合格

续表 6.73

项目	监理要点
砂	(1)砂宜采用中砂或粗砂并应过筛,当缺少中粗砂时,也可用细砂 (2)砂的最大粒径:当用于砌筑片石时不宜超过0.5 cm;当用于砌筑块石、粗料石时,不宜超过0.25 cm (3)砂的含泥量:当砂浆强度等级小于M5时,含泥量应不大于7%;当砂浆强度等级大于M5时,含泥量应不大于5%,砂进场后应按有关规定取样复试合格
水	水宜采用饮用水。当采用其他水源时,其水质应符合国家现行标准《混凝土用水标准(附条文说明)》(JGJ 63—2006)的规定
砂浆	(1)砂浆适宜的圆锥沉入度即稠度:在炎热干燥环境中为5~7 cm;寒冷潮湿环境中为4~50 cm;砌片石、块石应为5~7 cm,砌料石应为7~10 cm (2)砂浆应有良好的保水性 (3)若设计有冻融循环次数要求的砂浆,经冻融试验后,质量损失率应不大于5%,强度损失率应不大于25% (4)砂浆应有良好的硬化速度,凝固后除应满足强度要求外,还需满足黏结性、耐久性、收缩率等要求

◆混凝土墩、台身施工基本要求

(1)混凝土所用的水泥、石、砂、外掺剂、水及混合材料的质量和规格,需符合有关技术规范的要求,按规定的配合比施工。

(2)不可以出现空洞和露筋现象。

(3)墩、台身预制件需经检验合格后,即可进行安装。

(4)预制节段胶结材料的性能、质量必须符合设计要求,接缝填充密实。

(5)墩、台柱埋入基座坑内的深度和砌块墩、台埋置深度,需符合设计规定。

◆混凝土墩、台身施工材料要求

混凝土墩、台身施工材料质量监理应符合表6.74的规定。

表6.74　混凝土墩、台身施工材料质量监理

项目	监理要点
钢筋	(1)钢筋出厂时,应具有出厂质量证明书和检验报告单,品种、级别、规格和性能应符合设计要求 (2)进场时,应抽取试件做力学性能复试,其质量必须符合现行国家标准《钢筋混凝土用钢 第2部分热轧带肋钢筋》(GB 1499.2—2007/XG1—2009)、《钢筋混凝土用钢 第1部分:热轧光圆钢筋 》(GB 1499.1—2008)等的规定 (3)当发现钢筋脆断、焊接性能不良或力学性能显著不正常等现象时,应对该批钢筋进行化学分析或其他专项检验
电焊条	电焊条应有产品合格证,品种、规格、性能等应符合现行国家标准《碳钢焊条》(GB/T 5117—1995)的规定,选用的焊条型号应与母材强度相适应

续表 6.74

项目	监理要点
钢绞线	(1)钢绞线应根据设计规定的规格、型号和技术指标来选用 (2)出厂时应有材料性能检验证书或产品质量合格证,进场时除应对其质量证明书、包装、标志和规格等进行检查外,还应抽样进行表面质量、直径偏差和力学性能复试,其质量应符合现行国家标准《预应力混凝土用钢绞线》(GB/T 5224—2003)的规定
波纹管(金属螺旋管)	进场时除应按出厂合格证和质量保证书核对其类别、型号、规格及数量外,还应对其外观、尺寸、集中荷载下的径向刚度、荷载作用后的抗渗漏及抗弯曲渗漏等进行检验。工地自己加工制作的波纹管也应进行上述检验,其质量应符合国家现行标准《预应力混凝土用金属波纹管》(JG 225—2007)的规定
锚具、夹具和连接器	锚具、夹具和连接器应具有可靠的锚固性能、足够的承载能力和良好的适应性。进场应按出厂合格证和质量证明书核查其锚固性能类别、型号、规格及数量,无误后分批进行外观、硬度及静载锚固性能检验,确认合格后使用

【实　务】

◆砌筑石料施工要求

1. 片石砌体

(1)按设计要求和规范规定,砌体应留设沉降缝或者变形缝,缝的端面需垂直,最好在缝的两端跳段砌筑,在缝内填塞防水材料(例如麻筋沥青板),墙身设置泄水孔,墙后设置反滤层和防水层。

(2)石块搭接咬合的长度应不小于 8 cm,应避免通缝(竖直缝和连续规则的曲线缝)、瞎缝、干缝、三角缝和十字缝。(石料四碰头)

(3)一般平缝与竖缝宽度,当用水泥砂浆砌筑时,不得大于 4 cm,用片石填塞宽的竖缝时,不得用比缝宽度大的片石。

(4)填腹中间应设拉结石,侧面每 0.7 m^2 至少设置一块拉结石,以确保结构的整体性。

(5)墩台斜坡面可以砌成逐层收台的阶梯形。

2. 块石砌体

(1)块石砌体应成行铺砌,且砌成大致水平层次。镶面石应按一丁一顺或者一丁二顺砌筑,丁石的面积不得小于表面积的 1/5,丁石尾部嵌入腹部约 20 cm。任何层次石块都应与邻层石块搭接至少 8 cm,砂浆砌筑缝宽应不大于 3 cm。

(2)帮衬石与腹石的竖缝应当相互错开,砂浆砌筑平缝宽度不应大于 3 cm;竖缝宽度不应大于 4 cm;当用小石子混凝土砌筑时,砌缝不大于 5 cm。

3. 粗料石及混凝土预制块砌体

粗料石砌体应成行铺砌且砌成水平层次。在铺砌之前,应选择石料,使各层在外观、厚度以及类别上相匹配。

任何镶面石应是一丁一顺砌筑。缝为竖缝与平缝,混凝土预制块缝宽不大于1 cm,粗料石缝宽不大于2 cm。任何镶面石块应与邻层石块搭接,其搭接长度不应小于10 cm,同时在丁石的上层或者下层不宜有疏缝。

石间灰缝宽宜为1~2 cm。应当使竖缝与横缝垂直,错缝不得小于10 cm,竖缝不宜设在丁石处,只允许在丁石上面或者下面有一条垂直缝。

◆勾缝施工要求

(1)勾缝砂浆的标号不宜低于砌体砂浆的标号。

(2)勾缝砂浆(宜用过筛的砂)应嵌入砌体2 cm,缝槽深度不足时,需凿够深度后再勾缝。除了料石砌体勾凹缝外,其他砌体一般勾平缝。块石、片石、细料石缝宽不宜大于0.5 cm,粗料石缝宽不宜大于2 cm。

(3)勾缝前须先对墙面进行修整,再将墙面洒水湿润,勾缝的顺序应是从上到下,先勾水平缝后勾竖直缝。

(4)成活的灰缝水平缝与竖直缝应深浅一致、密实光滑、交圈对口,搭接处平整,阳角方正,阴角处不能上下直通,不能有瞎缝、丢缝现象。灰缝应整齐、宽度一致、拐弯圆滑、不出毛刺,不得脱落、空鼓。

◆墩、台砌筑施工监理巡视

(1)审批开工报告,进行砂浆配比平行试验时,要检查砌块强度及规格尺寸。

(2)基坑开挖前放样复测,以保证按设计平面位置准确放样。

(3)检验基坑地基承载力,需满足设计要求。

(4)检查砌缝宽度以及石料的丁石、顺石的规格及上、下层竖缝错开的距离,具体见本节施工过程质量监理。

(5)检查砌体成品的外形几何尺寸及砌体顶面标高。

(6)检查勾缝的质量,注意美观以及养护,防止脱落、开裂。

(7)在养护期间,除采用抗冻砂浆外,通常砂浆在强度达到设计强度的70%以前,不可使其受冻。

◆墩、台砌筑施工监理验收

1. 实测项目

(1)浆砌片石基础实测项目应符合表6.75的规定。

表6.75 浆砌片石基础实测项目

检查项目	规定值或允许偏差	检查方法和频率
	在合格标准内	
砂浆强度/MPa	符合设计要求	执行现行《砖石工程施工质量验收规范》(GB 50203—2002)
轴线偏位/mm	25	用经纬仪测量纵、横各2点

续表 6.75

检查项目		规定值或允许偏差	检查方法和频率
		在合格标准内	
平面尺寸/mm		±50	用尺量长、宽各3处
顶面高程/mm		±30	用水准仪测5~8点
基底高程/mm	土质	50	用水准仪测5~8点
	石质	+50,-200	

(2)墩、台身砌筑实测项目应符合表6.76的规定。

表6.76 墩、台身砌筑实测项目

检查项目		规定值或允许偏差	检查方法和频率
砂浆强度/MPa		在合格标准内	按水泥砂浆强度评定检查
轴线偏位/mm		20	全站仪或经纬仪:纵、横各测量2点
墩台长、宽 mm	料石	+20,-10	尺量:检查3个断面
	块石	+30,-10	
	片石	+40,-10	
竖直度或坡度/%	料石、块石	0.3	垂线或经纬仪:纵、横各测量2处
	片石	0.5	
墩、台顶面高程/mm		±10	水准仪:测量3点
大面积平整度/mm	料石	10	2 m直尺:检查竖直、水平两个方向,每20 m^2 测1处
	块石	20	
	片石	30	

2. 外观鉴定

(1)砌体直顺,表面平整。

(2)勾缝平顺,无开裂和脱落现象。

(3)砌缝不应有裂隙,裂隙宽度超过0.5 mm时必须进行处理。

◆混凝土墩、台身施工监理巡视

1. 基础及墩、台

(1)浇筑基础混凝土前,应将地基进行清理使符合图纸的要求,当基底为干燥地基时,需将地基润湿。

(2)一般基础及台、墩混凝土应在整个平截面范围水平分层进行浇筑,当截面过大时,不能在前层混凝土初凝或能重塑前浇筑完成次层混凝土时,可以分块进行浇筑。

2. 柱

(1)除非监理人员另有指示,否则墩柱混凝土应在一次作业中浇筑完成。混凝土墩柱应在浇筑完成后最少24 h,且混凝土强度达到设计强度的75%以上,才允许浇筑盖梁混凝土,但是图纸上另有注明者除外。

(2)如采用滑升模板施工,应符合上述的规定;当为排柱式墩台,各立柱的浇筑进度要保持一致。

◆混凝土墩、台身施工监理验收

1. 实测项目

(1)混凝土基础实测项目应符合表6.77的规定。

表6.77　混凝土基础实测项目

检查项目		规定值或允许偏差	检查方法和频率
混凝土强度/MPa		在合格标准内	按水泥砂浆强度评定检查
平面尺寸/mm		±50	用尺量长、宽各3处
基础底面标高/mm	土质	±50	用水准仪测量5~8点
	石质	±50,-200	
基础顶面标高/mm		±30	用水准仪测5~8点
轴线偏位/mm		25	经纬仪测量纵、横各2点

(2)承台实测项目应符合表6.78的规定。

表6.78　承台实测项目

检查项目	规定值或允许偏差	检查方法和频率
混凝土强度/MPa	在合格标准内	按水泥混凝土抗压强度评定检查
尺寸/mm	±30	尺量:长、宽、高检查各2点
顶面高程/mm	±20	水准仪:检查5处
轴线偏位/mm	15	全站仪或经纬仪:纵、横各测量2点

(3)墩、台身实测项目应符合表6.79的规定。

表6.79　墩、台身实测项目

检查项目	规定值或允许偏差	检查方法和频率
混凝土强度/MPa	在合格标准内	按水泥混凝土抗压强度评定检查
断面尺寸/mm	±20	尺量:检查3个断面
竖直度或斜度/mm	0.3%H且不大于20	吊垂线或经纬仪:测量2点
顶面高程/mm	±10	水准仪:测量3处
轴线偏位/mm	10	全站仪或经纬仪:纵、横各测量2点
阶段间错台/mm	5	尺量:每节检查4处
大面积平整度/mm	5	2 m直尺:检查竖直、水平两个方向,每20 m^2测1处
预埋件位置/mm	符合设计规定,设计未规定时为10	尺量:每件

注:H为墩、台身高度。

(4)柱或双壁墩身实测项目应符合表6.80的规定。

表6.80　柱或双壁墩身实测项目

检查项目	规定值或允许偏差	检查方法和频率
混凝土强度/MPa	在合格标准内	按水泥混凝土抗压强度评定检查
相邻间距/mm	±20	尺或全站仪测量:检查顶、中、底3处
竖直度/mm	0.3%H且不大于20	吊垂线或经纬仪:测量2点
柱(墩)顶高程/mm	±10	水准仪:测量3处
轴线偏位/mm	10	全站仪或经纬仪:纵、横各测量2点
断面尺寸/mm	±15	尺量:检查3个断面
节段间错台/mm	3	尺量:每节检查2~4处

注:H为墩身或柱高度。

(5)墩、台身安装实测项目应符合表6.81的规定。

表6.81　墩、台身安装实测项目

检查项目	规定值或允许偏差	检查方法和频率
轴线偏差/mm	10	全站仪或经纬仪:纵、横各测量2点
顶面高程/mm	±10	水准仪:检查4~8处
倾斜度/mm	0.3%墩、台高,且不大于20	吊垂线:检查4~8处
相邻墩、台柱间距/mm	±15	尺量或全站仪:检查3处
节段间错台/mm	3	尺量:每节检查2~4处

(6)墩、台帽或盖梁实测项目应符合表6.82的规定。

表6.82　墩、台帽或盖梁实测项目

检查项目	规定值或允许偏差	检查方法和频率
混凝土强度/MPa	在合格标准内	按水泥混凝土抗压强度评定检查
断面尺寸/mm	±20	尺量:检查3个断面
轴线偏位/mm	10	全站仪或经纬仪:纵、横各测量2点
顶面高程/mm	±10	水准仪:检查3~5点
支座垫石预留位置/mm	10	尺量:每个

2. 外观鉴定

(1)混凝土表面平整,施工缝平顺,棱角线平直,外露面色泽一致。

(2)蜂窝、麻面面积不得超过该面面积的0.5%,深度超过10 mm的必须处理。

(3)混凝土表面不可出现非受力裂缝,裂缝宽度超过设计规定或设计未规定时超过0.15 mm必须处理。

(4)施工临时预埋件或其他临时设施应清除处理。

(5)墩、台表面应平整、接缝饱满无空洞,均匀整齐。

(6)墩、台帽和盖梁如出现蜂窝、麻面,必须进行修整。

(7)墩、台帽和盖梁不应出现非受力裂缝,裂缝宽度超过设计规定或设计未规定时超过0.15 mm必须处理。

6.6 钢桥

【基 础】

◆钢梁制作基本要求

(1)钢梁(梁段)采用的钢材和焊接材料的品种、规格、化学成分及力学性能必须符合设计和有关技术规范的要求,具有完整的出厂质量合格证明,并经制作厂家和监理工程师复检合格后方可使用。

(2)钢梁(梁段)元件、临时吊点和养护车轨道吊点等的加工尺寸和钢梁(梁段)预拼装精度应符合设计和有关技术规范的要求,并经监理人员分阶段检查验收签字认可后,方可进行下一道工序。

(3)钢梁(梁段)制作前必须进行焊接工艺评定试验,评定结果应符合技术规范的要求并经监理人员签字认可,并制订实施性焊接施工工艺。施焊人员必须具有相应的焊接资格证和上岗证。

(4)同一部位的焊缝返修不能超过两次,返修后的焊缝应按原质量标准进行复验,并且合格。

(5)高强螺栓连接摩擦面的抗滑移系数应进行检验,检验结果须符合设计要求。

(6)钢梁梁段必须进行试组装,并按设计和有关技术规范要求进行验收。工地安装施工人员应参加试组装及验收,验收合格后填发梁段产品合格证,方可出厂安装。

(7)钢梁(梁段)元件和钢梁(梁段)的存放,应防止变形、碰撞损伤和损坏漆面,不得采用变形元件。

(8)排水设施、灯座、护栏、路缘石、栏杆柱预埋件和剪力键等均应按设计图纸安装完成,且位置准确。

◆钢梁制作材料要求

钢梁制作材料要求见表6.83。

表6.83 钢梁制作材料要求

项目	监理要点
钢材	品种、规格必须符合设计要求和现行国家标准的规定,有质量证明书、试验报告单,进厂后做探伤试验,合格后方可使用
高强螺栓	螺栓的直径、强度必须符合设计要求和现行国家标准的规定,并有出厂质量证明书,在复试合格后方可使用
焊条、焊丝、焊剂	所有焊接用材料必须有出厂合格证,并与母材强度相适应,其质量应符合现行国家标准
油漆	品种、规格应符合设计图纸要求,并有出厂合格证
剪力钉	应有材料合格证,其质量应符合设计和现行国家标准有关规定

◆钢梁防护基本要求

(1)防护涂装材料的品种、规格、技术性能指标必须符合设计和技术规范的要求,具有完整的出厂质量合格证明书,并经防护涂装施工单位和监理工程师复检合格后方可使用。

(2)施工采用的涂敷系统应进行车间和现场的工艺试验,其结果须得到监理人员签字认可后,方可正式施工。

(3)涂装过程中的环境条件、每层涂装时间间隔以及使用的机具设备等均应满足涂装施工工艺和涂料说明书的要求。在完成前一道涂敷后,其干膜厚度须经监理工程师检验合格,方可进行下一道涂敷。

(4)涂装干膜厚度应达到规定值,检测点的漆膜厚度合格率应符合设计要求。

(5)由运输等造成的防护涂装损坏必须修复。

◆钢梁安装基本要求

(1)所使用的焊接材料和紧固件必须符合设计和技术规范的要求。

(2)应按设计规定的程序进行安装。

(3)工地安装焊缝应事先进行焊接工艺评定试验,施焊应按监理人员批准的焊接工艺方案进行。施焊人员必须具有相应的焊接资格证和上岗证。

(4)同一部位的焊缝返修不能超过两次,返修后的焊缝应按原质量标准进行复验,并且合格。

(5)高强螺栓连接摩擦面的抗滑移系数应对随梁发送的试板进行检验,检验结果须符合设计要求。

(6)钢梁运输、吊装过程中应采取可靠措施防止构件变形、碰撞或损坏漆面,严禁在工地安装具有变形构件的钢梁。

【实　务】

◆钢梁制作施工要求

1. 放样

(1)按1∶1放样,曲线桥放样时应注意钢箱梁中间和内外环方向的连接关系。

(2)预留钢箱梁在高度和长度方向上的合理焊接收缩量。

(3)根据各制作单元的施工图,严格按照坐标尺寸,确定其腹板、底板、接口板、横隔板的落料尺寸。

(4)对于较难控制的弧形面,应根据其实际尺寸放大样,做出铁样板,以备随时卡样检查。

(5)在整体放样时,应注意留出余量,尺寸应根据排料图进行确定。

2. 号料

(1)首先对钢板进行矫平、除锈,并确认其牌号、质量、规格,合格后方可下料。

(2)核实来料,注意腹板接料线与顶板接料线错开200 mm以上,与底板接料线错开500 mm以上,横向接口应错开1 000 mm以上,筋板焊接线不得与接料线重合。腹板、底板、上翼板与横隔板的号料必须按照整体的尺寸号料。

(3)桥体方向与钢板轧制方向应一致,严禁反向。

3. 切割

(1)机械剪切时,其钢板的厚度不宜大于12 mm,剪切面应平整。剪切钢料边缘应整齐、咬口、无毛刺、缺肉等缺陷。

(2)气割钢料割缝下面应留有空隙。切口处不可出现缺棱和裂纹,切割后应清除边缘的氧化物、熔瘤及飞溅物等。

4. 矫正

(1)钢料切割后应矫正,冷矫施力不可过急,热矫温度应严格控制。

(2)热矫温度应控制在600~800 ℃(用测温笔测试),温度尚未降至室温时,不得锤击钢料。用锤击方法矫正时,应在其上放置垫板。热矫后缓慢冷却,禁止用冷水急冷。

(3)主要受力零件冷弯时,内侧弯曲半径不得小于板厚的15倍,小于15倍的,必须热煨,冷做弯曲后零件边缘不得产生裂缝,热煨温度需控制在900~1 000 ℃之间。

(4)杆件矫正时,还要注意冷矫时,室温不宜低于5 ℃,冷矫总变形率不得大于2%,时效冲击值不满足要求的拉力杆件不可冷矫。

5. 装配

(1)对于装配件表面以及沿焊缝每边30~50 mm范围内的毛刺、铁锈及油污清理干净。

(2)底板整体应对接点焊、定位牢靠,并进行局部处理、调直达到设计要求。

(3)对两侧腹板进行组装时,要注意对准底板上的坐标等分线。

(4)定位焊所采用的焊接材料型号应与焊件材质相匹配。焊缝厚度不得超过设计焊缝厚度的2/3，且不应大于7 mm。焊缝的长度为50～100 mm，间距为400～600 mm，定位焊缝须布置在焊道内并距端头30 mm以上。

(5)钢箱梁组装后，对于无用的夹具应及时拆除，拆除夹具时不得锤击，不得损坏母材。

6. 焊接

(1)钢箱梁结构件的所有焊缝须严格按照焊接工艺评定报告所制定的焊接工艺执行。

(2)焊工经过考试并取得合格证后，方能从事焊接工作，焊工停焊时间超过6个月，要重新考核。

(3)焊缝金属表面焊波均匀，没有裂纹。不允许有沿边缘或者角顶的未熔雨溢流、烧穿、未填满的火口与超出允许限度的夹渣、气孔、咬肉等缺陷。

(4)焊丝在使用前应清除铁锈、油污。焊剂的粒度，对埋弧半自动焊宜用0.5～1.5 mm，埋弧自动焊宜用1.0～3.0 mm。

(5)为了防止气孔和裂纹的产生，焊条使用前需按产品说明书规定的烘焙温度和时间进行烘焙，低氢型焊条经烘焙后应放入保温桶内，并随用随取。

(6)采用专用螺柱焊钉焊机进行施焊，其焊接设备设置专用配电箱以及专用线路。

(7)焊钉必须符合规范和设计的要求。焊钉有锈蚀时，需经过除锈后才可使用，尤其是焊钉和大头部位不可以有锈蚀和污物，严重锈蚀的焊钉不可使用。

(8)每层焊接宜连续施焊，每一层焊道焊完后，要及时清理检查清除缺陷后再焊。在施焊时，母材的非焊接部位严禁引弧。

7. 制孔

(1)在所有焊缝焊接完毕后，通过专检机构对桥体侧弯、拱高及接口部位进行认真检验合格后方能制孔。

(2)在接头连接口500 mm范围内，必须平整、厚度一致，不得出现有油漆、划伤现象。

(3)制成的孔应成正圆柱形，孔缘无损伤、孔壁光滑，刺屑清除干净，组装中可预钻小孔，组装后进行扩孔，配钻孔径至少应比设计孔径小3 mm。

8. 预拼装

(1)钢箱梁制作完成后，应在工厂进行预拼装。预拼装必须在自由的状态下完成，不得强行固定。

(2)预拼装前，必须要根据施工图坐标尺寸，搭设柱间组装胎进行试装。

(3)试装时，螺栓要紧固到板层密贴。在通常情况下，冲钉不得少于孔眼总数的5%，螺栓不得少于孔眼总数的25%。

(4)试装平直情况及尺寸须检验合格后，再进行试孔器通过检查。

(5)试装时，每一节点孔应有100%的孔，能自由通过大于螺栓公称直径0.2～0.3 mm的试孔器；应有85%的孔，能自由通过小于螺栓公称孔径1.0 mm的试孔器。

9. 喷砂

(1)在钢桥组装焊接完成后进行整体喷砂，喷砂应在制作质量检验合格后再进行。

(2)构件表面除锈方法与除锈等级要与设计要求相适应。

10. 涂装

(1)涂装应在制作质量检验合格后再进行。

(2)涂料涂装遍数、涂层厚度应符合设计要求。

(3)涂装时,环境温度与相对湿度应符合涂料产品说明书要求,当产品说明书无要求时,环境温度宜在5~38 ℃之间,相对湿度不得大于85%,构件表面有冰露时不得涂装,涂装后4 h内不可淋雨。

◆钢梁制作施工监理巡视

(1)材料监理内容如下。

1)审批材料报审表。

2)核查材料质量证明书,其订货技术条件要求的检测数据须齐全,性能指标须符合相应的标准规定。

3)对于材料外观质量、标志以及包装进行抽查。

4)审查施工单位材料入库、保管、发放等管理制度,并且对材料仓库进行检查,使每个环节得到有效的控制。

5)审查施工单位对钢材炉罐号、焊接材料批号跟踪的方法以及管理制度,抽查其执行情况,以排料图为控制依据,跟踪零部件炉罐号移植应准确和齐全,并有详细的记录。

6)材料复验。

7)平行抽检。

①监理抽检比例不可少于施工单位检验数量的10%。

②监理单位试验室资质、试验人员及见证员资格必须符合相应的要求。

③对于试验不合格材料以及制作过程中发现的材料缺陷应及时处理,且应扩大检查,如存在数量较多的严重缺陷,必须及时的通知建设单位处理。

(2)钢构件工厂加工前,监理人员应会同承包人对工厂进行考察,证明生产厂家的加工工艺和生产能力符合工程要求才能同意委托加工。如有不足之处,要提出改换生产厂家或者要求生产厂家改进工艺或者增加设备。

(3)审查放样、号料及切割施工工艺方案。

◆钢梁制作施工监理验收

1. 实测项目

(1)钢桁节段制作实测项目应符合表6.84的规定。

表6.84　钢桁节段制作实测项目

检查项目	规定值或允许偏差	检查方法和频率
阶段长度/mm	±5	尺量:每节段检查4~6处
节段高度/mm	±2	尺量:每节段检查4处
节段宽度/mm	±3	尺量:每节段检查4处

续表 6.84

检查项目		规定值或允许偏差	检查方法和频率
节间长度/mm		±2	尺量:检查每个节间
对角线长度/mm		±3	
桁片平面度/mm		3	拉线测量:每个节段检查 1 处
拱度/mm		±3	拉线测量:每个节段检查 1 处
连接	焊缝尺寸	符合设计要求	量规:检查全部
	焊缝探伤		超声:检查全部 射线:符合设计规定,设计未规定时按 10% 抽查
	高强螺栓扭矩	±10%	测力扳手:检查 5%,且不少于 2 个

(2)钢板梁制作实测项目应符合表 6.85 的规定。

表 6.85　钢板梁制作实测项目

检查项目			规定值或允许偏差	检查方法和频率
梁高/mm	主梁≤2 m		±2	尺量:检查两端腹板处高度
	主梁 >2 m		±4	
	横梁		±1.5	
	纵梁		±1.0	
跨度/mm			±8	全站仪或尺量:测量两支座中心距离
梁长/mm	全长		±15	全站仪或钢尺量:中心线处
	纵梁		+0.5, -1.5	尺量:检查两端角钢背与背之间的距离
	横梁		±1.5	
纵、横梁旁弯/mm			3	梁立置时在腹板一侧距主焊缝 100 mm 处拉线测量:检查中部 1 处
拱度/mm	主梁	不设拱度	+3,0	梁卧置时在下盖板外侧拉线测量:检查中部 1 处
		设拱度	+10, -3	
	两片主梁拱度差		4	分别是测量两片主梁拱度,求差值
平面度/mm	主梁腹板		$<\frac{s}{350}$,且≤8	平尺或拉线:测量中部 1 处
	纵、横梁腹板		$\frac{s}{500}$,且≤5	
主梁、纵横梁盖板对腹板的垂直度/mm	有孔部位		0.5	角尺:测量 3~5 孔
	其余部位		1.5	
连接	焊缝尺寸		符合设计要求	量规:检查全部
	焊缝探伤			超声:检查全部; 射线:符合设计规定,设计未规定时按 10% 抽查
	高强螺栓扭矩		±10%	测车扳手:检查 5%,且不少于 2 个

注:s 为加劲肋与加劲肋之间的距离。

(3)钢箱梁制作实测项目应符合表6.86的规定。

表6.86 钢箱梁制作实测项目

检查项目		规定值或允许偏差	检查方法和频率
梁高 h /mm	$h \leq 2$ m	±2	尺量:检查两端腹板处高度
	$h > 2$ m	±4	
跨度 L/mm		±(5+0.15 L)	全站仪或钢尺:测两支座中心距离
全长/mm		±15	全站仪或钢尺
腹板中心/mm		±3	尺量:检查两腹板中心距
盖板宽度/mm		±4	尺量:检查两端断面
横断面对角线差/mm		4	尺量:检查两端断面
旁弯/mm		3+0.1 L	拉线用尺量:检查跨中
拱度/mm		+10,-5	拉线用尺量:检查跨中
腹板平面度/mm		$<\frac{s}{500}$,且≤8	平尺或拉线:检查跨中
扭曲/mm		每米≤1,且每段≤10	置于平台,四角中有三角接触平台,用尺量另一角与平台间隙
连接	焊缝尺寸	符合设计要求	量规:检查全部
	焊缝探伤		超声:检查全部; 射线:符合设计规定,设计未规定时按10%抽查
	高强螺栓扭矩	±10%	测车扳手:检查5%,且不小于2个

注:1. L 以 m 计。

2. s 为加劲肋与加劲肋之间的距离。

2. 外观鉴定

(1)钢箱梁内、外表面不得有凹陷、划痕、焊疤、电弧擦伤等缺陷,边缘应无毛刺。

(2)焊缝均应平滑,无裂纹、未融合、夹渣、未填满弧坑、焊瘤等外观缺陷,预焊件的装焊符合设计要求。

◆钢梁防护监理巡视

1. 涂层系统

(1)涂装前,应进行表面处理的质量检查,合格后即可进行涂装。

(2)涂装时,漆膜厚度和涂层遍数应符合设计要求,应及时地测定湿膜厚度,保证干膜的厚度。

(3)涂层干膜厚度大于或者等于设计厚度值的点数占总测点数的90%以上,其他测点的干膜厚度不得低于90%的设计厚度值。当不符合上述的要求时,要进行修补。

(4)厚膜涂层应进行针孔检测,针孔数不可超过测点总数的20%,若不符合要求,应进行修补。

2. 喷涂金属系统

(1)可目视或者用5~10倍放大镜观察,喷涂金属层应厚薄均匀、颗粒细密,且不得有固体杂质、气泡以及裂缝等缺陷。

(2)喷涂厚度达不到要求时,应进行补喷或者重喷。

(3)孔隙率检测,检测面积宜占总面积的5%,当不合格时,应进行补喷或者重喷。

(4)对于喷涂金属层与钢结构的结合性能,可以采用敲击或者刀刮进行检测,若不合格时,应进行补喷或重喷。

◆钢梁防护监理验收

1. 实测项目

钢梁防护涂桩实测项目应符合表6.87的规定。

表6.87　钢梁防护涂桩实测项目

检查项目		规定值或允许偏差	检查方法和频率
除锈清洁度		符合设计规定;设计未规定时,Sa2.5(St3)	比照板目测:100%
粗糙度/μm	外表面	70~100	按设计规定检查。设计未规定时,用粗糙度仪检查,每段检查6点,取平均值
	内表面	40~80	
总干膜厚度/μm		符合设计要求	漆膜测厚仪检查
附着力/MPa		符合设计要求	划格或拉力试验:按设计规定频率检查

注:总干膜厚度的检查频率按设计规定执行。设计未规定时,每10 m^2 测3~5个点,每个点附近测3次,取平均值,每个点的量测值如小于设计值应加涂一层涂料。每涂完层后,必须检测干膜总厚度。

2. 外观鉴定

(1)涂层表面完整光洁,均匀一致,无破损、气泡、裂纹、针孔、凹陷、麻点、流挂和皱皮等缺陷。

(2)涂后的漆膜颜色一致。

◆钢梁安装监理巡视

(1)对运到工地的杆件进行目测鉴定,对外观有损伤不符合质量要求的,应退回或者给予修整。

(2)高强度螺栓连接副须经过以下试验,符合规范要求时即可出厂。

1)材料、制作批号、炉号、化学成分与机械性能证明或试验数据。

2)螺母及垫圈的硬度试验。

3)螺栓的楔负荷试验。

4)螺母的保证荷载试验。

5)连接副的扭矩系数试验(注明试验温度);大六角头连接副的扭矩系数标准偏差和平均值;扭剪型连接副的紧固轴力标准偏和差平均值。

(3)螺母、螺栓、垫圈有锈蚀应抽样检查紧固轴力,达到要求后即可使用。螺栓不得被泥土、油污沾染,保持干燥、洁净状态。

(4)钢箱梁临时支架施工前必须通过荷载验算,在支架设计的安全系数范围内可以采用碗扣式脚手架或者型钢支架,并严格按照支架安装方案组织施工。

(5)钢箱梁吊装前,应对桥台、墩顶面高程、中线以及各孔跨径进行复测,误差在允许的范围内方可吊装,并放出钢箱梁就位线。

(6)钢梁吊装时,应观察支架的刚度、强度和位置,检查钢梁杆件的受力变形情况,若发现问题及时处理。

(7)在安装过程中,每完成一节间应测量其位置、标高及预拱度,若不符合要求,应进行校正。

(8)高强度螺栓的紧固顺序由刚度大的部位向不受约束的自由端进行,同一节点内从中间向四周,以使板面密贴。

(9)螺栓紧固检查。

1)对大六角高强度螺栓进行检查。

①用“小锤敲击法”对高强度螺栓进行普查,防止漏拧。“小锤敲击法”是指用手指紧按住螺母的一个边,按的位置尽量靠近螺母近垫圈处,然后采用0.3~0.5 kg重的小锤敲击螺母相对应的另一个边(手按边的对边),若手指感到轻微颤动即为合格,颤动较大即为欠拧或者漏拧,完全不颤动即为超拧。

②进行扭矩检查,抽查每个节点螺栓数的10%,但不能少于1个。即先在螺母与螺杆的相对应位置划一条细直线,然后将螺母拧松约60°,再拧到原位(即与该细直线重合)时测得扭矩,该扭矩与检查扭矩的偏差如在检查扭矩的±10%范围以内则即为合格。

③扭矩检查要在终拧1 h以后进行,且应在24 h以内检查完毕。

④扭矩检查为随机抽样,抽样数量为每个节点的螺栓连接副的10%,但不得少于1个连接副。若发现不符合要求的,应重新抽样10%检查,若仍是不合格的,是漏拧、欠拧的,应该重新补拧,是超拧的应给予更换螺栓。

2)扭剪型高强度螺栓连接副的检查。

①扭剪型高强度螺栓连接副,因其结构的特点,施工中梅花杆部分承受的是反扭矩,因而梅花头部分拧断,即螺栓连接副已经施加了相同的扭矩,故检查只需目测梅花头拧断即是合格。但个别部位的螺栓无法使用专用的扳手,则按相同直径的高强度大六角螺栓检验方法进行。

②扭剪型高强度螺栓施拧需进行初(复)拧和终拧才行。初拧(复拧)后,要做好标志,此标志是为检查螺母转角量以及有无共同转角量或者螺栓空转的现象产生之用,应引起重视。

◆钢梁安装监理验收

1. 实测项目

钢梁安装实测项目应符合表6.88的规定。

表 6.88　钢梁安装实测项目

检查项目		规定值或允许偏差	检查方法和频率
轴线偏位/mm	钢梁中线	10	经纬仪:测量 2 处
	两孔相邻横梁中线相对偏位	5	
梁底高程/mm	墩台处梁底	±10	水准仪:每支座 1 处,每横梁 2 处
	两孔相邻横梁相对高差	5	
连接	焊缝尺寸	符合设计要求	量规:检查全部
	焊缝探伤		超声:检查全部 射线:符合设计规定,设计未规定时按 10% 抽查
	高强螺栓扭矩	±10%	测车扳手:检查 5%,且不小于 2 个

2. 外观鉴定

(1)线形平顺,无明显折变。

(2)焊缝均应平滑,无裂纹、未融合、夹渣、未填满弧坑、焊瘤等外观缺陷。

6.7　斜拉桥

【基　础】

◆混凝土索塔基本要求

(1)混凝土所用的水泥、砂、石、水、外掺剂及混合材料的质量和规格必须符合有关规范的要求,按规定的配合比施工。

(2)索塔的索道孔、锚箱位置及锚箱锚固面与水平面的交角均应控制准确,锚垫板与孔道必须互相垂直。

(3)分段浇筑时,段与段间不得有错台。

(4)不得出现露筋和空洞现象。

(5)在横梁施工中,不得因支架变形、温度或预应力而出现裂缝,横梁与塔柱紧密连成整体。

◆平行钢丝斜拉索制作与防护基本要求

(1)镀锌钢丝、锚头锻钢材料的各项技术性能必须符合设计要求。

(2)钢丝必须梳理顺直,热挤时平行钢丝束的扭转角度应满足技术规范要求,不得松散。

(3)热挤防护采用的高密度聚乙烯材料的技术性能应符合设计要求。防护处理的程序、温度、时间与方法,均应严格控制,防护层不得有断裂、裂纹。

(4)锚头机械精加工尺寸应满足设计要求。锚头必须按设计或规范要求进行探伤,检查结果必须合格。

(5)钢丝镦头不得有横向裂纹,头型圆整。每镦头一批,应当仔细对镦头机进行检查、调整,以保证镦头质量。

(6)冷铸材料配料应准确,加温固化应严格控制程序、温度和时间。

(7)斜拉索安装前,均应作1.3~1.5倍设计荷载的预张拉试验,锚板回缩量不大于6 mm,试验后锚具完好。

(8)斜拉索成品在出厂前须做放索试验。

◆混凝土斜拉桥主墩上梁段浇筑基本要求

(1)混凝土所用的水泥、砂、石、水、外掺剂及混合材料的质量和规格必须符合有关规范的要求,按规定的配合比施工。

(2)不得出现露筋和空洞现象。

(3)在施工过程中,梁体不得出现宽度超过设计和规范规定的受力裂缝。一旦出现,必须查明原因,经过处理后方可继续施工。

◆混凝土斜拉桥梁的悬臂施工基本要求

(1)混凝土所用的水泥、砂、石、水、外掺剂及混合材料的质量和规格必须符合有关规范的要求,严格按规定的配合比施工。

(2)千斤顶及油表等斜拉索张拉工具,必须事先经过检查和标定。

(3)穿索前应将锚箱孔道毛刺打平,避免损伤斜拉索。

(4)在施工过程中,必须对索力、高程及塔柱变形进行观测,并记录当时的温度。

(5)悬臂施工梁段前,必须对0号块件的高程、桥轴线做详细复核,符合设计要求后方可进行悬臂梁段的施工。

(6)悬臂施工必须对称进行,斜拉索张拉的次数、量值和顺序应按设计规定或施工控制要求进行。

(7)悬臂施工跨中合龙前,应调整超出允许范围的索力值,合龙段两侧的高差必须在设计允许范围内。

(8)梁体不得出现露筋和空洞现象,不得出现宽度超过设计和规范规定的受力裂缝。若出现上述情况时,必须查明原因,经过处理后方可继续施工。

(9)在施工过程中,当索力和高程超过设计允许偏差时,必须按施工控制的要求进行调整。

(10)接头的形式、位置、胶结材料的性能和质量,以及其他技术指标必须满足设计要求,接缝填充密实。

◆钢斜拉桥的箱梁段制作基本要求

钢斜拉桥的箱梁段制作基本要求参见“钢梁制作基本要求”部分相关内容。

◆钢斜拉桥箱梁段拼装基本要求

(1)钢箱梁拼装架设时,采用的高强螺栓、焊接材料的品种、规格、化学成分及力学性能必须符合设计和有关技术规范的要求。

(2)在工厂制作的斜拉索成品必须有经监理人员签认的产品质量合格证,方能在工地使用。

(3)钢箱梁段必须验收合格后方能在工地拼装。

(4)工地安装焊缝必须事先进行焊接工艺评定试验,施焊必须按监理人员批准的焊接工艺方案进行,施焊人员必须具有相应的焊接资格证和上岗证。

(5)同一部位的焊缝返修不能超过二次,返修后的焊缝应按原质量标准进行复验,并且合格。

(6)高强螺栓连接摩擦面的抗滑移系数应对随梁发送的试板进行检验,检验结果须符合设计要求。

(7)千斤顶和油表等斜拉索张拉工具,以及高强螺栓测力扳手必须事先经过检查和标定。

(8)在施工过程中,必须对索力、高程及塔柱变形进行观测,并记录现场的温度。当索力和标高超过设计允许偏差时,必须按施工控制的要求进行调整。

(9)悬臂施工必须按照设计要求对称进行。

◆结合梁斜拉桥的混凝土板施工基本要求

(1)混凝土所用的水泥、砂、石、水、外掺剂及混合材料的质量和规格必须符合有关规范的要求,按规定的配合比施工。

(2)混凝土板的浇筑或安装必须按照设计要求,对称进行。

(3)不得出现露筋和空洞现象。

(4)在施工过程中,当索力和高程超过设计允许偏差时,必须按施工控制的要求进行调整。

【实　务】

◆混凝土索塔监理验收

1. **实测项目**

(1)斜拉桥塔柱段实测项目应符合表6.89的规定。

表6.89　斜拉桥塔柱段实测项目

检查项目	规定值或允许偏差	检查方法和频率
混凝土强度/MPa	在合格标准内	按水泥混凝土抗压强度评定规定检查
塔柱底偏位/mm	10	经纬仪或全站仪:纵、横各检查2点
倾斜度/mm	符合设计规定,设计未规定时按1/3 000塔高,且不大于30	经纬仪或全站仪:纵、横各检查2点
外轮廓尺寸/mm	±20	尺量:每段检查3个断面

续表 6.89

检查项目	规定值或允许偏差	检查方法和频率
壁厚/mm	±5	尺量:每段每侧面检查1处
锚固点高程/mm	±10	水准仪或全站仪:每锚固点
孔道位置/mm	10,且两端同向	尺量:每孔道
预埋件位置/mm	5	尺量:每件

(2)横梁实测项目应符合表6.90的规定。

表6.90 横梁实测项目

检查项目	规定值或允许偏差	检查方法和频率
混凝土强度/MPa	在合格标准内	按水泥混凝土抗压强度评定规定检查
轴线偏位/mm	10	经纬仪:每梁检查5处
外轮廓尺寸/mm	±10	尺量:检查3~5个断面
壁厚/mm	5	尺量:每侧面检查1处,检查3~5个断面
顶面高程/mm	±10	水准仪:检查5处

2. 外观鉴定

(1)混凝土表面平整,颜色一致,轮廓线顺直。

(2)混凝土表面不得出现蜂窝、麻面,如出现必须修整完好。

(3)混凝土表面不可出现非受力裂缝。裂缝宽度超过设计规定或设计未规定时,超过0.15 mm必须处理。

(4)施工临时预埋件或其他临时设施须清除处理。

◆平行钢丝斜拉索制作与防护监理验收

1. 实测项目

平行钢丝斜拉索制作与防护实测项目应符合表6.91的规定。

表6.91 平行钢丝斜拉索制作与防护实测项目

检查项目		规定值或允许偏差	检查方法和频率
斜拉索长度/mm	≤100 m	±20	尺量:每根
	>100 m	±1/5 000索长	
PE防护厚度/mm		+1.0,-0.5	尺量:抽查20%
锚板孔眼直径 D/mm		$d<D<1.1d$	量规:每件
镦头尺寸/mm		镦头直径≥1.4d 镦头高度≥d	游标卡尺:每种规格检查10个
冷铸填料强度	允许	不小于设计	试验机:每锚3个边长30 mm试件
	极值	不小于设计10%	
锚具附近密封处理		符合设计要求	目测:全部

注:d为钢丝直径。

2. 外观鉴定

(1)斜拉索表面应平整密实,无畸形,颜色一致。

(2)斜拉索表面无碰伤或擦痕。

(3)锚头无伤痕、锈蚀。

◆混凝土斜拉桥主墩上梁段浇筑监理验收

1. 实测项目

主墩上梁段浇筑实测项目应符合表6.92的规定。

表6.92　主墩上梁段浇筑实测项目

<table>
<tr><th colspan="2">检查项目</th><th>规定值或允许偏差</th><th>检查方法和频率</th></tr>
<tr><td colspan="2">混凝土强度/MPa</td><td>在合格标准内</td><td>按水泥混凝土抗压强度评定规定检查</td></tr>
<tr><td colspan="2">轴线偏位/mm</td><td>跨径/10 000</td><td>经纬仪或全站仪:纵桥向检查2点</td></tr>
<tr><td colspan="2">顶面高程/mm</td><td>±10</td><td>水准仪:检查3点</td></tr>
<tr><td rowspan="4">断面尺寸/mm</td><td>高度</td><td>+5,-10</td><td rowspan="4">尺量:检查2个断面</td></tr>
<tr><td>顶宽</td><td>±30</td></tr>
<tr><td>底宽或肋间宽</td><td>±20</td></tr>
<tr><td>顶、底、腹板厚或肋宽</td><td>+10,-0</td></tr>
<tr><td colspan="2">横坡/%</td><td>±0.15</td><td>水准仪:检查1~3处</td></tr>
<tr><td colspan="2">预埋件位置/mm</td><td>5</td><td>尺量:每件</td></tr>
<tr><td colspan="2">平整度/mm</td><td>8</td><td>2 m直尺:检查竖直、水平两个方向,每侧面每10 m梁长测1处</td></tr>
</table>

2. 外观鉴定

(1)混凝土表面平整,线形顺直,颜色一致。

(2)混凝土表面不得出现蜂窝、麻面,如出现必须修整完好。

(3)混凝土表面不可出现非受力裂缝,裂缝宽度超过设计规定或设计未规定时,超过0.15 mm必须处理。

(4)梁体内不应遗留建筑垃圾、杂物、临时预埋件等,如果出现上述情况应清理干净。

◆混凝土斜拉桥梁的悬臂施工监理验收

1. 实测项目

(1)混凝土斜拉桥梁的悬臂浇筑实测项目应符合表6.93的规定。

表 6.93　混凝土斜拉桥梁的悬臂浇筑实测项目

检查项目		规定值或允许偏差		检查方法和频率
混凝土强度/MPa		在合格标准内		按水泥混凝土抗压强度评定规定检查
轴线偏位/mm		L≤100 m	10	经纬仪:每段检查 2 点
		L>100 m	L/10 000	
断面尺寸/mm	高度	+5,-10		尺量:每段检查 2 个断面
	顶宽	±30		
	底宽或肋间宽	±20		
	顶、底、腹板厚或肋宽	+10,-0		
索力/kN	允许	满足设计和施工控制要求		测力仪:测每索拉力
	极值	符合设计规定,设计未规定时与设计值相差 10%		
梁锚固点或梁顶高程/mm	梁段	满足施工控制要求		水准仪或全站仪:测量每个锚固点或每梁段中点
	合龙后	L≤100 m	20	
		L>100 m	±L/5 000	
横坡/%		±0.15		水准仪:检查每梁段
锚具轴线与孔道轴线偏位/mm		5		尺量:全部
预埋件位置/mm		5		尺量:每件
平整度/mm		8		2 m 直尺:检查竖直、水平两个方向,每侧每 10 m 梁长测 1 处

注:L 为跨径。

(2)混凝土斜拉桥梁的悬臂拼装实测项目应符合表 6.94 的规定。

表 6.94　混凝土斜拉桥梁的悬臂拼装实测项目

检查项目		规定值或允许偏差		检查方法
合龙段混凝土强度/MPa		在合格标准内		按水泥混凝土抗压强度评定规定检查
轴线偏位/mm		L≤100 m	10	经纬仪:每段检查 2 点
		L>100 m	L/10 000	
锚具轴线与孔道轴线偏位/mm		5		尺量:抽查 25%
索力/kN	允许	满足设计和施工控制要求		测力仪:测每索拉力
	极值	符合设计规定,设计未规定时与设计值相差 10%		
梁锚固点火梁顶高程/mm	梁段	L≤100 m	±20	水准仪或全站仪:测量每个锚固点或每梁段中点
	合龙后	L>100 m	±L/5 000	

注:L 为跨径。

2. 外观鉴定

(1)线形平顺,梁顶面平整,每段无明显折变。

(2)相邻块件的接缝平整密实,颜色一致,棱角分明,无明显错台。

(3)混凝土表面不应出现蜂窝、麻面,如出现必须修整。

(4)混凝土表面不可出现非受力裂缝,裂缝宽度超过设计规定或设计未规定时,超过 0.15 mm 必须处理。

(5)梁体内不应遗留建筑垃圾、杂物、临时预埋件等,如出现上述现象应清理干净。

◆钢斜拉桥的箱梁段制作监理验收

1. 实测项目

钢箱梁段制作实测项目应符合表 6.95 的规定。

表 6.95　钢箱梁段制作实测项目

<table>
<tr><th colspan="2">检查项目</th><th>规定值或允许偏差</th><th>检查方法和频率</th></tr>
<tr><td colspan="2">梁长/mm</td><td>±2</td><td>钢尺:检查中心线及两侧</td></tr>
<tr><td colspan="2">梁段桥面板四角高差/mm</td><td>4</td><td>水准仪:检查 4 角</td></tr>
<tr><td colspan="2">风嘴直线度偏差/mm</td><td>L/2 000,且≤6</td><td>拉线、尺量:检查各风嘴边缘</td></tr>
<tr><td rowspan="4">端口尺寸</td><td>宽度/mm</td><td>±4</td><td rowspan="4">钢尺:检查两端</td></tr>
<tr><td>中心高/mm</td><td>±2</td></tr>
<tr><td>边高/mm</td><td>±3</td></tr>
<tr><td>横断面对角线差/mm</td><td>≤4</td></tr>
<tr><td rowspan="2">锚箱</td><td>锚点坐标/mm</td><td>±4</td><td>经纬仪、垂球:检查 6 点</td></tr>
<tr><td>斜拉索轴线角度/°</td><td>0.5</td><td>经纬仪、垂球:2 点</td></tr>
<tr><td rowspan="3">梁段匹配性</td><td>纵桥向中心线偏差/mm</td><td>1</td><td>钢尺:每段检查</td></tr>
<tr><td>顶、底、腹板对接间隙/mm</td><td>+3,-1</td><td>钢尺:检查各对接断面</td></tr>
<tr><td>顶、底、腹板对接错边/mm</td><td>2</td><td>钢尺、水平仪:检查各对接断面</td></tr>
<tr><td rowspan="2">焊缝</td><td>焊缝尺寸</td><td rowspan="2">符合设计要求</td><td>量规:检查全部</td></tr>
<tr><td>探伤</td><td>超声:检查全部
射线:按设计规定,设计未规定时按 10% 抽查</td></tr>
</table>

注:L 为量测长度。

2. 外观鉴定

(1)钢箱梁表面不得有凹陷、划痕、焊疤、电弧擦伤等缺陷,边缘应无毛刺。

(2)焊缝均应平滑,无裂纹、未融合、夹渣、未填满弧坑、焊瘤等外观缺陷,预焊件的装焊符合设计要求。若发现不合格时,应立即处理。

◆钢斜拉桥箱梁段拼装监理验收

1. 实测项目

(1)钢斜拉桥箱梁段的悬臂拼装实测项目应符合表 6.96 的规定。

表6.96 钢斜拉桥箱梁段的悬臂拼装实测项目

检查项目		规定值或允许偏差		检查方法和频率
轴线偏位/mm		$L \leq 200$ m	10	经纬仪:每段检查2点
		$L > 200$ m	L/20 000	
索力/kN	允许	满足设计和施工控制要求		测力仪:测每索
	极值	符合设计规定,设计未规定时与设计值相差10%		
梁锚固点高程或梁顶高程/mm	梁段	满足施工控制要求		水准仪:测量每个锚固点或梁段两端中点
	合龙后	$L \leq 200$ m	±20	
		$L > 200$ m	±L/10 000	
梁顶水平度/mm		20		水准仪:测梁顶四角
相邻节段匹配高差/mm		2		尺量:每段
连接	焊缝尺寸	符合设计要求		量规:检查全部
	探伤			超声:检查全部 射线:按设计规定,设计未规定时按10%抽查
	高强螺栓扭矩	±10%		测力扳手:抽查5%且不少于2个

注:L为跨径。

(2)钢斜拉桥钢箱梁段的支架安装实测项目应符合表6.97的规定。

表6.97 钢斜拉桥钢箱梁段的支架安装实测项目

检查项目		规定值或允许偏差	检查方法和频率
轴线偏位/mm		10	经纬仪:每段检查2点
梁段的纵向位置/mm		10	经纬仪:检查每段
梁顶标高/mm		±10	水准仪:测量梁段两端中点
梁顶水平度/mm		10	水准仪:测量四角
连接	焊缝尺寸	符合设计要求	量规:检查全部
	焊缝探伤		超声:检查全部 射线:按设计规定,设计未规定时按10%抽查
	高强螺栓扭矩	±10%	测力扳手:抽查5%,且不少于2个

2. 外观鉴定

(1)线形平顺,段间无明显折变。

(2)焊缝均应平滑,无裂纹、未融合、夹渣、未填满弧坑、焊瘤等外观缺陷,若出现上述情况须处理。

◆结合梁斜拉桥的混凝土板施工监理验收

1. 实测项目

结合梁斜拉桥的混凝土板施工实测项目应符合表6.98的规定。

表 6.98　结合梁斜拉桥的混凝土板施工实测项目

<table>
<tr><th colspan="2">检查项目</th><th colspan="2">规定值或允许偏差</th><th>检查方法和频率</th></tr>
<tr><td colspan="2">混凝土强度/MPa</td><td colspan="2">在合格标准内</td><td>按水泥混凝土抗压强度评定规定检查</td></tr>
<tr><td rowspan="2">混凝土板尺寸
/mm</td><td>厚</td><td colspan="2">+10，-0</td><td rowspan="2">尺量，每段 2 个断面</td></tr>
<tr><td>宽</td><td colspan="2">±30</td></tr>
<tr><td rowspan="2">索力/kN</td><td>允许</td><td colspan="2">符合设计要求</td><td rowspan="2">测力仪：测每索</td></tr>
<tr><td>极值</td><td colspan="2">符合设计规定，设计未规定时与设计值相差 10%</td></tr>
<tr><td colspan="2" rowspan="2">高程/mm</td><td>$L \leqslant 200$ m</td><td>±20</td><td rowspan="2">水准仪：每跨检查 5～15 处</td></tr>
<tr><td>$L > 200$ m</td><td>$\pm L/10\ 000$</td></tr>
<tr><td colspan="2">横坡/%</td><td colspan="2">±0.15</td><td>水准仪：每跨测量 3～8 个断面</td></tr>
</table>

注：L 为跨径。

2. 外观鉴定

(1)混凝土表面应平整。

(2)混凝土边缘线条顺直。

(3)混凝土底面不得出现蜂窝、麻面，如出现必须修整。

6.8　桥面系和附属工程

【基　础】

◆桥面防水层铺设基本要求

(1)防水层铺设材料的规格和性能，以及防水层的不透水性应符合设计要求，并至少应有不低于桥面沥青混凝土铺装层使用年限的寿命，能适应动荷载及混凝土桥面开裂时不损坏的特点。

(2)防水层施工前，混凝土表面应清除垃圾、杂物、油污与浮浆，并保持干净和干燥。

(3)应严格按规定的工艺施工。

(4)预计涂料表面在干燥前会下雨，则不应施工。在施工过程中，严禁踩踏未干的防水层。防水层养护结束后、桥面铺装完成前，行驶车辆不得在其上急转弯或紧急制动。

◆桥面铺装基本要求

(1)水泥混凝土桥面的基本要求同水泥混凝土路面，沥青混凝土桥面的基本要求同沥青混凝土路面。

(2)桥面泄水孔进水口的布置应有利于桥面和渗入水的排除，其数量不得少于设计要求，出水口不得使水直接冲刷桥体。

◆**支座安装基本要求**

(1)支座的材料、质量和规格必须满足设计和有关规范的要求,经验收合格后方可安装。

(2)支座底板调平砂浆性能应符合设计要求,灌注密实,不得留有空洞。

(3)支座上、下各部件纵轴线必须对正。当安装时温度与设计要求不同时,应通过计算设置支座顺桥向预偏量。

(4)支座不得发生偏歪、不均匀受力和脱空现象。滑动面上的四氟滑板和不锈钢板不得有划痕、碰伤等,位置正确,安装前必须涂上硅脂油。

◆**伸缩缝安装基本要求**

(1)伸缩缝必须满足设计和有关技术规范的要求,须有合格证,并经验收合格后方可安装。

(2)伸缩缝必须锚固牢靠,伸缩性能必须有效。

(3)伸缩缝两侧混凝土的类型和强度,必须符合设计要求。

(4)大型伸缩缝与钢梁连接处的焊缝应做超声检测,检测结果须合格。

(5)伸缩缝处不得积水。

◆**人行道铺设基本要求**

(1)悬臂式人行横道必须在横向与主梁牢固连接。

(2)人行道板必须在人行道梁锚固后方可铺设。

◆**桥头搭板基本要求**

(1)所用的水泥、砂、石、水和外掺剂的质量和规格必须符合有关规范的要求,按规定的配合比施工。

(2)桥头搭板下的地基及垫层或路面基层的强度和压实度必须满足设计要求。

(3)不得出现露筋和空洞现象。

◆**栏杆及护栏安装基本要求**

(1)所用的水泥、砂、石、水和外掺剂的质量和规格必须符合有关规范的要求,按规定的配合比施工。

(2)不得出现露筋和空洞现象。

(3)栏杆杆件不得有弯曲或断裂现象。

(4)栏杆必须在人行道板铺完后方可安装。

(5)栏杆安装必须牢固,其杆件连接处的填缝料必须饱满平整,强度应满足设计要求。

(6)防撞护栏上的钢构件应焊接牢固,焊缝应满足设计和有关规范的要求,并按设计要求进行防护。

【实　务】

◆桥面防水层铺设施工要求

1. 沥青胶结材料防水层施工

(1)垫层表面应涂满冷底子油,且使其干燥。

(2)沥青胶结材料防水层通常涂两层,每层的厚度为 1.5～2.0 mm。

(3)沥青胶结材料所使用沥青的软化点应比垫层可能的最高温度高出 20～25 ℃,并不低于 40 ℃;使用温度和加热温度不低于 150 ℃。

(4)沥青胶结材料防水层的施工气温不得低于 -20 ℃,若温度过低必须采取保温的措施。在炎热季节施工时,应采用遮阳措施,以防止烈日暴晒导致沥青流淌。

2. 合成树脂合成橡胶的乳液(溶液)防水层施工

(1)第一层涂层涂刷完毕,须待干燥结膜后,方可涂刷下一层,通常涂 2～3 层。涂刷第一层涂层必须与混凝土密实结合,不可夹有空隙。

(2)涂料中如配有挥发性溶液,应在 3～4 h 内用完。

(3)涂贴应均匀,不得有翘边、起鼓、流淌、皱折等现象。玻璃丝布的搭接长度,短边不应小于 15 cm,长边不应小于 10 cm。

(4)最后一层玻璃丝布上,应涂刷一遍胶结料及一层保护层。

(5)当采用水乳型橡胶沥青时,施工时的最低气温不低于 +5 ℃,雨天以及大风天不得施工。

3. 卷材防水层施工

(1)铺贴卷材前,表面应用冷底子油涂满铺均,待冷底子油干燥以后方可铺贴卷材。

(2)铺贴卷材的铺设层数,要根据设计要求和当地的气候条件确定,通常为 2～4 层。

(3)粘贴卷材的沥青胶厚度,通常应为 1.5～2.5 mm,不得超过 3 mm。

(4)卷材的搭接长度,短边不应小于 15 cm,长边不应小于 10 cm;上、下两层和相邻两幅卷材的接缝相互错开,上、下两层卷材不得相互垂直。

(5)粘贴卷材应展平压实,卷材与基层和各层卷材间必须粘接紧密,并将多铺的沥青胶结材料挤出,搭接缝必须封缝严密,以防出现水路,粘贴完最后一层卷材后,表面应再涂刷一层厚度 1～1.5 mm 的热沥青胶结材料。

(6)卷材防水层铺贴的温度不应低于 +5 ℃。

◆桥面防水层铺设施工监理巡视

(1)防水材料需具有良好的不透水性。能够承受各种静载和动载作用而不损坏,具有足够的弹塑和韧性等变形的能力,具有温度稳定性,温度低时不致脆裂;温度高时不致融流。

(2)在耐久性方面,具有抗老化、耐腐蚀的性能。

(3)铺设前,基层表面应平整密实,且清除所有杂物、保持洁净。

(4)铺设时,粘贴紧密、接缝严密、无损伤、裂缝、气泡、脱层和滑移现象。

◆桥面防水层铺设施工监理验收

1. 实测项目

桥面防水层铺设施工实测项目应符合表6.99的规定。

表6.99　桥面防水层铺设施工实测项目

检查项目	规定值或允许偏差	检查方法和频率
防水涂膜厚度/mm	符合设计规定,设计未规定时,±0.1	测厚仪:每200 m^2 测4点或按材料用量推算
黏结强度/MPa	不小于设计要求,且≥0.3(常温),≥0.2(气温≥35 ℃)	拉拔仪:每200 m^2 测4点(拉拔速度:10 mm/min)
抗剪强度/MPa	不小于设计要求,且≥0.4(常温),≥0.3(气温≥35 ℃)	剪切仪:1组3个(剪切速度:10 mm/min)
剥离强度/($N \cdot mm^{-1}$)	不小于设计要求,且≥0.3(常温),≥0.2(气温≥35 ℃)	90°剥离仪:1组3个(剥离速度:100 mm/min)

注:剥离强度仅适用于卷材类或加胎体涂膜类防水层。

2. 外观鉴定

(1)防水涂料应覆盖整个混凝土表面,如有遗漏,必须进行处理。

(2)防水层应表面平整,无空鼓、脱落、翘边等缺陷。

◆桥面铺装施工要求

1. 防水层设置

(1)铺设防水层的桥面板表面应平整、干净、干燥,防水层沿缘石或者中间分隔带的边缘应封闭,以免桥面水渗入主体结构内。

(2)防水层应根据不同的材料按制造商推荐的铺设要求进行。

2. 泄水管安装监理

(1)在浇筑桥面板时应要预留泄水管安装孔,桥面铺装时应避免泄水管预留孔堵塞。

(2)泄水管埋设位置应要符合设计要求,出水管应伸出结构物底面10~15 cm,或者按图示将其引入地下排水设施。

3. 水泥混凝土桥面铺装

(1)混凝土的铺设要均匀,铺设的高度应略高于完成的桥面标高,要用振动器压实,且用整平板整平。

(2)在一段桥面铺装修整完成后的15 min内,要采用有效措施保护混凝土表面不受风吹日晒。

(3)当混凝土桥面铺装上另有一层沥青混凝土铺装时,该混凝土桥面铺装除了按上述要求外,其表面应予以适当粗糙。

4. **沥青混凝土桥面铺装**

(1)沥青铺筑前,应对水泥混凝土桥面进行检查,桥面应平整、干燥、粗糙、整洁,不得有杂物、尘土或者油污,桥面的横坡应符合要求。不符合要求应予以处理,对尖锐突出物以及凹坑应予以打磨或修补。

(2)铺筑防水层前,应洒布粘层沥青,沥青的浇洒温度根据施工气温以及沥青标号选择,煤沥青的洒布温度宜为 80 ~ 120 ℃,石油沥青的洒布温度宜为 130 ~ 170 ℃。

(3)在沥青混凝土桥面铺装下,若另有一层混凝土底层时应待底层的混凝土强度达到特征强度的 70% 以上时,才能进行沥青混凝土桥面铺装。

(4)沥青防水层摊铺必须在全桥宽的范围内全面进行。

(5)摊铺时,监理人员应进行全过程旁站,且按规定进行必要的试验。

5. **钢桥面板上沥青混凝土铺装**

(1)沥青混合料的矿料质量以及矿料级配应符合施工规范和设计要求的规定。

(2)沥青材料以及混合料的各项指标应符合设计和施工规范的要求,对于每日生产的沥青混合料应做抽提试验。(包括马歇尔稳定度试验)

(3)严格控制各种矿料和沥青用量以及各种材料和沥青混合料的加热温度,碾压温度要符合要求。

(4)拌和后的沥青混合料应均匀一致,无花白、粗细料分离及结团成块现象。

(5)桥面泄水孔进水口的布置应有利于桥面和渗入水的排除,其数量不可少于设计要求,出水口不得使水直接冲刷桥体。

◆桥面铺装施工监理巡视

(1)对于各种材料应进行抽检试验,不合格材料不允许入场用于施工。

(2)当进行混凝土桥面铺装时,要按图纸所示预留好伸缩缝工作槽。当进行沥青混凝土铺装时,不必为伸缩缝预留工作槽,在安装伸缩缝前应先行切割沥青混凝土铺装所占的伸缩缝的位置。

(3)桥面铺装宜采取全桥宽同时进行,或分车道进行,或根据监理人员指示办理。

◆桥面铺装施工监理验收

1. **实测项目**

(1)桥面铺装实测项目应符合表 6.100 的规定。

表 6.100　桥面铺装实测项目

检查项目	规定值或允许偏差	检查方法和频率
强度或压实度	在合格标准内	按《公路工程质量检验评定标准》(JTG F80/1—2004)附录 B 或 D 检查
厚度/mm	+10,-5	以同梁体产生相同下挠变形的点为基准点,测量桥面浇筑前后相对高差:每 100 m 测 5 处

续表 6.100

<table>
<tr><td colspan="3">检查项目</td><td colspan="2">规定值或允许偏差</td><td>检查方法和频率</td></tr>
<tr><td rowspan="6">平整度</td><td rowspan="3">高速、一级公路</td><td></td><td>沥青混凝土</td><td>水泥混凝土</td><td rowspan="5">平整度仪:全桥每车道连续检测,每 100 m 计算 IRI 或 σ</td></tr>
<tr><td>IRI/(m·km⁻¹)</td><td>1.5</td><td>3.0</td></tr>
<tr><td>σ/mm</td><td>1.5</td><td>1.8</td></tr>
<tr><td rowspan="3">其他公路</td><td>IRI/(m·km⁻¹)</td><td colspan="2">4.2</td></tr>
<tr><td>σ/mm</td><td colspan="2">2.5</td></tr>
<tr><td>最大间隙 h/mm</td><td colspan="2">5</td><td>3 m 直尺:每 100 m 测 3 处×尺</td></tr>
<tr><td colspan="2" rowspan="2">横坡/%</td><td>水泥混凝土</td><td colspan="2">±0.15</td><td rowspan="2">水准仪:每 100 m 检查 3 个断面</td></tr>
<tr><td>沥青面层</td><td colspan="2">±0.3</td></tr>
<tr><td colspan="3">抗滑构造深度</td><td colspan="2">符合设计要求</td><td>砂铺法:每 200 m 查 3 处</td></tr>
</table>

注:1. 桥长不足 100 m 者,按 100 m 处理。

2. 对高速公路、一级公路上的小桥(中桥视情况)可并入路面进行评定。

(2)复合桥面水泥混凝土铺装实测项目应符合表 6.101 的规定。

表 6.101 复合桥面水泥混凝土铺装实测项目

检查项目	规定值或允许偏差	检查方法和频率
混凝土强度/MPa	在合格标准内	按《公路工程质量检验评定标准》(JTG F80/1—2004)附录 B 或 D 检查
厚度/mm	+10,-5	对比桥面浇筑前后标高检查:每 100 m 查 5 处
平整度/mm	5	直尺:每 100 m 测 3 处×3 尺
横坡/%	±0.15	水准仪:每 100 m 检查 3 个断面

注:复合桥面的沥青混凝土面层按表 6.100 评定。

(3)钢桥面板上沥青混凝土铺装实测项目应符合表 6.102 的规定。

表 6.102 钢桥面板上沥青混凝土铺装实测项目

<table>
<tr><td colspan="3">检查项目</td><td>规定值或允许偏差</td><td>检查方法和频率</td></tr>
<tr><td colspan="3">压实度</td><td>符合设计要求</td><td>按碾压吨位与遍数检查</td></tr>
<tr><td rowspan="5">平整度</td><td rowspan="2">高速、一级公路</td><td>IRI/(m·km⁻¹)</td><td>2.5</td><td rowspan="4">平整度仪:全桥每车道连续检测,每 100 m 计算 IRI 或 σ</td></tr>
<tr><td>σ/mm</td><td>1.5</td></tr>
<tr><td rowspan="3">其他公路</td><td>IRI/(m·km⁻¹)</td><td>4.2</td></tr>
<tr><td>σ/mm</td><td>2.5</td></tr>
<tr><td>最大间隙 h/mm</td><td>5</td><td>3 m 直尺:每 100 m 测 3 处×尺</td></tr>
<tr><td colspan="3">平均厚度/mm</td><td>+0,-5</td><td>按沥青混凝土实际用量推算</td></tr>
<tr><td colspan="3">抗滑构造深度/mm</td><td>符合设计要求</td><td>砂铺法:每 200 m 查 1 处</td></tr>
<tr><td colspan="3">横坡/%</td><td>±3</td><td>水准仪:每 200 m 测 4 个断面</td></tr>
</table>

2. 外观鉴定

(1)桥面排水良好。

(2)表面应平整密实,不应有泛油、裂缝、粗细料集中等现象。有上述缺陷的面积(单条裂缝则按其长度乘以0.2 m宽度,折算成面积)之和不得超过受检面积的0.03%。

(3)表面无明显碾压轮迹。

(4)搭接处应紧密、平顺。

(5)面层与其他构筑物应接顺,不得有积水现象。

◆支座安装施工要求

1. 板式橡胶支座安装

(1)安装前,按设计要求以及国家现行标准的有关规定对产品进行确认,并对桥台和墩柱盖梁轴线,高程以及支座面平整度等进行再次复核。

(2)垫石顶凿毛清理。

(3)黏结时,先将砂浆摊平拍实,然后再将支座按标高就位,垫石纵横轴线与支座上的纵横轴线要对应。

(4)严格控制支座平整度,每块支座都须用铁水平尺测其对角线,误差超标应及时给予调整。

(5)支座与支承面接触应不空鼓,若支承面上放置钢垫板时,钢垫板应在桥台和墩柱盖梁施工时预埋,且在钢板上设排气孔;保证钢垫板底混凝土浇筑密实。

2. 盆式橡胶支座安装

(1)螺栓锚固盆式橡胶支座安装。

1)清理墩台顶。

2)在螺栓预埋砂浆固化后、找平层环氧砂浆固化前进行支座的安装。

3)找平层要略高于设计高程,支座就位后,在自重以及外力作用下将其调至设计高程。

4)随即对高程及四角高差进行检验,误差超标应及时给予调整,直至合格。

(2)钢板焊接盆式橡胶支座安装。

1)锚固前进行凿毛且用空压机或者扫帚将预留槽吹扫干净。

2)钢板位置、高程以及平整度调好后,将混凝土接触面适当洒水湿润,进行混凝土灌注,灌注时从一端灌入另一端排气,直至灌满为止。

3)支座与垫板间应密贴,四周不得有大于1.0 mm的缝隙。灌注完毕应及时对高程及四角高差进行检验,误差超标应及时予以调整,直至合格。

校核平面位置以及高程,合格后将预埋钢板与下垫板焊接,焊接时应对称间断进行,以减小焊接变形的影响,适当控制焊接的速度,避免钢体过热。

3. 球形支座安装

(1)检查球形支座成品是否符合设计的要求。

(2)安装时,保证墩台和梁体混凝土强度不低于30 MPa,对墩、台轴线、高程等进行检查,合格后进行下步施工。

(3)安装就位前,不得松动支座锁定装置。

(4)采用焊接连接时,要不使支座钢体过热,以保持硅脂和四氟板完好。

(5)支座安装就位后,主梁施工要做好防止水泥浆渗入支座的保护措施。

(6)预应力张拉前,应撤除支座锁定装置,解除支座的约束。

◆支座安装施工监理巡视

(1)支座的材料、规格和质量必须满足设计和有关技术规范的要求,支座垫石应检验合格。

(2)支座成品必须按设计和有关技术规范的规定进行试验和检测,其结果必须满足要求。

(3)支座底板调平砂浆性能应符合设计要求,灌注密实,不得留有空洞。

(4)支座成品必须有产品合格证。

(5)当安装时温度与设计要求不同时,应通过计算设置支座顺桥向预偏量。

(6)支座不得发生偏歪、不均匀受力和脱空现象,滑动面上的四氟滑板和不锈钢板不得刮伤,安装前必须涂上硅脂油。

◆支座安装施工监理验收

1.实测项目

(1)支座安装实测项目应符合表6.103的规定。

表6.103　支座安装实测项目

检查项目		规定值或允许偏差	检查方法和频率
支座中心与主梁中心线偏位/mm		2	经纬仪、钢尺:每支座
支座顺桥向偏位/mm		10	经纬仪或拉线检查:每支座
支座高程/mm		符合设计规定设计未规定时,±5	水准仪:每支座
座四角高差/mm	承压力≤500 kN	1	
	承压力>500 kN	2	

(2)斜拉桥、悬索桥支座安装实测项目应符合表6.104的规定。

表6.104　斜拉桥、悬索桥支座安装实测项目

检查项目	规定值或允许偏差	检查方法和频率
竖向支座的纵、横向偏位/mm	5	经纬仪:每支座测量
支座高程/mm	±10	水准仪:每支座测量
竖向支座热石钢板水平度/mm	2	水平仪、钢尺:每支座测量
竖向支座滑板中线与桥轴线平行度	1/1 000	全站仪或经纬仪:每支座测量
横向抗风支座支挡垂直度/mm	≤1	水平仪、钢尺:每支座测量
横向抗风支座支挡表面平行度/mm	≤1	水平仪、钢尺:每支座测量
支挡表面与横向抗风支座表面间距/mm	2	卡尺:每支座测量

2. 外观鉴定

(1)支座安装后应及时清理,清除支座附近的杂物及灰尘等。

(2)防尘防污装置完好,安装正确。

(3)漆膜如有损伤,应进行处理。

◆伸缩缝安装施工监理巡视

(1)人工清除槽内填充物,并将槽内混凝土凿毛,用水冲洗并吹扫干净。

(2)安装前,将伸缩缝内止水带取下,根据伸缩缝中心线的位置设置起吊的位置,以方便将伸缩缝顺利吊装到位。

(3)在已清理完毕的槽上横向约2 m的距离,采用工字钢等型钢作为担梁,使用人工将伸缩缝抬放至安装的位置,使其长度与桥梁宽度对正,其中心线与两端预留槽间隙中心线对正。

(4)沥青混凝土铺装应在伸缩缝安装前完成,且不为伸缩缝预留位置,而在安装伸缩缝前,切割先前铺设的沥青混凝土铺装所占伸缩缝的位置。

(5)安装伸缩缝时,上部构造的端部间隙宽度以及伸缩缝的安装预定宽度,均应与安装温度相适应,且应遵照图纸规定。伸缩缝的安装,应在伸缩缝制造商提供的夹具控制下进行。当伸缩缝的安装温度不同于图纸规定时,各项安装参数应给予调整。

(6)伸缩缝的安装须由专业施工单位施工,且须满足制造商的有关要求,伸缩缝下面或者背面的混凝土应密实,不留有气泡,预埋件位置应准确。

◆伸缩缝安装施工监理验收

1. 实测项目

伸缩缝安装实测项目应符合表6.105的规定。

表6.105　伸缩缝安装实测项目

检查项目	规定值或允许偏差		检查方法和频率
长度/mm	符合设计要求		尺量:每道
缝宽/mm	符合设计要求		尺量:每道2处
与桥面高差/mm	2		尺量:每侧3~7处
纵坡/%	一般	±0.5	水准仪:测量纵向锚固混凝土端部3处
	大型	±0.2	水准仪:沿纵向测伸缩缝两侧3处
横向平整度/mm	3		3 m直尺:每道

注:缝宽应按安装时的气温折算。

2. 外观鉴定

伸缩缝无阻塞、渗漏、变形、开裂现象。

◆人行道铺设监理巡视

(1)对于原材料和半成品构件进行试验验证以及对供应单位资质检查。

(2)对施工单位放样的人行道中线、边线以及相应的标高进行复测。

(3)人行道板安装前,必须精确放样定位(包括安全带、路缘石、栏杆基座),且报请监理工程师验收,合格后即可施工安装。

(4)现浇混凝土的人行道板、梁等,倘若遇预埋钢筋位置不准时,应给予调整。

(5)人行道板的铺设应按照由里向外的顺序施工。

(6)铺设好的人行道板应安放稳固且不摇动,外侧边线顺直,相邻板的高差≤5 mm。

(7)人行道板接缝处要用水泥砂浆嵌填,打扫干净后,按规定绑扎钢筋网,充分湿润且清除积水后,浇筑细石混凝土,在初凝前抹平,不宜再加水泥砂浆抹面,以防止脱落。

(8)安装后的人行道,表面应平整,整齐美观,线条直顺,自检合格后,填报相关的资料,报请监理工程师验收。

◆人行道铺设施工监理验收

1. 实测项目

人行道铺设实测项目应符合表6.106的规定。

表6.106 人行道铺设实测项目

检查项目	规定值或允许偏差	检查方法和频率
人行道边缘平面偏位/mm	5	经纬仪、钢尺拉线检查:每30 m检查1处
纵向高程/mm	+10,-0	水准仪:每100 m检查3处
接缝两侧高差/mm	2	水准仪:抽查10%
横坡/%	±0.3	水准仪:每100 m检查3处
平整度/mm	5	3 m直尺:每100 m检查3处

注:桥长不足100 m者,按100 m处理。

2. 外观鉴定

人行道构件连接牢固、密贴,线形直顺,表面平整。

◆桥头搭板施工监理巡视

(1)检查进场材料是否符合设计要求,对于不合格材料,应拒绝入场。

(2)桥头搭板端部下设有枕梁的,要先检查枕梁的混凝土施工。

(3)板底基层标高、压实度和平整度应符合有关规定,标高不足的部分禁止用基层料贴补。征得监理人员同意后,可以用素混凝土找平或搭板混凝土一次浇筑完毕。

(4)台背墙顶与搭板的接缝须垫有油毛毡、检查油毡的厚度是否符合要求。

◆桥头搭板施工监理验收

1. 实测项目

桥头搭板实测项目应符合表6.107的规定。

表6.107　桥头搭板实测项目

检查项目		规定值或允许偏差	检查方法和频率
混凝土强度/MPa		在合格标准内	按《公路工程质量检验评定标准》(JTG F80/1—2004)附录B或D检查
枕梁尺寸/mm	宽、高	±20	尺量:每梁检查2个断面
	长	±30	尺量,检查每梁
板尺寸/mm	长、宽	±30	尺量:各检查2～4处
	厚	±10	尺量:检查4～8处
顶面高程/mm		±2	水准仪:测量5处
板顶纵坡/%		0.3	水准仪:测量3～5处

2. 外观鉴定

(1)板的表面应平整。

(2)板的边缘应顺直。

◆栏杆及护栏安装监理巡视

(1)混凝土栏杆以及护栏(防撞墙)应在该跨拱架或者脚手架放松后才能浇筑。尤其要注意使模板光顺且紧密装配,从而保持其线条以及外形,并在拆模时不损害混凝土。

(2)预制栏杆构件应在不漏浆的模板上浇筑。当混凝土足够的硬化时,即自模板中取出预制构件且养护10 d。

(3)存放并装卸预制构件时,应保持边缘以及角隅完整和平整。在安放前或者安放时,任何碎裂、损坏、开裂的构件应废弃且从工程中移去。

(4)与预制栏杆柱相连接的就地浇筑栏杆帽以及护栏帽,在浇筑并整修混凝土时应防止栏杆以及护栏被油污和变形。

(5)栏杆、护栏安装前,必须精确放样定位。

(6)防撞栏杆、护栏的伸缩缝应同桥面的伸缩缝在同一直线上。

(7)栏杆块件必须在人行道板铺设完毕后安装。安装栏杆柱时,须全桥对直、校平(弯桥、坡桥要求平顺)后用水泥砂浆填缝固定。

(8)安装栏杆柱时,必须全桥校平(弯桥、坡桥要求平顺)、对直,竖直后用水泥砂浆填缝固定,立柱埋深的不小于设计值。

(9)检查扶手在伸缩缝处是否设置活动扶手或者断开。

(10)护栏或者栏杆钢筋加工安装与模板安装工序完成自检后,报请监理工程师验收,合格后方可浇筑混凝土。

(11)混凝土浇筑完成后,需立即对现场进行清理,将被水泥浆溅落的部位冲刷干净,防止黏结,保持外观的整洁。

(12)监理人员应对护栏逐级进行检查。

◆栏杆及护栏安装监理验收

1. 实测项目

(1)混凝土防撞护栏浇筑实测项目应符合表6.108的规定。

表6.108　混凝土防撞护栏浇筑实测项目

检查项目	规定值或允许偏差	检查方法和频率
混凝土强度/MPa	在合格标准内	按《公路工程质量检验评定标准》(JTG F80/1—2004)附录B或D检查
平面偏位/mm	4	经纬仪、钢尺拉线检查:每100 m检查3处
断面尺寸/mm	±5	尺量,每100 m每侧检查3处
竖直度/mm	4	吊垂线:每100 m每侧检查3处
预埋件位置/mm	5	尺量:每件

(2)栏杆安装实测项目应符合表6.109的规定。

表6.109　栏杆安装实测项目

检查项目	规定值或允许偏差	检查方法和频率
栏杆平面偏位/mm	4	经纬仪、钢尺拉线检查:每30 m检查1处
扶手高度/mm	±10	水准仪:抽查20%
柱顶高差/mm	4	
接缝两侧扶手高差/mm	3	尺量:抽查20%
竖杆或柱纵横向竖直度/mm	4	吊垂线:抽查20%

2. 外观鉴定

(1)护栏、栏杆安装应直顺美观。

(2)混凝土表面应平整,不应出现蜂窝、麻面,如出现必须修整完好。

(3)杆件接缝处应无开裂现象。

(4)防撞护栏浇筑节段间应平滑顺接。

第7章　涵洞(通道)工程质量监理

7.1　管涵工程

【基　础】

◆管涵(包括倒虹吸管涵)

管涵主要由各分段圆管和支承管节的垫层基础机管座组成。当钢筋混凝土圆管管口为承插口及橡胶或其他柔性、弹性材料止水圈接口时,称为柔性连接;当钢筋混凝土圆管管口为平口时,由水泥砂浆接口,称为刚性连接。

◆管涵适用范围

管涵适用于有一定填土高度的圆形断面较小(D2.4以下)的暗涵。

◆倒虹吸管涵适用范围

当路线穿过沟渠,路堤标高很低,且不足以修建明涵或因灌溉需要时,必须提高渠底,当建筑架空渡槽又不能满足路上净空要求时,常修建倒虹吸管。公路上常用的倒虹吸管形式为竖井式,其断面形状通常有方形和圆形两种,前者常用钢筋混凝土方涵或者浆砌片石墙、钢筋混凝土盖板,后者常用钢筋混凝土或者混凝土管。

◆管座及涵管安装基本要求

1.涵洞用管和管涵基础

涵洞用管和管涵基础必须经检验合格后方可安装。

(1)管节端面应平整并与其轴线垂直。斜交管涵进出水口管节的外端面,需按斜交角度进行处理。

(2)管壁内外侧表面应平直圆滑,若有蜂窝,每处面积不得大于30 mm×30 mm,其深度不得超过10 mm;总面积不得超过全面积的1%且不得露筋,蜂窝处修补完善后方可使用。

(3)管节各部尺寸不得超过表7.1所规定的允许偏差。

表7.1 钢筋混凝土圆管成品允许偏差

项目	允许偏差/mm	项目	允许偏差/mm
管节长度	0~10	管壁厚度	-3,正值不限
内(外)直径	不小于设计值	顺直度	矢度不大于0.2%

(4)管节混凝土强度应符合设计要求。

(5)管节外壁必须注明适用与管顶填土高度,相同的管节应堆置在一处,以便于取用,防止用错。

2. 地基承载力

地基承载力须满足设计要求,涵管与管座、垫层或地基紧密贴合,垫稳坐实。

如管底土层承载力不符合设计要求,应按有关的规定进行处理或者加固。当管涵设计为混凝土或者砌体基础时,基础上面应设置混凝土管座,其顶部弧形面应与管身紧密的贴合,使管节受力均匀。基底处理和混凝土浇筑需按有关规定办理,当管身直接搁置在天然地基上时,应按照设计将管底土层并做成与管身弧度密贴的弧形管座,安装管节时需注意保持完整。

3. 沉降缝接缝填料

沉降缝接缝填料嵌填密实,接缝表面平整,无间断、裂缝、空鼓现象。

沉降缝填缝料应具有弹性和不透水性,且应填塞紧密。沉降缝宽度应符合设计的规定,设计未规定时,可采用20~30 mm。预制涵管的沉降缝应设计在管节的接缝处。常用的接头填缝的方法是用热沥青浸炼过的麻绳填塞,然后用热沥青填充,最后用涂满热沥青的油毛毡或者玻璃丝布包裹。

4. 每节管底坡度

每节管底坡度均不可出现反坡,流水面高程偏差不得超过20 mm。

5. 管座沉降缝

管座沉降缝应与涵管接头平齐,无错位现象。

涵洞(基础和墙身)沉降缝处两端面应平整、竖直,上下不得交错。沉降缝内填塞有沥青麻絮等具有弹性和不透水的材料,虽发生变形但仍不漏水,因此要求沉降缝处的基础与涵身要全断面的贯通,上下不可错位。

6. 倒虹吸管涵防渗

要求防渗的倒虹吸管涵需做渗漏试验,渗漏量应满足表7.2所列要求。

表7.2 倒虹吸管灌水试验允许渗水量

管内径 /m	每天允许渗水量(混凝土和钢筋混凝土) /($m^3 \cdot km^{-1}$)	管径 /m	每天允许渗水量(混凝土和钢筋混凝土) /($m^3 \cdot km^{-1}$)
0.50	22	1.50	42
0.70	26	2.00	52
1.00	32	2.20	56
1.20	36	2.40	60

【实　务】

◆管节安装施工要求

(1)应按设计要求以及涵顶填土高度选用相应等级标准的管节。

(2)各管节宜逆流水坡度从下游至上游安装平顺,当管壁厚度不一致时要调整高度使内壁齐平,管节必须垫稳坐实,管道内不可遗留泥土等杂物。不同的管内径连接时,宜再检查井内管内顶相平连接。

(3)承插口管,接口应平直,环形应均匀,且应安装特制的胶圈或者用沥青、麻絮等弹性防水材料填塞,应严格控制胶圈安装的位置以及压缩率,保证接口的严密性,不得漏水、渗水。

(4)对于平口管接口,接缝宽度宜为10~20 mm,禁止用加大或者缩小管口接缝宽度来调整涵洞的长度;接口表面应平整,并用有弹性的不透水材料嵌塞密实,不得有间断、空鼓、裂缝、脱落和漏水等现象。

◆管涵施工质量标准

(1)各部尺寸允许偏差参见表7.3。

(2)管身顺直,进出水口应平整,无阻水等现象。

(3)帽石及一字墙或者八字墙平直,无翘曲现象。

表7.3　管涵允许偏差

项目	允许偏差/mm
轴线偏位	50
流水面高程	±20
涵管长度	+100,-50
管座宽度(包括基础)	≥设计值
相邻管节项错口 (应下游低于上游)	3(管径≤1.0 m) 3(管径>1.0 m)

◆管座及涵管安装监理验收

1.实测项目

管座及涵管安装实测项应符合表7.3的规定。

表7.3 管座及涵管安装实测项目

检查项目		规定值或允许偏差	检查方法和频率
管座或垫层混凝土强度/MPa		在合格标准内	参照《公路工程质量检验评定标准 第一册 土建工程》(JTG F80/1—2004)检查
管座或垫层宽度、厚度		≥设计值	尺量:抽查3个断面
相邻管节地面错台/mm	管径≥1 m	5	尺量:检查3~5接头
	管径<1 m	3	

控制管涵轴线偏位超不过50 mm,流水面高程偏差不超过±20 mm,涵管长度偏差正值不超过100 mm,负值不超过50 mm。

2. 外观鉴定

管壁顺直,接缝平整,填缝饱满。

7.2 盖板涵工程

【基　础】

◆盖板涵

盖板涵洞身由涵台、盖板和基础组成,盖板有钢筋混凝土盖板以及石盖板等。当跨径较小、洞顶荷载较小具有一定的填土高度时,可采用石盖板;当跨径较大时,则应采用钢筋混凝土盖板。

◆盖板涵适用范围

盖板涵适用于过水面积较大,路堤下的暗涵。

◆盖板制作基本要求

(1)盖板制作使用的水泥、石、砂、外掺剂、水及混合料和钢筋等材料的质量和规格必须符合有关技术规范的要求,按规定的配合比施工。

(2)分块施工时,接缝应与沉降缝吻合。

(3)板体不得出现空洞现象和露筋。

◆盖板安装基本要求

(1)盖板安装前,盖板、涵台、墩及支承面检验、验收并达到合格标准。

(2)盖板就位后,板与支承面需密合,否则应重新安装。

(3)板与板之间接缝填充材料的规格和强度应符合设计要求,并与沉降缝吻合。

【实　务】

◆盖板涵施工质量标准

(1)各部尺寸允许偏差参见表7.4。

(2)涵身顺直,涵底铺砌紧密平整。

(3)进出水口与上、下游沟槽应连接圆顺,流水畅通。

表7.4　盖板涵允许偏差

项目		允许偏差/mm
轴线偏位	明涵	20
	暗涵	50
结构尺寸		±20
流水面高程		±20
长度		+100,-50
孔径		±20
顶面高程	明涵	±20
	暗涵	±50

◆盖板制作监理验收

1.实测项目

盖板制作实测项目应符合表7.5的规定。

表7.5　盖板制作实测项目

检查项目		规定值或允许偏差	检查方法和频率
混凝土强度/MPa		在合格标准内	参照《公路工程质量检验评定标准 第一册 土建工程》(JTG F80/1—2004)检查
高度/mm	现浇	+10,-0	尺量:抽查30%的板,每板检查3个断面
	预制	不小于设计值	
宽度/mm	现浇	±20	
	预制	±10	
长度/mm		+20,-10	尺量:抽查30%的板,每板检查两侧

2.外观鉴定

(1)混凝土表面平整,棱线顺直,无严重啃边、掉角。

(2)蜂窝、麻面面积不得超过该面面积的0.5%。

(3)混凝土表面不得出现非受力裂缝,裂缝宽度超过设计规定或设计未规定时超过0.15 mm必须处理。

◆盖板安装监理验收

1. 实测项目

盖板安装实测项目应符合表7.6的规定。

表7.6　盖板安装实测项目

检查项目	规定值或允许偏差	检查方法和频率
支承面中心偏位/mm	10	尺量:每孔抽查4~6个
相邻板最大高差/mm	10	尺量:抽查20%

2. 外观鉴定

板的填缝应平整密实。

7.3　箱涵工程

【基　础】

◆箱涵及其适用范围

箱涵一般采用钢筋混凝土箱形结构,根据需要做成长方形断面或正方形断面。

◆箱涵适用范围

箱涵适用于软土地基时设置,整体性强。

◆箱涵浇筑基本要求

(1)箱涵浇筑混凝土所用的钢筋水泥、石、砂、外掺剂、水及混合料的质量和规格必须符合有关技术规范的要求,必须按照规定的配合比施工,混凝土质量必须符合设计及相关规定的要求。

(2)防水层、沉降缝应严格按施工规范和设计要求施工,做到不渗不漏、位置准确。

(3)通道的净空必须符合设计的要求。

(4)混凝土基础的地基承载力以及基础埋置深度必须满足设计的要求,严禁超挖及扰动天然地基。

(5)箱体混凝土不得出现空洞和露筋蜂窝麻面等质量缺陷。

(6)寒冷地区混凝土应按设计以及有关规定进行抗冻抗渗试验,试验结果应符合规范的要求。

(7)箱涵混凝土浇筑完毕,养护期满,设计强度达到规定值且经检验合格后,沟槽应及时的回填。回填土施工应在沟槽底无杂物、泥水的条件下进行,回填土应分层、均匀、对称地进行,压实度应满足路基设计的要求。箱涵周围0.5 m以及涵顶0.7 m以内回填土施工,不得使用重型机械以及行驶重型车辆。

【实　务】

◆箱涵浇筑施工要求

(1)软土地基施工的箱涵应早于其他工程动工,先进行软基预压或者加固处理,为加载预压抢出时间,然后二次开挖进行箱涵施工。

(2)箱涵混凝土浇筑应按设计规定进行,如设计未要求,可二次浇筑成型,第一次浇筑至底板以上 30 cm 处,第二次浇筑时应处理好施工缝。

(3)施工缝操作要求:应凿除处理层混凝土表面的松弱层和水泥砂浆,用水冲洗干净;浇筑次层混凝土前应铺一层厚为 10 ~ 20 cm 的同材料水泥砂浆。

(4)浇筑混凝土前,应检查混凝土的坍落度和和易性。

(5)混凝土应按一定铺筑厚度、顺序及方向分层浇筑,应在下层混凝土初凝前浇筑上层混凝土;上、下层同时浇筑时,上层与下层浇筑距离应保持在 1.5 m 以上。

(6)采用插入式振捣器振捣时,每层混凝土的浇筑厚度不应超过 30 cm。

(7)自高处向模板内倾卸混凝土时,为了防止混凝土离析,应符合下列要求。

1)从高处直接倾卸混凝土时,其自由倾落的高度不得超过 2 m,以保持混凝土不离析为原则。

2)当混凝土倾落高超过 2 m 时,应通过溜槽和串筒等设施下落。

3)在串筒出料口下面,混凝土堆积高度通常不宜超过 1 m。

(8)对每一振捣的位置,须振捣到混凝土泛浆,不再冒气泡时为止,以确保密实。

(9)混凝土的浇筑应连续进行,在浇筑混凝土期间,应派专人检查支架、模板等,若发现有松动、漏浆、变形等情况,应及时处理。

(10)混凝土浇筑过程中,做好记录,并在现场制取混凝土试件,进行质量检查。

(11)混凝土浇筑结束后,对混凝土外露面应及时修整、抹平,等定浆后进行二次收浆压面,防止出现混凝土表面干缩裂缝。

(12)浇筑混凝土完成后应及时对混凝土进行养生。

(13)为了便于施工,涵内顶、侧模板宜用防水胶合板,外侧可以用组合钢模板。

(14)由于是大面积混凝土施工,应当防止模板与支架变形,防止漏筋以及漏浆现象的发生。振捣要密实,要连续作业,如箱涵较长,应按中部沉降缝为界进行分段浇筑。

(15)拆模后要立即洒水养生,防止出现裂纹。

(16)混凝土强度达到设计规定的强度后方可进行回填,回填要在两侧均匀进行,避免由于受力不均而造成箱涵裂缝。

◆箱涵浇筑监理验收

1. 实测项目

箱涵浇筑实测项目应符合表 7.7 的规定。

表 7.7 箱涵浇筑实测项目

检查项目		规定值或允许偏差	检查方法和频率
混凝土强度/MPa		在合格标准内	参照《公路工程质量检验评定标准 第一册 土建工程》(JTG F80/1—2004)检查
高度/mm		+5，-10	尺量:检查3个断面
宽度/mm		±30	
顶板厚/mm	明涵	+10，-0	尺量:检查3~5处
	暗涵	不小于设计值	
侧墙和板底厚/mm			
平整度/mm		5	2 m直尺:每10 m检查2处×3尺

2. 外观鉴定

(1)混凝土表面平整，棱线顺直，无严重啃边、掉角。

(2)蜂窝、麻面面积不得超过该面面积的0.5%。

(3)混凝土表面不得出现非受力裂缝，裂缝宽度超过设计规定或设计未规定时超过0.15 mm必须处理。

7.4 拱涵工程

【基　础】

◆拱涵

拱涵洞身主要由拱圈、涵台以及基础组成。若是两孔以上，还应增加涵墩(包括涵墩基础)。涵洞的横截面形式有圆弧拱、半圆拱，应用最多的是圆弧拱涵洞。

◆拱涵适用范围

拱涵适用于跨越深沟或高路堤地质条件较好时设置。

◆拱涵施工基本要求

1. 地基承载力及基础埋置深度

地基承载力及基础埋置深度须满足设计要求。

2. 混凝土浇筑的拱涵

(1)所用的水泥、砂、石、外掺剂、水、混合材料的质量及规格必须符合有关技术规范规定的要求，按规定的配合比施工。

(2)浇筑混凝土拱圈应从两端拱脚向拱顶对称地连续浇筑，且在拱脚混凝土初凝前全部完成。

(3)混凝土不得出现空洞和露筋现象。

3. **浆砌拱圈**

(1)拱圈和拱上结构所用的砌块的规格应符合设计的规定,施工时应按设计要求预留出拱度。

(2)开始砌筑拱圈前,施工人员应详细的检查拱架,在其质量和安全等均符合要求后,即可开始砌筑。

(3)拱圈的辐射线应垂直于拱轴线,辐射线两侧相邻两行拱石的砌缝要相互的错开,错开距离不应小于10 cm,但同一行上、下层砌缝不可以错开。

(4)浆砌粗料石和混凝土预制块拱圈的砌缝宽度为1~2 cm,块石拱圈的砌缝宽度应不大于3 cm,片石拱圈的砌缝宽度应不大于4 cm。

(5)砌筑各类拱圈时,对于不甚陡的辐射缝,应先在侧面已砌拱石上铺浆,然后再放拱石挤砌;辐射线较陡时,可以先在拱石间嵌入木条,再分层填塞,捣实砂浆。

(6)砌块应错缝、坐浆挤紧,填缝料和砂浆饱满,无宽缝、空洞、大堆砂浆填缝和假缝。

【实　务】

◆拱涵施工要求

1. **现浇拱圈**

(1)拱架的制作及安装。

1)拱架需根据设计要求制作和安装,并应验算其强度、刚度和稳定性。

2)为保证结构竣工后尺寸准确,需考虑各种因素,准确预留拱架的施工拱度。

3)拱架安装完毕后,应对底模板的平面位置,顶、底部标高,纵、横向稳定性进行全面的检查,符合要求后,即可进行下道工序施工。

(2)拱涵混凝土的浇筑,应按全宽度从两端拱脚向拱顶对称地连续浇筑,并应在混凝土凝结前全部完成。

(3)拱圈混凝土的现场浇筑施工,应连续的进行,尽量不留施工缝。当涵身较长时,可以沿涵长方向分段进行,每段应连续一次浇筑完成;施工缝应设置在涵身沉降缝处。

2. **浆砌砌筑**

(1)浆砌砌筑程序。

1)砌筑拱涵的拱圈,当采用拱式拱架砌筑时,宜分段、对称地先砌拱脚和拱顶段石块,最后砌1/4跨径段;当采用满布式拱架砌筑时,可从两端拱脚顺序到拱顶方向对称、均匀地砌筑,最后砌拱顶石。

2)多孔连续拱涵的砌筑,需考虑连拱的影响,制定相应的砌筑程序。

(2)拱圈的预制和安装。

1)拱圈预制宽度需根据起重、运输设备的能力确定。同时,应保证拱圈预制座的刚度和稳定性,预制宽度通常不小于1 m。

2)拱圈预制件上应设吊装孔,安装后可以用砂浆填塞吊孔。

3)拱圈砌缝宽度为1 cm,拱圈的拼装宽度需与设计宽度相吻合。

4)模板经过检查符合要求后方可使用。模板安装完毕后,应保持正确的位置。在浇筑混凝土的过程中,如发现模板超过允许偏差,应及时纠正,固定在模板上的预埋件以及预留孔的设置,须安装牢固,位置准确。

5)拱圈在安装前,应检查拱圈成品、拱座以及墩台的尺寸,符合要求后方可进行安装。

6)拱圈预制件混凝土强度达到设计强度的70%时,即可进行安装。

(3)拱圈圬工强度达到设计值的70%时,即可拆除拱架,但填土必须达到设计值才方可进行。

(4)当拱架未拆除,拱圈强度达到设计值的70%时,可以进行拱顶填土,但应在拱圈强度达到设计值后,方可拆除拱架。

(5)拱涵拆除拱架可以用木楔。木楔用比较坚硬的木料斜角对剖制成,且将剖面刨光,两块木楔接触面的斜角为1:6~1:10。当垫楔时,应使上面一块的楔尖各伸出下面一块楔尾以外,这样在拆架时敲击木楔较为方便,木楔垫好后用钉钉牢。

(6)拆除拱架时应沿桥涵整个宽度上将拱架同时均匀降落,且从跨径中点开始,逐步向两边拆除。

(7)拱圈和端墙的施工,需由两侧拱脚向拱顶同时对称进行。

◆拱涵施工质量标准

(1)各部尺寸允许偏差参见表7.8。

(2)涵身顺直,涵底铺砌应紧密平整。

(3)进出水口与上、下游沟槽连接圆顺,流水畅通。

表7.8　拱涵允许偏差

项目		允许偏差/mm
轴线偏位		30
流水面高程		±20
跨径		±20
拱圆厚度	混凝土	±15
	石料	±20
函台尺寸		±20
长度		+100,-50
砌体平整度		20

◆拱涵施工监理验收

1.实测项目

拱涵浇(砌)筑实测项目应符合表7.9的规定。

表 7.9　拱涵浇(砌)筑实测项目

检查项目		规定值或允许偏差	检查方法和频率
混凝土或砂浆强度/MPa		在合格标准内	参照《公路工程质量检验评定标准 第一册 土建工程》(JTG F80/1—2004)检查
拱圈厚度/mm	砌体	±20	尺量:检查拱顶、拱脚 3 处
	混凝土	±15	
内弧线偏离设计弧线/mm		±20	样板:检查拱顶、1/4 跨 3 处

2. 外观鉴定

(1)线形圆顺,表面平整。

(2)混凝土蜂窝、麻面面积不得超过该面面积的 0.5%。

(3)砌缝均匀,勾缝平顺,无开裂和脱落现象。

7.5　桥涵顶入施工工程

【基　础】

◆顶入法施工

顶入法是免开槽施工,在不开挖路基的情况下将预制好的箱涵(或管道)按设计的位置、高程顶推、下穿铁路或者公路的施工方法。顶进施工可以根据现场环境、水文地质、工程地质及工程情况,采用不同的顶进施工方法,如采用顶入法、对顶法、中继间法、对拉法、一次顶入法、分次顶入法、架梁推入法、管棚法、解体顶进法等。

◆顶入法施工适用范围

(1)适用于涵洞穿越公路、铁路及市区道路由于交通繁忙因而不能断绝交通、现场条件而又不允许修筑绕行便道,或修筑绕行便道工程量较大时。

(2)适用于街道狭窄、两侧建筑物过多、开槽施工要造成大量拆迁时。

(3)适用于施工现场条件较复杂,地面上工程交叉作业互相干扰时。

(4)适用于位置埋设较深,开槽施工造成大量土方工程,且需大量支撑材料时。

◆桥涵顶入法施工基本要求

(1)桥涵主体结构的强度符合设计规定后方可进行顶进施工。

(2)基底应密实,并具有足够承载力。

(3)工作坑的后背墙承载力符合要求,顶力轴线必须与桥涵中心线一致。

(4)节间接缝应按设计要求进行防水处理。

(5)严禁带水作业。

【实 务】

◆桥涵顶入法施工监理巡视

(1)桥涵顶进工程施工前必须在工程附近钻探。在掌握施工现场的工程地质、水文地质、水文地质资料情况下,经计算评估、制定切实可行的施工技术方案,在确认方案落实的情况下即可开始施工。

(2)顶力的大小取决于工作坑滑板的平整、光滑程度,所以必须在保证强度的前提下,做到滑板光滑、平整、高程符合设计标准。

(3)顶进挖土是保证工程施工以及行车安全的关键,必须严格控制刃角处的挖土质量。监理人员应在现场旁站监理,出现异常则立即采取措施,保证工程质量以及安全。

(4)箱涵结构混凝土达到设计规定的强度后方可开始进行顶进施工。

(5)在有地面水或者顶进箱涵底以及工作坑滑板高程式低于地下水面时,应采取可靠的降水、排水、截水措施以确保工作坑以及顶进施工土体的稳定,在确认排降截水措施取得计划的效果后即可进行施工。

◆桥涵顶入法施工监理验收

1. 实测项目

桥涵顶入法施工实测项目见表7.10。

表7.10 桥涵顶入法施工实测项目

检查项目		规定值或允许偏差	检查方法和频率
轴线偏位/mm	涵(桥)长<15 m	箱100	经纬仪:每段检查2点
		管50	
	涵(桥)长15~30 m	箱150	
		管100	
	涵(桥)长>30 m	箱300	
		管200	
高程/mm	涵(桥)长<15 m	箱+30,-100	水准仪:每段检查涵底2~4处
		管±20	
	涵(桥)长15~30 m	箱+40,-150	
		管±40	
	涵(桥)长>30 m	箱+50,-200	
		管+50,-100	
相邻两节高差/mm		箱30	尺量:每接缝2~4处
		管20	

2. 外观鉴定

(1)顶入的桥涵身直顺,表面平整,无翘曲现象。

(2)进出口与上下游沟槽或引道连接顺直平整,水流或车流畅通。

7.6 通道排水防水工程

【基　础】

◆通道排水防水工程基本要求

(1)应根据设计规定,结合桥涵高程、汇水面积、附近地形、冰冻深度、地下水位、电力供应以及地面水流等综合因素,确定排水、防水设施。

(2)通道、涵内的雨水,应以自流的方式排入附近沟渠,若自流方式不可能时,应设置排水泵站排水。

(3)通道、涵底高程低于设计地下水位时,应采用防水混凝土结构,以及自排水和其他防水措施相结合的办法。

(4)通道内的照明、交通标志以及其他管线的安装,应与防水、排水设施的施工相结合。

(5)严禁在带泥水情况下,进行防水混凝土施工。

【实　务】

◆地面水排除

(1)集水井、水泵、排水管、总排水管的排水能力,应大于设计流量的1.5倍。

(2)集水并应设沉淀池,集水井的深度应比通道排水高程低,还需要考虑冻胀影响。

(3)排水管应按承压管施工技术要求,如承插接头、塞缝密实,需做闭水试验。

(4)排水管的纵坡最小为0.5%。

(5)泵房的混凝土强度等级、抗渗等级,应满足设计要求,防水混凝土抗渗等级见表7.11。

普通防水混凝土的抗压强度不应低于20 MPa。

表7.11　防水混凝土抗渗等级

水利梯度/m	<10	10~20	>20
设计抗渗等级/MPa	0.6	0.8	1.0~2.0

◆地下水排除

(1)根据地下水位的高低以及流量,可以采用盲沟、渗水管和排水层以及泵站排除地下水。

(2)盲沟滤管应用无砂混凝土管或者有孔的塑料管。混凝土基座应与滤管密贴,纵坡无反向坡,盲沟滤水管周围的填料无杂质、洁净,含泥量应小于2%。

(3)对地下水压力大、流量丰富地区的通道,须按设计要求设置包括渗水管的排水层,通过渗水管经泵站排走。渗排水层的施工需十分仔细,每层厚度不应大于30 cm,振捣密实。渗水管安装完毕后,应经过排水试验,再在渗排水层上施工整体密封式通道。

◆通道防水施工要求

1. 水泥砂浆防水层

(1)在防水水泥砂浆中,水灰比可采用0.4~0.45,灰砂体积比一般为1:2~1:2.5;纯水泥浆中水灰比可采用0.4~0.6;坍落度可采用7~8 cm。

(2)水泥砂浆防水层的铺设应符合以下要求。

1)水泥砂浆防水层的底层表面应干净湿润、平整粗糙,不得有积水。

2)刚性多层做法的防水层,每层应连续施工,各层紧密贴合,不得留有施工缝。

3)水泥砂浆应进行分层铺设,每层厚度为5~10 mm,在前层初凝后再铺设后一层,总厚度不小于20 mm。

4)水泥砂浆应在气温不低于5 ℃的条件下施工和养护,养护期不少于7~10 d;在水泥砂浆强度达到设计强度后承受水压。

2. 卷材防水层

(1)防水层所用的沥青,其软化点应比基层及防水层周围介质的可能最高温度高出20~25 ℃;且不低于40 ℃。

(2)在铺设卷材前,表面需用冷底子油涂满铺匀,待冷底子油干燥后,即可铺贴卷材。

(3)铺贴卷材应符合以下要求。

1)卷材铺贴前应保持干燥,且应将其表面的滑石粉、云母片等清理干净。

2)卷材的搭接长度:长边不应小于10 cm,上、下层卷材不得相互垂直,上、下两层和相邻两幅相互错开。

3)粘贴卷材的沥青胶厚度通常为1.5~2.5 mm。

4)在立面与底面的转角处,卷材的搭接缝应留在底面上,距墙根不小于60 cm;在底板与底面的转角处,应在铺设前先将转角抹成钝角或者圆弧形,铺设时应在防水层上加铺附加层。

5)粘贴卷材应展平压实,卷材与基层和各层卷材间必须紧密粘贴,并将多铺的沥青胶结材料挤出,搭接缝必须封严;粘贴完最后一层卷材后,表面需再涂一层厚1~1.5 mm的热沥青胶结材料。

(4)卷材防水层铺贴温度不应低于5 ℃。

3. 变形缝及止水带

(1)变形缝宽度通常为2~3 mm。在不受水压部位,其变形缝应嵌入加氟化钠等防腐掺料的沥青浸过的麻丝或者纤维板等,使之密实,并用有纤维掺料的沥青嵌缝膏或者其他填缝材封缝。

(2)在受水压的部位,其变形缝除填缝外,还应用塑料橡胶止水带封缝,止水带可以采用埋入式安装法或者预埋螺栓安装法施工。

(3)在预埋螺栓上安装止水带时,应在止水带与夹板及预埋件之间用石棉纸板或者轻质金属衬垫使其严密。

(4)止水带如较长,接缝应严密平整,经检验合格后方可使用;止水带的接头需设置在变形缝的平直部位。

◆通道桥涵排水管道、集水井允许偏差

通道桥涵排水管道、集水井允许偏差见表7.12、表7.13。

表7.12　集水井及检查井允许偏差

检查项目	允许偏差/mm
轴线偏位	50
圆井直径或方井长度	±20
井盖高程	±10
通道内检查井井盖与邻接路面高差	0 ~ +4
集水井与邻接路面高程	0 ~ −4

表7.13　管道工程允许偏差

检查项目	允许偏差/mm
轴线偏位	50
管底高程	±20
基座宽度	不小于设计值
相邻管内底错口	5(下游低于上游)

◆通道桥涵排水管道和排水总管允许渗水量

排水管道和排水总管应做闭水试验,该试验允许渗水量参见表7.14。

表7.14　倒虹吸管灌水试验允许渗水量

管径	允许渗水量(混凝土和钢筋混凝土)		管径	允许渗水量(混凝土和钢筋混凝土)	
/m	$/(m^3 \cdot d^{-1} \cdot km^{-1})$	$/(h \cdot m)^{-1}$	/m	$/(m^3 \cdot d^{-1} \cdot km^{-1})$	$/(h \cdot m)^{-1}$
0.50	22	0.9	1.50	42	1.7
0.70	26	1.1	2.00	52	2.1
1.00	32	1.3	2.20	56	2.3
1.20	36	1.5	2.40	60	2.5

第 8 章　隧道工程质量监理

8.1　隧道洞口工程

【基　础】

◆隧道洞口工程基本要求

(1)水泥、石、砂、水以及外掺剂的质量和规格必须符合设计和规范要求,按规定的配合比施工。

(2)寒冷地区混凝土骨料需按有关规定进行抗冻试验,结果需符合规范的要求。

(3)基础的地基承载力须满足设计和规范要求,禁止超挖回填虚土。

(4)钢筋的加工、接头、焊接和安装及混凝土的拌制、运输、浇筑、养护、拆模均须符合设计和规范的要求。

(5)防水材料的质量和规格等应符合设计和规范要求。

(6)防水层施工前,明洞混凝土外部应平整,不得有钢筋露出。

(7)明洞与暗洞应连接良好,符合设计和规范要求。

(8)明洞外模拆除后,应立即做好防水层和纵向盲沟。

(9)明洞黏土隔水层应与边坡、仰坡搭接良好,封闭紧密。

(10)墙背回填应两侧同时进行。

(11)人工回填时,拱圈混凝土的强度应达到设计强度的 75%。机械回填时,拱圈混凝土强度应达到设计强度且拱圈外人工夯填厚度不小于 1.0 m。

【实　务】

◆隧道洞口工程监理巡视

(1)要求承包人尽早修建洞门,且尽可能安排在雨季前施工。

(2)为了保证边坡、仰坡稳定,防止塌方,尽可能地避免大挖大刷,且要求承包人在指定的范围和时间内,按图纸的要求,用获准的方法保护边坡、仰坡开挖面。

(3)洞门基础开挖以及支护方案应报监理人员审批。要注意基坑的检查验收,基础必须置于稳固的地基上,且做好防排水工程,基坑不得被水浸泡。基坑内废渣,在浇筑混凝土前需清除干净。如基底岩层软硬不均,需采取措施以防不均匀沉降导致开裂。

(4)洞内衬砌拱墙与洞门处的衬砌拱墙应整体施工,洞门端墙与隧道衬砌应连接良好,使之连接成整体。

(5)洞门端墙的砌筑(或浇筑)与回填,应两侧同时进行,以防对衬砌产生偏压。

(6)洞口装修砌体应按照图纸要求进行装饰,表面平整清洁,保持美感;隧道的名牌字样要求美观醒目,装饰应由熟练的工人操作,在监理人员在场的情况下进行,且经认可。

(7)洞口边、仰坡外的截水沟以及排水沟应于土石方开挖前完成,截水沟以及排水沟的上游进水口应与原地面紧密衔接,下游出水口应妥善地引入排水系统。

(8)进洞前宜将土石方以及其有关工程做完,避免与洞内施工干扰。废弃的土石方,应堆放在指定位置。

◆隧道洞口工程监理验收

1. 实测项目

(1)明洞浇筑实测项目应符合表8.1的规定。

表8.1　明洞浇筑实测项目

检查项目	规定值或允许偏差	检查方法和频率
混凝土强度/MPa	在合格标准内	按《公路工程质量检验评定标准 第一册 土建工程》(JTG F80/1—2004)检查
混凝土厚度/mm	不小于设计	尺量或地质雷达:每20 m检查一个断面,每个断面自拱顶每3 m检查1点
混凝土平整度/mm	20	2 m直尺:每10 m每侧检查2处

(2)明洞防水层、实测项目应符合表8.2的规定。

表8.2　明洞防水层、实测项目

检查项目	规定值或允许偏差	检查方法和频率
搭接长度/mm	≥100	尺量:每环测3处
卷材向隧道延伸长度/mm	≥500	尺量:检查5处
卷材于基底的横向长度/mm	≥500	尺量:检查5处
沥青防水层每层厚度/mm	2	尺量:检查10点

(3)明洞回填实测项目应符合表8.3的规定。

表8.3　明洞回填实测项目

检查项目	规定值或允许偏差	检查方法和频率
回填层厚/mm	≤300	尺量:回填一层检查一次,每次每侧检查5点
两侧回填高差/mm	≤500	水准仪:每层测3次

续表 8.3

检查项目	规定值或允许偏差	检查方法和频率
坡度	不大于设计	尺量:检查3处
回填压实质量	压实质量符合设计要求	查施工记录

2. 外观鉴定

(1)混凝土表面密实,每延米的隧道面积中,蜂窝、麻面和气泡面积不超过0.5%,蜂窝、麻面深度超过5 mm时不论面积大小,深度超过10 mm时应处理。

(2)结构轮廓线条顺直美观,混凝土颜色均匀一致。

(3)施工缝平顺无错台。

(4)混凝土因注意施工养护,不可产生裂缝。

(5)防水卷材无破损,接合处元气泡,折皱和空隙。

(6)坡面平顺、密实,排水通畅。

8.2 隧道洞身开挖与支护

【基 础】

◆隧道洞身开挖基本要求

(1)不良地质段开挖前应做好预加固、预支护。

(2)当前方地质出现变化迹象或接近围岩分界线时,必须用地质雷达、超前小导坑、超前探孔等方法先探明隧道的工程地质和水文地质情况,方可进行开挖。

(3)应严格控制欠挖。当石质坚硬完整且岩石抗压强度大于30 MPa并确认不影响衬砌结构稳定和强度时,允许岩石个别凸出部分(每1 m^2 不大于0.1 m^2)凸入衬砌断面,锚喷支护时凸入不大于30 mm,衬砌时不大于50 mm,拱脚、墙脚以上1 m内严禁欠挖。

(4)开挖轮廓要预留支撑沉落量及变形量,并利用量测反馈信息及时调整。

(5)隧道爆破开挖时应严格控制爆破震动。

(6)洞身开挖在清除浮石后应及时进行初喷支护。

◆(钢纤维)喷射混凝土支护基本要求

(1)材料必须满足规范和设计要求。

(2)喷射前,要检查开挖断面的质量,处理好超欠挖。

(3)喷射前,岩面必须清洁。

(4)喷射混凝土支护应与围岩紧密粘接,结合牢固,喷层厚度应符合要求,不能有空洞,喷层内不容许添加片石和木板等杂物,必要时应进行黏结力测试。喷射混凝土严禁挂模喷射,受喷面必须是原岩面。

(5)支护前,应做好排水措施,对渗漏水孔洞、缝隙应采取引排、堵水措施,保证喷射混凝土质量。

(6)采用钢纤维喷射混凝土时,钢纤维抗拉强度不得低于 380 MPa,且不得有油渍及明显的锈蚀。

◆锚杆支护基本要求

(1)锚杆的材质、类型、质量、规格、数量和性能必须符合设计和规范的要求。

(2)锚杆插入孔内的长度不得短于设计长度的 95%。

(3)砂浆锚杆和注浆锚杆的灌浆强度应不小于设计和规范要求,锚杆孔内灌浆密实饱满。

(4)锚杆垫板应满足设计要求,垫板应紧贴围岩,围岩不平时要用 M10 砂浆填平。

(5)锚杆应垂直于开挖轮廓线布设,对沉积岩,锚杆应尽量垂直于岩层面。

◆钢筋网支护基本要求

(1)所用材料的质量和规格应符合设计要求。

(2)采用双层钢筋网时,第二层钢筋网应在第一层钢筋网被混凝土覆盖后铺设。

◆仰拱基本要求

(1)仰拱应结合拱墙施工及时进行,使支护结构尽快封闭。

(2)仰拱浇筑前应清除积水、杂物、虚渣等。

(3)仰拱超挖严禁用虚土、虚渣回填。

◆钢支撑支护基本要求

(1)钢支撑的形式、制作和架设应符合设计和规范要求。

(2)钢支撑之间必须用纵向钢筋连接,拱脚必须放在牢固的基础上。

(3)拱脚标高不足时,不得用块石、碎石砌垫,而应设置钢板进行调整,或用混凝土浇筑,混凝土强度不小于 C20。

(4)钢支撑应靠紧围岩,其与围岩的间隙,不得用片石回填,而应用喷射混凝土填实。

◆衬砌施工基本要求

(1)所用材料的质量和规格必须满足规范和设计要求。

(2)防水混凝土必须满足设计和规范的要求。

(3)防水混凝土粗集料尺寸不应超过规定值。

(4)基底承载力应满足设计要求,对基底承载力有怀疑时应做承载力试验。

(5)拱墙背后的空隙必须回填密实,因严重超挖和塌方产生的空洞要制定具体处理方案经批准后实施。

【实 务】

◆隧道洞身开挖监理巡视

(1)岩石隧道爆破,需采用光面爆破或予以裂爆破技术,使隧道开挖断面尽可能地符合设计轮廓线,减轻对围岩扰动,减少超、欠挖。爆破后需有专人负责清帮清顶,同时也要对开挖面和未衬砌地段进行检查,若察觉可能产生险情时,承包人要采取措施及时处理。

(2)在通过煤层或者煤系地层时,应采取封闭措施,以防止煤层瓦斯逸入坑道;在施工的过程中要加强对瓦斯浓度的量测,施工通风要能满足洞内各项作业所需的最大风量,且要采取有效的防尘措施,若采用的防尘措施不能达到规定的粉尘浓度标准时,严禁采用干式凿岩。

(3)严格控制断面的开挖,不应欠挖,仅在岩层完整、抗压强度大于30 MPa,在确认不影响衬砌结构的稳定和强度时,岩石个别突出部分可侵入衬砌,但不得超过5 cm。拱墙脚以上的1 m内断面严禁欠挖。要尽量减少超挖,不管因任何原因或者目的造成的超挖,由于超挖所形成的空间,应用与衬砌相同的材料回填密实。

(4)注意煤层采空区及溶洞的探测,及时、妥善的处理施工中发生的坍方。

◆隧道洞身开挖监理验收

1. 实测项目

洞身开挖实测项目应符合表8.4的规定。

表8.4 洞身开挖实测项目

检查项目		规定值或允许偏差	检查方法和频率
拱部超挖/mm	破碎岩、土(Ⅰ、Ⅱ类围岩)	平均100,最大150	水准仪或断面有:每20 m一个断面
	中硬岩、软岩(Ⅲ、Ⅳ、Ⅴ类围岩)	平均150,最大250	
	硬岩(Ⅵ类围岩)	平均100,最大200	
边墙宽度/mm	每侧	+100, -0	尺量:每20 m检查一处
	全宽	+200, -0	
边墙、仰拱、隧底超挖/mm		平均100	水准仪:每20 m检查3处

2. 外观鉴定

洞顶无浮石。

◆支护施工监理巡视

(1)施工支护要配合开挖及时的进行,确保施工安全。

(2)选择支护方式时,要优先考虑采用锚杆、喷射混凝土或者锚喷联合作为临时支护,当条件差、围岩不稳定时,可以采用构件支撑。

(3)构件支撑应经常检查,若发现杆件破裂、弯扭、倾斜、变形及接头松脱、填塞漏空等异状,必须立即加固。

(4)检查锚杆材料、类型、质量、规格及性能是否与设计相符;所采用的锚杆注浆设备、水泥浆(水泥砂浆)材料应经批准。

(5)喷射混凝土应按施工前试验所取得的方法与条件进行喷射混凝土作业,在喷射混凝土达到终凝后才能喷射下一层。首次喷射混凝土的厚度不少于5 cm,喷射混凝土终凝后2 h,应喷水养护,养护时间通常不少于7 d。

◆(钢纤维)喷射混凝土支护监理验收

1.实测项目

(钢纤维)喷射混凝土支护实测项目应符合表8.5的规定。

表8.5　(钢纤维)喷射混凝土支护实测项目

检查项目	规定值或允许偏差	检查方法和频率
喷射混凝土强度/MPa	在合格标准内	按《公路工程质量检验评定标准 第一册 土建工程》(JTG F80/1—2004)检查
喷层厚度/mm	平均厚度≥设计厚度;检查点的60%≥设计厚度;最小厚度≥0.5设计厚度,且≥50	凿孔法或雷达检测仪:每10 m检查一过断面,每个断面从拱顶中线起每3 m检查1点
空洞检测	无空洞,无杂物	

2.外观鉴定

无漏喷、离鼓、裂缝、钢筋网外露现象。

◆锚杆支护监理验收

1.实测项目

锚杆支护实测项目应符合表8.6的规定。

表8.6　锚杆支护实测项目

检查项目	规定值或允许偏差	检查方法和频率
锚杆数量/根	不小于设计	按分项工程统计
锚杆拔力/kN	28 d拔力平均值≥设计值,最小拔力≥0.9设计值	按锚杆数1%且不小于3根做拔力试验
孔位/mm	±50	尺量:检查锚杆数的10%
钻孔深度/mm	±50	
孔径/mm	砂浆锚杆:大于杆体直径+15 其他锚杆:符合设计要求	
锚杆垫板	与岩面紧帖	检查锚杆数的10%

2. 外观鉴定

钻孔方向应尽量与围岩和岩层主要结构面垂直，锚杆垫板与岩面紧贴。

◆钢筋网支护监理验收

1. 实测项目

钢筋网支护实测项目应符合表 8.7 的规定。

表 8.7　钢筋网支护实测项目

检查项目	规定值或允许偏差	检查方法和频率
网格尺寸/mm	±10	尺量：每 50 m^2 检查 2 个网眼
钢筋保护层厚/mm	≥10	凿孔检查：检查 5 点
与受喷岩面的间隙/mm	≤30	尺量：检查 10 点
网的长、宽/mm	±10	尺量

2. 外观鉴定

钢筋网与锚杆或其他固定装置连接牢固，喷射混凝土时不得晃动。

◆仰拱监理验收

1. 实测项目

仰拱实测项目应符合表 8.8 的规定。

表 8.8　仰拱实测项目

检查项目	规定值或允许偏差	检查方法和频率
混凝土强度/MPa	在合格标准内	按《公路工程质量检验评定标准 第一册 土建工程》(JTG F80/1—2004)检查
仰拱厚度/mm	不小于设计	水准仪：每 20 m 检查一个断面，每个断面检查 5 点
钢筋保护层厚度/mm	≥50	凿孔检查：每 20 m 检查一个断面，每个断面检查 3 点

2. 外观鉴定

混凝土表面密实，无露筋。

◆钢支撑支护监理验收

1. 实测项目

钢支撑支护实测项目应符合表 8.9 的规定。

表 8.9　钢支撑支护实测项目

检查项目	规定值或允许偏差	检查方法和频率
安装间距/mm	50	尺量：每榀检查
保护层厚度/mm	≥20	凿孔检查：每榀自拱顶每 3 m 检查一点
倾斜度/°	±2	测量仪器检查每榀倾斜度

续表8.9

检查项目		规定值或允许偏差	检查方法和频率
安装偏差/mm	横向	±50	尺量:每榀检查
	竖向	不低于设计标高	
拼装偏差/mm		±3	尺量:每榀检查

2. 外观鉴定

无污秽、无锈蚀和假焊,安装时,基底无虚渣及杂物,接头连接牢靠。

◆衬砌施工监理巡视

(1)隧道衬砌施工,其中线、净空大小、断面尺寸均须符合图纸以及测量精度要求,还应事先考虑施工的误差。

(2)衬砌施工前,应根据设计的要求,做好各种防排水的设施,对于个别漏水孔洞的缝隙要采取排水堵水措施,防止侵蚀性水侵入混凝土,且采用抗侵蚀性水泥,才能确保衬砌结构的强度。

(3)衬砌用的墙架、拱架和模板,宜采用定型的金属结构,需有足够的刚度和强度。对于大跨度的拱架,施工时还应特别注意其稳定性,防止失稳或者移动造成拱圈开裂。

(4)注意检查衬砌背后回填的密实性,它关系到隧道结构的安全,在稳定性差的围岩中尤其重要。

(5)加强衬砌的养护,衬砌浇筑10~20 h后应立即进行养护,需连续养护7~14 d。在寒冷和严寒地区,应做好衬砌的防寒保温措施。

(6)严格控制墙架、拱架和模板的拆除时间,衬砌强度达到要求后即可拆除。

◆衬砌施工监理验收

1. 实测项目

(1)混凝土衬砌实测项目应符合表8.10的规定。

表8.10　混凝土衬砌实测项目

检查项目	规定值或允许偏差	检查方法和频率
混凝土强度/MPa	在合格标准内	按《公路工程质量检验评定标准 第一册 土建工程》(JTG F80/1—2004)检查
衬砌厚度/mm	不小于设计值	激光断面仪或地质雷达:每40 m检查一个断面
墙面平整度/mm	50	2 m直尺:每40 m每侧检查5处

(2)衬砌钢筋实测项目应符合表8.11的规定。

表 8.11 衬砌钢筋实测项目

<table>
<tr><th colspan="3">检查项目</th><th>规定值或允许偏差</th><th>检查方法和频率</th></tr>
<tr><td colspan="3">主筋间距/mm</td><td>±10</td><td rowspan="3">尺量:每 20 m 检查 5 点</td></tr>
<tr><td colspan="3">两层钢筋间距/mm</td><td>±5</td></tr>
<tr><td colspan="3">箍筋间距/mm</td><td>±20</td></tr>
<tr><td>钢筋加工</td><td colspan="2">钢筋长度/mm</td><td>−10, +5</td><td>尺量:每 20 m 检查 2 根</td></tr>
<tr><td rowspan="4">绑扎搭接长度</td><td rowspan="2">受拉</td><td>Ⅰ级钢</td><td>30 d</td><td rowspan="4">尺量:每 20 m 检查 3 个接头</td></tr>
<tr><td>Ⅱ级钢</td><td>35 d</td></tr>
<tr><td rowspan="2">受压</td><td>Ⅰ级钢</td><td>20 d</td></tr>
<tr><td>Ⅱ级钢</td><td>25 d</td></tr>
</table>

注:d 为钢筋直径。

2. 外观鉴定

(1)混凝土表面密实,每延米的隧道面积中,蜂窝、麻面和气泡面积不超过 0.5%,蜂窝麻面深度超过 10 mm 时应处理。

(2)结构轮廓线条顺直美观,混凝土颜色均匀一致。

(3)施工缝平顺无错台。

(4)混凝土因施工养护不当产生裂缝。

(5)钢筋应无污秽、无锈蚀。

8.3 隧道防水排水

【基 础】

◆防水层施工基本要求

(1)防水材料的质量、规格、性能等必须符合设计和规范要求。

(2)防水卷材铺设前,要对喷射混凝土基面进行认真的检查,不得有钢筋、凸出的管件等尖锐突出物;割除尖锐突出物后,割除部位用砂浆抹平顺。

(3)隧道断面变化处或转弯处的阴角应抹成半径不小于 50 mm 的圆弧。

(4)防水层施工时,基面不得有明水;如有明水,应采取措施封堵或引排。

◆止水带施工基本要求

(1)止水带的材质、规格等应满足设计和规范要求。

(2)止水带与衬砌端头模板应正交。

◆排水工程施工基本要求

(1)墙背泄水孔必须伸入盲沟内,泄水孔进口标高以下超挖部分应用同级混凝土或不透水材料回填密实。

(2)排水管接头应密封牢固,不得出现松动。

(3)严寒地区保温水沟施工时应有防潮措施。修筑的深埋渗水沟,回填材料除应满足保温、透水性好的要求外,水沟周侧应用级配骨料分层回填,石屑、泥砂不得渗入沟内,排水设施应设置在冻胀线以下。

【实　务】

◆衬砌背后采用压注水泥浆防水施工监理巡视

(1)压浆地段混凝土衬砌达设计强度的 70% 时,即可进行压浆。

(2)注浆地段衬砌背面宜用干砌片石回填紧密,且每隔 20 m 左右用 1 m 厚浆砌片石或者混凝土作阻浆隔墙,分段进行压浆。

(3)注浆孔宜按梅花型排列,孔距视岩层渗水和裂隙的情况确定,通常不宜大于2 m,径向孔深应穿过衬砌进入岩层 0.5 m。

(4)压浆的顺序应从下而上,从无水、少水的地段向有水或者多水处,从下坡方向往上坡方向,从两端洞口向洞身中间压浆,每段的压浆长度不宜小于 20 m。

(5)初次压浆的压力为 0.3 ~0.5 MPa;检查压浆的压力为 0.6 ~ 1.0 MPa,但不超过 1.2 MPa。

(6)做好压浆孔编号及位置、水泥品种以及标号、砂浆成分以及水灰比、压浆压力、延散度、压浆数量等记录。

◆复合式衬砌中防水层施工监理巡视

(1)防水层应在初期支护变形基本稳定后,二次衬砌施作前进行。

(2)防水层铺筑前,喷射混凝土层的表面不得有锚杆头或者钢筋断头外露;对于凸凹不平的部位应修凿喷补,使混凝土表面平顺;喷层表面漏水时,要及时引排。

(3)防水层可以在边墙和拱部按环状铺设,并视材质采取相应的接合方法;塑料板用焊接,两侧焊缝宽应不小于 2.5 cm,搭接宽度为 10 cm;橡胶防水板粘接时,粘缝宽不小于 5 cm,搭接宽为 10 cm。

(4)防水层的接头处应擦净,橡胶防水板应用黏合剂连接;塑料防水板应用与材质相同的焊条焊接。涂刷胶浆应均匀,用量应充足,防水层的接头处不得有气泡、折皱及空隙。接头处应牢固,强度应不小于同质材料。

(5)开挖和衬砌作业不得损坏防水层,当发现层面有损坏时要及时修补。

◆防水层施工监理验收

1. 实测项目

防水层实测项目应符合表 8.12 的规定。

表 8.12 防水层实测项目

检查项目		规定值或允许偏差	检查方法和频率
搭接宽度/mm		≥100	尺量:全部搭接均要检查,每个搭接检查3处
缝宽/mm	焊接	两侧焊缝宽≥25	尺量:每个搭接检查5处
	粘接	粘缝宽≥50	
固定点间距/mm	拱部	0.5~0.7	尺量:检查总数的10%
	侧墙	1.0~1.2	

2. 外观鉴定

(1)防水层表面平顺,无折皱、无气泡、无破损等现象,与洞壁密贴,松紧适度,无紧绷现象。

(2)接缝、补眼粘贴密实饱满,不得有气泡、空隙。

◆止水带施工监理巡视

(1)检查每批进场的止水带,若有任何损伤或破裂,应及时修补或更换。

(2)止水带的安装方式,要符合设计要求;安装位置、固定情况以及接头质量须符合施工方案的要求。

(3)须保证止水带能对称设置在施工缝(沉降缝)两侧的衬砌混凝土中,且要固定牢固,不至于浇筑衬砌混凝土时止水带移位和变形扭曲。

(4)监理人员要随时查看已设置止水带的施工缝和沉降缝是否存在渗漏水的情况。

◆止水带施工监理验收

1. 实测项目

止水带实测项目应符合表8.13的规定。

表 8.13 止水带实测项目

检查项目	规定值或允许偏差	检查方法和频率
纵向偏离/mm	±50	尺量:每环3处
偏离衬砌中心线/mm	≤30	

2. 外观鉴定

(1)发现破裂应及时修补。

(2)衬砌脱模后,若发现因走模致使止水带过分偏离中心,应适当凿除或填补部分混凝土,对止水带进行纠偏。

◆排水工程施工监理巡视

(1)排水结构物的断面形式、位置、尺寸及埋设深度应符合设计的要求。

(2)水沟坡面整齐平顺,水沟及检查井盖板平稳无翘曲。

(3)衬砌背后或者隧底设置盲沟时,沟内以石质坚硬、不易风化,并且尺寸不小于

15 cm的片石充填,盲沟纵坡不宜小于 1%。

(4)设置在软弱围岩区段的有管渗沟、盲沟,周侧应加做砂砾石反滤层或者用无纺布包裹,不得堵塞水路。

(5)设在衬砌背后和隧底的纵、横向排水设施,其纵、横向坡应平顺,且配合其他作业同时施工。

(6)墙背泄水孔必须伸入盲沟内,泄水孔进口标高以下超挖部分要用同级混凝土或者不透水材料回填密实。

(7)排水管接头应密封牢固,不可出现松动现象。

(8)隧底盲沟、有管渗沟以及渗水滤层上方的回填,应满足路基施工的要求。墙背沟、管内应清除杂物,防止堵塞水路。

(9)严寒地区保温水沟施工时,要有防潮措施,防止保温材料受潮,影响保温性能。修筑的深埋渗水沟,回填材料除应满足保温、透水性好的要求外,水沟周侧还应用级配骨料分层回填,不得让泥沙、石屑渗入沟内。

◆排水工程施工监理验收

1. 实测项目

排水结构物(如浆砌片石水沟、现浇混凝土等)按照第 2 章第 2.5 节相应项目检验评定。

2. 外观鉴定

水沟和检查井盖板平稳无翘曲。

8.4　隧道附属设施

【基　础】

◆通风设施安装基本要求

(1)通风设备以及缆线的数量、型号规格符合设计要求,部件以及配件完整。

(2)通风设备安装支架的结构尺寸、预埋件、安装间距、安装方位等符合设计要求,且附抗拔力的检验报告。

(3)通风设备需安装牢固、方位正确。

(4)按规范要求连接通风设备的信号线、保护线、电力线,无交叉拧绞、排列规整,经过通电测试,工作状态正常。

(5)隐蔽工程验收记录、分项工程自检和设备调试记录、安装与非安装设备及附(备)件清单、有效的设备检验合格报告或者证书等资料齐全。

◆照明设施安装基本要求

(1)照明设备及缆线的数量、型号规格符合设计要求,部件以及配件完整。

(2)照明灯具安装支架的结构尺寸、安装方位、预埋件、安装间距等符合设计要求。

(3)照明设备及控制柜要安装牢固、方位正确。

(4)按规范要求连接照明设备的保护线、电力线、信号线,无交叉拧绞、排列规整,经过通电测试,工作状态正常。

(5)隐蔽工程验收记录、分项工程自检和设备调试记录、安装和非安装设备以及附(备)件清单、有效的设备检验合格报告或者证书等资料齐全。

◆消防设施安装基本要求

(1)消防设施的火灾探测器、火灾报警器、消防控制器、灭火器、消火栓、加压设施、供水设施以及消防专用连接线缆、管道、配(附)件等器材的产品质量符合国家或行业标准,其型号规格、数量符合设计要求,部件完整。

(2)消防设施的安装支架、预埋管线、预埋锚固件、在隧道内安装孔位、安装间距等应符合设计要求。

(3)明装的线缆、管道保护措施应符合设计要求。

(4)所有安装设施方位正确、安装到位、不侵入公路建筑限界,设备标石清楚。

(5)按规范要求连接消防设施的保护线、电力线、信号线,线缆无交叉拧绞、排列规整,标石完整、清楚,消防系统经过通电测试、联调,工作状态正常。

(6)隐蔽工程验收记录、分项工程自检及设备调试记录、安装与非安装设备及附(备)件清单、有效的设备检验合格报告或者证书等资料齐全。

【实　务】

◆通风设施安装监理巡视

(1)随时注意通风设施与隧道正洞的配合施工情况,对于承包人的不规范施工进行纠正。

(2)对通风机进行全面检查,应当有出厂检验合格证、配件齐全、运行正常并且外表无损失。

(3)风机房、风道与隧道正洞连接地段的开挖,通常应在正洞掘进至其位置时,将该处一次挖成。该连接段的支护、防排水及衬砌应与正洞施工一次同时完成。

(4)风机房内的附属设施(如检修台、天车等)宜在机房施工时一次完成。

(5)通风机的机座与基础,需按设计要求施工。风机底盘与机座相连的地脚螺栓应按设计要求的风机底盘螺栓孔布置预留灌注孔眼,螺栓埋设时,灌浆应密实,螺栓要与基座面垂直。

(6)通风施工完成后,安装好的通风设施要通过试运行检验。

◆通风设施安装监理验收

1. 实测项目

通风设施实测项目应符合表8.14的规定。

表8.14　通风设施实测项目

检查项目	技术要求	检查方法
安装误差	符合设计要求	用经纬仪或量尺测量
净空高度		
绝缘电阻	强电端子对机壳≥5 MΩ	
控制柜安装保护接地电阻	≤4 Ω	500 V 兆欧表测量
防雷接地电阻	≤10 Ω	接地电阻测量
风机运转时隧道断面平均风速	符合设计要求	风速仪实测
风机全速运转时隧道噪声		声级计实测
响应时间	发送控制命令后至风机启动带动叶轮转动时的时间≤5 s,或符合设计要求	实际操作
方向可控性	接收手动、自动控制信号改变通风方向	
风速可控性	接收手动、自动控制信号调节通风量	
运行方式	风机具有手动、自动两种运行方式以控制风机的启动、停止、方向和风量	
本地控制模式	自动运行方式下,可以接收多路检测器的控制,控制风机启动、停止与方向、风量	
远程控制模式	自动运行方式下,通过标准串口,接收本地控制器或计算 机控制系统的控制,控制风机启动、停止与方向、风量	

2.外观鉴定

(1)通风设备要安装稳固、位置正确。

(2)通风设备的信号线、电力线、接地线端头制作规范;按设计要求采取线缆保护措施、布线排列整齐美观、安装固定、标石清楚。

(3)设备表面光泽一致、无刻痕、无划伤、无剥落、无锈蚀。

(4)控制柜内布线整齐、美观、绑扎牢固,接线端头焊(压)结平滑、牢固;编号标石清楚,预留长度适当;柜门开关灵活、出线孔密封措施得当,机箱内无霉变、无积水、无明显尘土,表面无锈蚀。

◆照明设施安装监理巡视

(1)监理人员要仔细核对和检查各段照明灯具的型号、规格以及出厂检验合格证,了解各灯具的照明作用,以防安装错误。

(2)各区段的灯具和电缆电线的型号规格和间距需符合设计的要求,各灯具与配电控制设备的电路之间要连接正确,使灯具发挥各自应有的作用。

(3)照明灯具和配电控制板的安装、配线、电缆的敷设及接地工程应遵守现行《电气装置安装工程质量检验及评定规程》的有关规定。

(4)安装完后,要通过运行调试,各区段照明亮度应满足设计要求。

◆照明设施安装监理验收

1. 实测项目

照明设施安装实测项目应符合表8.15的规定。

表8.15 照明设施实测项目

检查项目	技术要求	检查方法
灯具的安装偏差	符合设计要求;无要求时:纵向≤30 mm,横向≤20 mm,高度≤10 mm	用经纬仪或量尺测量
绝缘电阻	强电端子结机壳≥50 MΩ	500 V兆欧表测量
控制柜安全保护接地电阻	≤4 Ω	接地电阻测量仪
防雷接地电阻	≤10 Ω	
灯具启动时间的可调性	照明回路组的启动时间间隔可调、可控	实际操作
启动、停止方式	可自动、手动两种方式控制全部或部分照明器的启动、停止	实际操作
照度(入口段、过渡段、中间段)	符合设计要求	照度计
照度总均匀度、纵向均匀度		
紧急照明	双路供电照明系统,主供电路停电时,应自动切换到备用供电线路上	模拟操作

2. 外观鉴定

(1)照明灯具安装稳固、位置正确,灯具轮廓线形与隧道美观、协调。

(2)照明设备的信号线、电力线、接地线端头制作规范;按设计要求采取线缆保护措施、布线排列整齐美观、安装固定需符合要求、标石清楚。

(3)设备表面光泽一致、无刻痕、无划伤、无锈蚀、无剥落。

(4)控制柜内布线美观、整齐、绑扎牢固,接线端头焊(压)结平滑、牢固;编号标石清楚,预留长度适当;柜门开关灵活、出线孔密封措施得当,机箱内无霉变、无积水、无明显尘土,表面应无锈蚀。

(5)照明灯具应发光均匀、无刺眼的眩光。

◆消防设施安装监理巡视

(1)在施工过程中,当发现原定位置地质不良时,应会同设计单位和建设单位对现场进行调查、研究,确定变更的位置,施工要求同洞身工程。

(2)同一隧道内应采用统一规格的消火栓、水龙带和水枪。

(3)蓄水池的断面尺寸以及混凝土强度要满足设计要求,混凝土要灌注密实,不渗水。否则,应要求承包人修补处理。

(4)检查供水管是否符合设计要求,与水管连接件、密封件以及水阀等是否配套。

(5)检查消防器材的型号是否符合设计要求,安装是否牢固以及便于使用。

(6)安装完毕后,应进行供水试验。

◆消防设施安装监理验收

1. 实测项目

消防设施安装实测项目应符合表 8.16 的要求。

表 8.16　消防设施安装实测项目

<table>
<tr><th>检查项目</th><th>技术要求</th><th>检查方法</th></tr>
<tr><td>火灾探测器安装位置</td><td rowspan="7">符合设计要求</td><td rowspan="5">用经纬仪或量尺测量</td></tr>
<tr><td>消防控制器安装位置</td></tr>
<tr><td>火灾报警器、消火栓安装位置</td></tr>
<tr><td>灭火器安装位置</td></tr>
<tr><td>消防控制器安装位置</td></tr>
<tr><td>加压设施气压</td><td>利用设施上的气压表目测</td></tr>
<tr><td>供水设施水压</td><td>利用设施上的水压表目测</td></tr>
<tr><td>绝缘电阻</td><td>强电端子对机壳≥5 MΩ</td><td>500 V 兆欧表测量</td></tr>
<tr><td>控制器安全保护接地电阻</td><td>≤4 Ω</td><td rowspan="2">接地电阻测量</td></tr>
<tr><td>防雷接地电阻</td><td>≤10 Ω</td></tr>
<tr><td>火灾探测器灵敏度</td><td>可靠探测火灾,不漏报、不误报,并将探测数据传送到火灾控制器和上端计算机</td><td rowspan="2">模拟测试</td></tr>
<tr><td>火灾报警器灵敏度</td><td>按下报警器时,触发警报器,并把信号传送到火灾控制器和上端计算机</td></tr>
<tr><td>消火栓的功能</td><td>打开阀门后在规定的时间内达到规定的射程</td><td>模拟测试 1 次</td></tr>
<tr><td>其他灭火器材的功能</td><td>按使用说明书</td><td>抽测 1 次</td></tr>
<tr><td>火灾探测器与自动灭火设施的联合测试</td><td>设计要求</td><td>模拟测试 1 次,或查施工记录、历史记录</td></tr>
</table>

2. 外观鉴定

(1)消防设施安装稳固、位置正确,与隧道美观、协调。

(2)消防设施的信号线、电力线、接地线端头制作规范;按设计要求采取线缆保护措施、布线排列安装固定、整齐美观、标石清楚。

(3)设备表面光泽一致、无刻痕、无划伤、无剥落、无锈蚀。

(4)控制箱内布线美观、整齐、绑扎牢固,接线端头焊(压)结牢固、平滑并进行热塑封合;编号标石清楚,预留长度适当;箱门开关灵活、出线孔密封措施得当,机箱内无霉变、无积水、无明显尘土,表面无锈蚀。

第9章　监理资料管理

9.1　监理资料的内容与管理要求

【基　础】

◆施工阶段监理资料的内容

(1)施工合同文件及委托监理合同。
(2)勘察设计文件。
(3)监理规划。
(4)监理实施细则。
(5)分包单位资格报审表。
(6)设计交底与图纸会审纪要。
(7)施工组织设计(方案)报审表。
(8)工程开工/复工报审表及工程停工令。
(9)测量核验资料。
(10)工程进度计划。
(11)工程材料、构配件、设备的质量证明文件。
(12)检查试验资料。
(13)工程变更资料。
(14)隐蔽工程验收资料。
(15)工程计量单和工程款支付证书。
(16)监理工程师通知单。
(17)监理工作联系单。
(18)报验申请表。
(19)会议纪要。
(20)往来函件。
(21)监理日记。
(22)监理月报。
(23)质量缺陷与事故的处理文件。
(24)分部工程、单位工程等验收资料。

(25)索赔文件资料。

(26)竣工结算审核意见书。

(27)工程项目施工阶段质量评估报告等专题报告。

(28)监理工作总结。

◆归档的监理资料内容

(1)委托监理合同。

(2)监理规划、监理细则。

(3)监理日记。

(4)监理月报。

(5)监理指令文件(监理工程师通知单、监理工程师通知回复单、备忘录、工程停工令、工程开工/复工报审表等)。

(6)与业主、被监理单位、设计单位往来函件、文件。

(7)会议纪要。

(8)工程计量单、工程款支付证书、竣工结算审核意见书。

(9)施工组织设计、施工方案审核签证资料。

(10)监理总结报告、工程质量评估报告。

(11)工程质量安全事故调查处理文件。

(12)工程验收资料。(分部工程验收记录、单位工程竣工验收记录、单位工程质量控制资料核查记录、单位工程安全和功能检验资料核查及主要功能抽查记录、单位工程观感质量检查记录、单位工程竣工报验单、竣工验收报告、工程质量保修书等方面的资料)

(13)分包单位资格报审资料。

(14)索赔文件资料。

(15)报验申请表。(原材料/构配件/设备、检验批、分项、定位放样、沉降观察、施工试验等)

(16)工程变更单。

(17)监理工作联系单。

(18)总监巡视检查记录。

(19)旁站记录。

(20)工程进度资料。

(21)主要的监理台账。

【实　务】

◆监理资料的管理要求

(1)监理资料管理实行总工程师负责制。

(2)监理档案资料应按单位工程和施工的时间先后顺序整理,分类立卷装订,每页要有编号,每卷要有目录。

(3)每个单位工程的监理档案封面应当注明工程名称、合同号、建设单位、总包单位、建设日期、完成日期与总监理工程师审核签字。

(4)在工程(合同)完成后1个月内,监理档案资料由资料管理人员整理装订后,移交公司档案室并办理交接手续。

(5)对于一般工程,监理档案在工程保修期满后保存1年,重要的工程监理档案保存可延长至3年。在保存期间,需要查阅时,应办理借阅和归还手续。

(6)监理档案应真实可靠、字迹清楚、签字齐全,不得弄虚造假、擅自涂改原始记录。

9.2 监理资料归档管理

【基 础】

◆施工阶段监理资料的归档方法

施工阶段监理资料可以分成五部分进行归档管理,即合同管理资料归档、进度控制资料归档、工程质量控制资料归档、投资控制资料归档与监理工作管理资料归档。

【实 务】

◆合同管理资料归档

表9.1 合同管理资料归档

编号	归档资料名称
1	监理委托合同
2	分包单位资格报审资料
3	施工组织设计报审表
4	索赔文件资料(申请书、批复意见)
5	工程变更单
6	工程竣工验收资料
7	工程质量保修书或移交证书

◆进度控制资料归档

表9.2　进度控制资料归档

编号	归档资料名称
1	施工进度计划报审单及审核批复意见
2	工程开工/复工报审表及批复意见
3	有关工程进度方面的专题报告及建议

注:工程进度资料通常指:施工进度计划(年、月、旬、周)申报表及监理方的审批意见,进度计划与工程实际完成情况的比较分析报告,施工计划变更申请及监理方的批复意见,延长工期申请及批复意见,人员、材料、机械设备的进场计划及监理方的审批意见,工程开工/复工申请及监理方的批复意见。

◆工程质量控制资料归档

表9.3　工程质量控制资料归档

编号	归档资料名称
1	施工方案报审表及监理工程师审批意见
2	工程质量安全事故调查处理文件(事故调查报告、事故处理意见书、事故评估报告等)
3	原材料、构配件、设备报验申请表(含批复意见)
4	检验批、分项工程报验单(含批复意见)
5	工程定位放线报验单及监理工程师复核意见
6	分部工程验收记录(工程验收记录)
7	旁站记录
8	施工试验报审单及监理方的见证意见
9	工程质量评估报告

注:因归档需要,在有关的报验申请表中,应注明部位、内容,监理方的审批意见应明确、依据充分。

◆投资控制资料归档

表9.4　投资控制资料归档

编号	归档资料名称
1	工程计量单及审核意见
2	工程款支付证书
3	竣工结算审核意见书

◆监理工作管理资料归档

表9.5 监理工作管理资料归档

编号	归档资料名称
1	监理规划
2	监理实施细则
3	监理日记
4	监理月报
5	监理指令文件
6	总监巡视检查记录
7	与业主、被监理单位、设计单位的往来函件
8	会议纪要
9	监理总结报告
10	主要的监理台账

注:主要的监理台账按公司“关于现场监理工作台账记录的规定”处理。

参考文献

[1] 国家标准 GB 50092—1996. 沥青路面施工及验收规范[S]. 北京:中国标准出版社,1997.

[2] 行业标准 JTG D30—2004. 公路路基设计规范[S]. 北京:人民交通出版社,2005.

[3] 行业标准 JTG D62—2004. 公路钢筋混凝土及预应力混凝土桥涵设计规范[S]. 北京:人民交通出版社,2004.

[4] 行业标准 JTG E30—2005. 公路工程水泥及水泥混凝土试验规程[S]. 北京:人民交通出版社,2005.

[5] 行业标准 JTG E50—2006. 公路工程土工合成材料试验规程[S]. 北京:人民交通出版社,2009.

[6] 行业标准 JTG F10—2006. 公路路基施工技术规范[S]. 北京:人民交通出版社,2006.

[7] 行业标准 JTG F30—2003. 公路水泥混凝土路面施工技术规范[S]. 北京:人民交通出版社,2003.

[8] 行业标准 JTG F40—2004. 公路沥青路面施工技术规范[S]. 北京:人民交通出版社,2005.

[9] 行业标准 JTG F80/1—2004. 公路工程质量检验评定标准(土建工程)[S]. 北京:人民交通出版社,2004.

[10] 行业标准 JTG F 30—2003. 公路水泥混凝土路面施工技术规范[S]. 北京:人民交通出版社,2003.

[11] 行业标准 JTG/T F60—2009. 公路隧道施工技术细则[S]. 北京:人民交通出版社,2009.

[12] 赵家臻. 公路工程监理手册[M]. 北京:机械工业出版社,2006.

[13] 柯国军. 建筑材料质量控制监理[M]. 北京:中国建筑工业出版社,2003.

[14] 俞宗卫. 监理工程师实用指南[M]. 北京:中国建材工业出版社,2004.